Für Babi und Venda, Charly und Mariele

Inhalt

Prolog
oder wie das Spiel bei mir begann   9

Kontrolle
Wer beherrscht hier wen?   20

Beziehung
Wo ist mein Zuhause?   66

Mitgefühl
Zuneigung per To-Do-Liste   118

Der Moment
und der Terror des Teilens   164

Natur
oder das Ende der Offline-Romantik   200

Prolog
oder wie das Spiel bei mir begann

Am Anfang war die Stimme. Jeder Mensch hatte genau eine. Mit ihr konnte er Aufmerksamkeit erzeugen, sich mitteilen, andere Menschen zum Zuhören und zum Antworten bringen. Mit ihr konnte er von seiner eigenen Lebenslinie zu der der anderen hinüberrufen und damit eintreten in das große Spiel: das Pingpong mit der Euphorie, am Leben zu sein – und dieses Leben miteinander zu teilen.

★

»Warum rennst du so?«, quengelte Martin, mein bester Freund aus Kindergartenzeiten auf dem Nachhauseweg von der Schule. Sein Scout-Ranzen wackelte über seinen schmächtigen Schultern. »Wir kaufen erst morgen wieder Cola-Kracher«, antwortete ich streng. »Ich hab keine Zeit, ich muss schnell nach Hause«, rief ich so wichtig wie ich konnte über meine Schulter und bog in unsere Straße ab, ohne mich zu verabschieden. Die letzten Meter nach Hause rannte ich. Außer Atem stellte ich mich im Treppenhaus auf die Zehenspitzen und tastete mit meinen Händen den Briefkasten ab. Mein Herz klopfte. Mit meiner verrenkten Hand, die vom Tasten am Gelenk schon ganz rot geworden war, zog ich schließlich einen Umschlag durch den Schlitz. In krickeliger Zweitklässlerschrift stand dort mein Name.

»Muss erst meine Post lesen«, verkündete ich ebenso angeberisch, wie ich Martin angeschnauzt hatte, meiner Mutter an der Haustür, statt ihre Begrüßung zu erwidern. Ich rannte durch den Flur und schmiss die Tür meines Kinderzimmers zu. Auf dem Piratenhochbett angekommen, feierlich zwischen meinen Kuscheltieren thronend, öffnete ich langsam und würdevoll den allerersten Brief meines Lebens.

★

»Spielst du auch gerne Zelda?«, schrieb Paul, mein Brieffreund, den ich im Ostseeurlaub kennengelernt hatte, eines Tages beiläufig in die obligatorische PS-Zeile ganz unten auf der Rückseite des Briefpapiers, das mit bunten Rollschuhen bedruckt war. »Und wenn ja: In welcher Welt bist du?«, wollte er wissen.

Es war nicht das erste Mal, dass solch kryptische Fragen auftauchten. Bisher hatte ich allerdings angenommen, dass es sich dabei einfach nur um irgendein neues Spiel aus der Micky Maus oder eine weitere, nur vom Titel her abgeänderte Fortsetzung vom »Sagaland« oder dem »Verrückten Labyrinth« handelte, die ich noch nicht mitbekommen hatte.

»Ja, kenn ich, voll kuhl«, antwortete ich ausweichend. In welcher Welt ich war, konnte ich allerdings nicht beantworten. Paul begann daraufhin zusätzlich zu seinen Fragen noch Tabellen in seine Briefe zu malen, in die er ominöse Punktezahlen notierte mit der Aufforderung, ich solle meine einfach daneben eintragen und ihm das Blatt zurücksenden. Wir könnten ja gegeneinander spielen, schlug er vor.

Ich bestach Martin mit Cola-Krachern. Zunächst unwillig, dann aber immer freudiger zeigte er mir, wie sein neues Wundergerät, der Game Boy, den Paul auch hatte, funktionierte. So durfte ich ihm also dabei zusehen, wie man bei *Zelda* den Rasen mähte, wie man bei *Tetris* eine gesamte Reihe auf einmal wegballerte, so dass die Musik kurz übertönt wurde, und wo bei *Super Mario I* und *II* die Schätze versteckt waren. Großzügig aufrundend trug ich Martins Level- und Punktezahl in Pauls Listen sein.

Doch Paul war ein schlechter Verlierer, die Game-Boy-Themen blieben auf die PS-Zeile beschränkt – bis sie nach einer Weile völlig im Sand verliefen.

In unserer Schule verliefen sie sich nicht. Zwar spielten die Mädchen immer noch Gummitwist, tauschten am allerliebsten die teuren Langhaarmeerschweinchen-Aufkleber von Karstadt und schrieben sich gegenseitig die Poesiealben mit Sinnsprüchen voll. Doch die Technik-Fachsimpelei schwappte sogar bis in unsere Pausenhofwelt. »Kennt ihr bestimmt nicht«, sagten die Jungs besserwisserisch, während sie in ihre Bifis bissen, an ihren Capri-Sonnen nuckelten und über ihre neuesten Spiele fachsimpelten. Frustriert knackten wir, die Hinterwäldler, deren Eltern aus pädagogischen Bedenken keine Game Boys verschenkten unter dem großen Baum am Tor zur Straße ein paar Bucheckern.

Während die anderen Mädchen Radschlag übten, setzte ich mich ein Stück abseits auf den mit Himmel-und-Hölle-Kreidekästchen bekritzelten Pausenhofboden zwischen die kratzenden Bucheckernschalen und begann auf meinem Taschenrechner herumzutippen, den ich eigens zu diesem Zweck mitgenommen hatte. Wie gebannt glotzte ich auf das kleine Display, genau wie ich es bei Martin gesehen hatte, wenn er vor seinen Spielen saß. Wenn ich nur hektisch genug mit beiden Daumen tippte, könnte man von weitem meinen, ich hätte doch einen Game Boy. Um es noch überzeugender aussehen zu lassen, zuckte ich beim Drücken der kleinen Tasten zusätzlich ab und zu zusammen, um danach meinen Körper nach rechts und links zu beugen wie unter extremer Fliehkraft auf einem Motorrad in der Kurve. Im Gegensatz zu Martin biss ich mir dabei jedoch nicht auch noch besessen auf meine eigene Zunge, die er beim Spielen permanent aus dem Mund streckte, ohne es zu merken. Vielleicht war es ein Jungsding, jedenfalls entschied ich mich, nicht auch noch die letzte behämmerte Geste der spielerischen Versunkenheit imitieren zu müssen.

»Was machst *du* denn da?«, fragte Martin, der außer Atem von den Kletterstangen angerannt kam.

»Nix«, sagte ich desinteressiert und tippte weiter, als würde ich eine wichtige Aufgabe für die nächste Mathestunde rechnen.

Martin tickte mich an. »Du bist dran ohne Wiedergabe!«, brüllte er und wollte schon wieder wegrennen. Ich schüttelte den Kopf.

»Doch, bist du! Hier ist nicht Klippo!«, schrie Martin und riss mir den Taschenrechner aus der Hand. Das Gerät fiel auf den Boden. Die über dem Kopf stehenden Ziffern ergaben ein Wort. »ESEL« stand dort, in großen Lettern. »Da, für dich«, sagte ich schnippisch und lief zurück zu den anderen Hinterwäldlern.

★

»Hast du?«, brüllte mein Vater einige Jahre später aus dem Wohnzimmer den Flur entlang durch unsere Wohnung. »Ja-haaa! Ich haaaaaab«, schrie ich zurück und warf meine Zimmertür zu. Im Wohnzimmer ließ mein Vater den Hörer vom grünen Wählscheibentelefon mit der schwarzen Schweinchenschwanzschnur auf die Gabel fallen. Die Leitung wurde nach hinten, in mein Zimmer umgestellt. Endlich konnten Aileen, meine beste Freundin auf der neuen Schule, und ich in Ruhe sprechen. Endlich, das hieß: Nachdem wir den gesamten Vormittag während des Unterrichts Zettelchen geschrieben, jede Pause, den Nachhauseweg und den gesamten Nachmittag miteinander verbracht hatten. Es war nur logisch, dass, wenn wir uns wie jetzt ausnahmsweise einmal nicht sahen, eben auf anderen Wegen durchfunken mussten, was passierte. Durchfunken, das hieß: telefonieren. Oder, eben ganz neu, auch: faxen.

Zuverlässig wie ein Beschattungsunternehmen unserer selbst tickerten wir uns durch diesen neuen Wunderkasten permanent alle relevanten neuen Information durch: dass Aileen nun den Käfig ihrer Wellensittiche putzen würde, dass sie nebenbei die »Euro Hot Thirty« auf Energy hörte, dass ich immer noch nicht für den Biotest gelernt hatte, dass mein Vater schon wieder die Hansons mit der Kelly Family verwechselt hatte, was wir zu Abend essen würden, worüber sich unsere Eltern stritten, ob der Regen nur bei uns oder auch bei ihr, fünf Straßen weiter, fiel. Einmal schickte Aileen mir sogar einen Zwanzig-Mark-Schein. »Mit diesem Geld gehe gleich die neue Maxi von *BSB* kaufen« stand auf dem kleinen Zettel, der davor durchs Gerät geknattert kam.

Nur manchmal gab es bei unserer Dauerkommunikation ärgerliche Störfaktoren. »Es piept nur!«, rief Jamie, die kleine Schwester von Aileen, verzweifelt durch die Leitung. Sie lernte gerade Telefonieren. »Das ist ein Fax, nimm das an, schnell-schnellschnell!«, hörte ich Aileen im Hintergrund brüllen. Wenn man nämlich zu lange wartete, kam statt eines Fax nur ein kryptischer Problembericht aus dem Gerät. Heulend lief Jamie davon.

Doch nicht nur wenn unsere Geräte zwischen uns standen, mussten wir uns ständig Ausschlussmechanismen für ungebetene kleine Geschwister und deren Freunde einfallen lassen. Wenn gerade wieder einmal Lucy Lectric durch unsere Zimmer jodelte, wir dabei endlich den Caught-in-the-Act-Starschnitt an der Wand vervollständigen und nebenbei noch Bärbel Schäfer oder Andreas Türck lauschen wollten, die über den richtigen Zeitpunkt für das erste Mal diskutierten, kurz:

wenn wir alleine sein wollten, brauchten wir eine Geheimsprache.

Da der englisch-deutsche Mischsprech, mit dem alle Fünftklässler angeben, sobald sie ihren ersten Vokabeltest bestanden haben – »Wenn we talk in english she doesn't versteh us« –, aufgrund unsäglicher Peinlichkeit, die auch wir uns bald eingestanden, ausschied, musste am Ende eine neue Privatsprache her.

Wir entwickelten ein geheimes Zeichensystem. Eine Sprache ohne Namen, die aus einer ausgetüftelten Fingerakrobatik bestand, bei der es für jeden Buchstaben eine Kombination gab, wobei nicht jede so simpel wie das Victory-Zeichen für ein »V« war. Mit quengelnden »Menno!«-Rufen begleiteten Aileens Schwester und ihre nervigen Spielgefährtinnen das Entstehen unserer stummen Sprache und gaben, bald nachdem wir uns die ersten höhnischen »H-A-H-A«'s durch die Luft zugemorst hatten, auf, uns zu belagern. Triumphierend verließen wir das Zimmer. Wir mussten sowieso weg von diesem Kindergarten, zum Fernseher, *Interaktiv* auf VIVA gucken. Es war schließlich Mola-Adebisi-Woche und Tic Tac Toe sollten zu Gast sein.

★

Mit dem Videorekorder kam die Panik auf, etwas zu verpassen. Unsere Aufnahmesucht, die sich zunächst nur auf Sat.1-Film-Filme wie *Kevin allein zu Haus*, *Free Willy* und *Dangerous Minds* beschränkte – wobei die Herausforderung darin bestand, den REC-Knopf genau zur Werbung aus- und zum Filmbeginn wieder anzustellen –, weitete sich rasend auf weitere TV-Events aus. Nicht nur sämtliche Episoden von *Marienhof, Unter uns* und der *100 000 Mark Show* füllten bald unsere VHS-Kassetten. Jetzt dokumentierten wir zur Sicherheit auch noch gleich alle großen Medienereignisse mit in unserem großen Archiv. Unsere Chronistenpflicht ging dabei sogar so weit, dass wir die ganz besonders wichtigen von ihnen – den ersten Auftritt der Spice Girls bei MTV, Guildo Horn beim *Grand Prix* und den vorerst letzten Auftritt von Take That bei *Wetten, dass …?* – parallel zur Videorekorderaufnahme noch vom laufenden Fernseher abfilmten.

»Heute ist ein historischer Tag«, verkündeten wir mit bedeutungsschwangeren Stimmen hinter den Videokameras unserer Väter, während Bill Clinton seine Rede zur Nicht-Beziehung mit Monica Lewinsky hielt oder Elton John mit zuckender Augenbraue »Candle in the Wind« für die tote Lady Di sang. Für uns war nun alles historisch. Jeder Augenblick war groß und mitteilenswert, und wir konnten deshalb einfach gar nicht genug davon bekommen, ihn zu verdoppeln, zu verdreifachen, zu kopieren und damit festzuhalten.

*

Die wahre und ultimative Innovation trat jedoch erst ein Jahr später in unser Leben. Sie hieß Herr Panek und roch streng. Unser erster Lehrer für Informatik, wie dieses verrückte neue Schulfach hieß, sah aus wie ein Strich in der Landschaft. Seine dürren Arme hingen an ihm herunter bis zu den Knien. Herr Panek war diplomierter Physiker und Mathematiker, Augenkontakt war nicht seine Sache. Beim Sprechen starrte er an die Wand des Computerraumes, in dem er seinen Unterricht gab, von dem niemand wusste, was er uns nutzen sollte. Skeptisch saßen wir vor den großen grauen, eckigen Kisten, die stetig und angestrengt vor sich hin knatterten.

Langsam faltete Herr Panek seine langen kreidigen Hände vor seinem immer gleichen beigen Hemd, von dem ein starker staubig-säuerlicher Geruch ausging. Strohig standen seine grauen Haare zu Berge. »Hmm«, brummte er. Nervös begannen seine Hände sich aneinanderzureiben, als wollten sie sich von mehligem Teig befreien oder Feuer mit einem imaginären Stöckchen machen. Laut sog Herr Panek die Luft durch seine Lippen ein. Es hörte sich an wie ein verstopfter Staubsauger. Wir schwiegen.

»Jaaaa?«, sagte einer der Jungs fragend und grinste böse. Das Staubsaugeratmen wurde heftiger. Ohne Zweifel: Wir hatten einen krassen Nerd vor uns. Nur, dass das keiner von uns laut aussprach. Weil es diesen Begriff damals einfach noch nicht gab.

»Wer kann mit zehn Fingern tippen?«, spuckte Herr Panek plötzlich seine erste Frage aus.

Niemand antwortete. Bis es »dongelte«, verweigerten wir konsequent die Mitarbeit. Die »Panne« wie unser Informatiklehrer ab dieser ersten Stunde nur noch hieß, hatte verloren, bevor er je angefangen hatte.

★

Im folgenden Schuljahr machte Herr Panek uns mit dem sogenannten WWW bekannt. Niemanden interessierte es. Die Jungs wollten lieber weiter Magic Cards tauschen und wir Mädchen den Psycho-Test aus der *Bravo* zu Ende machen. Herr Panek aber wollte »surfen«.

»Wir surfen jetzt … nach … Hawaii!«, zischte er aufgeregt. Während unser Lehrer noch eine Weile verschmitzt über sein geniales Wortspiel gluckste, wartete die Klasse gelangweilt hinter seinem Rücken. Wir alle hatten uns vor einem speziell verkabelten Computer versammeln müssen, um dabei zuzusehen, wie sich erstmalig eine Internetseite vor unseren Augen öffnen würde. Nachdem einige Sekunden und dann eine gesamte Minute lang immer noch nichts geschehen war, begannen die Jungs, laut zu gähnen. Die Homepage auf dem Bildschirm lud sich nicht. Erst nach fünf Minuten ergaben die Teilchen die irgendwann erschienen langsam ein Bild.

»Ein Gebäude!«, rief irgendwer von weiter hinten.

Es wurde unruhig im Klassenraum. Irgendetwas war anders als sonst. Vor dem Haus auf dem Bildschirm sah man nun viele kleine lachende Kinder in Schuluniformen. Die erste E-Mail unseres Lebens, erklärte Herr Panek feierlich, sollte nun an sie, direkt nach Honolulu, gehen.

»Ihre Nachricht wurde gesendet«, stand einige weitere Minuten später, nachdem die langen Kreidefinger ein paar Sätze auf Englisch eingetippt und einmal auf die Maus geklickt hatten, in einem grauen Kasten vor unseren Augen.

Die Euphorie war still, aber überall fühlbar. Dort, endlose Flugstunden weit entfernt, hatte gerade eben jemand erfahren, dass es uns gab. Wir waren hier und gleichzeitig da, am anderen Ende der Welt. Beeindruckte Ruhe legte sich über unseren Computerraum. Zum ersten und letzten Mal hatte Herr Panek, der Mensch, der dieses Wunder möglich gemacht hatte, so etwas wie Respekt erlangt. Wenigstens dieses eine Mal empfanden wir kurz so etwas wie Achtung vor ihm. Zumindest, bis es dongelte.

*

In den folgenden Jahren rauschten die Innovationen durch unser Leben wie ein Sturzbach. Es gab plötzlich Geräte ohne Schnur, Telefonzellen, die nur noch mit Karte funktionierten, kurzzeitig tauchten so merkwürdige Dinge wie Pager auf, die nur eine Nummer oder einzelne Worte anzeigten und genau so piepten, wie es die kleinen Geräte in den Taschen von Dr. Carter oder Dr. Ross bei *Emergency Room* oder der Ärzte in *Auf alle Fälle Stefanie* taten, wenn wieder einmal eine wichtige

OP anstand. Zusammen mit der MiniDisc verschwanden diese kurzen Elektro-Moden dann allerdings auch schnell wieder, um Platz zu machen für neue Geräte.

»Ich finde Handys schlimm«, äußerte sich in diesen Wochen jeder Zweite in der Klasse wichtigtuerisch. Nur um spätestens nach den Sommerferien mit ihrem brandneuen klobigen Siemens- oder Nokia-Apparaten herumzurennen und sich lautstark darüber zu beklagen, dass sie sich einfach nicht entscheiden konnten, welche der SMS sie in ihrem Speicher löschen sollten, der ärgerlicherweise ja nur Platz für genau fünf Nachrichten ließ.

Es war die Zeit, in der die Smileys geboren wurden. Die Zeit, in der die Frage »Wo bist du grade?« zur ultimativen Begrüßungsformel wurde, die Liebesbekundung »Hab-dich-ganz-doll-lieb« zu HDGDL mutierte. Und in der es sich entschied, dass eine von zwei Hosentaschen von nun an für immer eine eckige Form haben würde.

Irgendwann in dieser Zeit muss es geschehen sein.

Irgendwann in diesem Sturzbach der Wochen, Monate und Jahre unserer Jugend, kurz vor dem Abschluss der Schule, zu dem die Parallelklasse Herrn Panek anonym ein Deo ins Lehrerzimmer stellte, irgendwann zwischen dem Moment, in dem Rose mit zitternden Lippen ihren Jack vom Floß der Titanic-Ruinen ins Eiswasser gleiten ließ, Echt »Wir haben's getan« durch unsere alten Kinderzimmer sangen und die Türme des elften Septembers zusammenbrachen, muss es geboren worden sein: unser zweites Ich. Das Gerät, das ab jetzt nur noch für uns da sein würde. Die Maschine, die unsere Stimme übernehmen, verdoppeln, verdreifachen und vervielfältigen und uns fortan auf Schritt und Tritt begleiten würde.

★

Leise, still, fast unbemerkt ist dieses Tamagotchi unserer selbst eines Tages einfach geschlüpft. So leise sogar, dass die wahre Revolution zwischen all den anderen neuen Geräten, Kabeln, Knöpfen, PIN-Nummern, Passwörtern, Accounts und Adressen fast untergegangen wäre: Nicht nur die Geräte hatten sich verdoppelt – sondern auch wir selbst.

Nina Pauer, Hamburg,
im Sommer 2012

Kontrolle
Wer beherrscht hier wen?

Dieses Piepen. Markus tritt einen Schritt von der Tür zurück. Das Piepen wird lauter, ohrenbetäubend.

»Mäuschen, hier, Papa möchte mit dir sprechen.«

Markus drückt das Telefon näher ans Ohr.

»Papa?«

»Ja, Timmi, ich hör dich! Der Zug fährt hier nur gerade los«, ruft er durch das penetrante Geräusch hindurch. »Wie geht's dir? Wie hast du geschlafen?«, schreit er, »Freust du dich auf die KiTa, Timmi?«

Es ist die zweite Woche des Jahres.

Vor zwölf Tagen sind sie aus dem Urlaub gekommen. Sechsmal hat Markus seitdem das piepende Signal des losrollenden Zuges genau an dieser Stelle gehört. Sechsmal hat es hier die Gespräche mit seinem kleinen Sohn gestört, sechsmal auf Gleis 7, sechsmal um 8:52 Uhr. Sechsmal zu viel.

Der Zug fährt los.

Markus hört seinen Sohn leise ins Telefon atmen. Am Anfang ist Timmi jedes Mal schüchtern, ans Telefonieren muss er sich immer erst ein bisschen gewöhnen.

»Sing Papa doch noch mal das von gestern vor, hm?«, hört er Lena im Hintergrund sagen.

Draußen ziehen die kleinen bunten Häuser der Stadt vorbei. Eigentlich hasst Markus diesen Ort. Jeden zweiten Morgen denkt er das wieder. Er seufzt.

Der Zug ist noch so gut wie leer. Er ist wie eine Hülle,

eine leere Form oder eine Kulisse, die sich noch nicht mit Menschen gefüllt hat. Timmi blubbert jetzt selbstversunken durch die Leitung. Ein beschnauzter Schaffner, der gefaltete Fahrplanbroschüren auf die Sitze verteilt, quetscht sich an Markus vorbei. Er riecht nach Zigaretten und Kälte. Markus schiebt seinen Rollkoffer an die Seite, tritt hinunter auf die Stufe zur Tür und lehnt sich mit dem Rücken an die Wand gegenüber der elektronischen Zuganzeige, die die noch frühe Uhrzeit und die noch langsame Geschwindigkeit anzeigt. Er schließt die Augen.

Markus hat viel zu wenig geschlafen. Drei Stunden hat er gestern Nacht bis in die Morgenstunden hinein E-Mails beantwortet, Termine bestätigt, verschoben und abgesagt, während er auf Julians nächste überarbeitete Version der Texte für die Homepage gewartet hatte. Das neue Projekt geht jetzt in die heiße Phase. In zwei Wochen wollen sie online gehen.

»Hallo?«, sagt Lena am anderen Ende. »Jetzt ist er weggelaufen«, lacht sie.

Markus öffnet die Augen. Die Welt ist zu grell. Es ist einfach noch zu früh, ihm wird schwindelig. Wahllos bleibt sein müder Blick auf der Bahncard-Werbung gegenüber haften und fixiert die Buchstaben: Max Mustermann. Der Schwindel wird etwas weniger. Wie oft hatte Markus diese behämmerte Werbung schon angestarrt.

Sechsmal zu viel, denkt er und reibt sich die Augen. Während er zuhört, wie Lena Timmi am anderen Ende der Leitung in dessen Kinderzimmer nach und nach anzieht, klopft es mittlerweile schon zum dritten Mal bei Markus auf dem Handy an. Es geht auf neun Uhr zu. Um neun Uhr, so steht es auf ihrer Internetseite, öffnet Markus' kleine mobile Firma jeden Tag die Tore. Neun Uhr, das ist der Startschuss zum Wahnsinn. Jeden Tag von neuem.

»Wie habt ihr geschlafen?«, fragt Markus Lena mild. Er versucht, die drängelnden Gedanken an die verpassten Anrufe zu verdrängen. Es kann doch nicht sein, dass er schon unkonzentriert ist, jetzt, bevor der Tag auch nur richtig angefangen hat.

Reiß dich zusammen, denkt Markus, als Lena zu erzählen beginnt. Reiß dich zusammen.

★

Ulla steht am Bahnsteig. Den kurzen Weg zum Bahnhof ist sie zu Fuß gegangen. Es war glatt, auf den Pfützen hatte sogar eine leichte Eisschicht gelegen. Heute Morgen, um sechs, als die Nervosität sie geweckt hatte, konnte Ulla vom Küchentisch aus die Eiskristalle am Fenster zählen. Zwölf kleine Kaleidoskope, die in zwei Stunden das Licht, das, was in anderen Ländern in dieser Jahreszeit Sonne hieß, brechen würden.

Eine Stunde hatte Ulla so dagesessen, vor ihrem Jasmintee, in der Stille, in die eine Stunde später, pünktlich um fünf nach sieben, Wolfgang mit seinen Morgengeräuschen, dem Blubbern des Wasserkochers, den Nachrichten auf Deutschlandradio und der Suche nach dem richtigen Schlips eintreten würde. Zum Glück.

Doch dieser Tag würde sowieso kein weiterer sein, der Ulla, schon bevor er richtig angefangen hatte, mit seiner Stille ersticken würde. Heute war schließlich ein besonderer Tag.

Noch neun Minuten bis zur Abfahrt.

Ulla zieht ihren Schal enger um den Hals. Zum dritten Mal kontrolliert Ulla, ob ihre Fahrkarte in der Tasche liegt, zum fünften Mal merkt sie sich die Sitzplatzreservierung und checkt zum zweiten Mal den Wagenstand. Sie steht genau richtig. Genau hier muss sie einsteigen, um Wagen vier zu erwischen.

Noch acht Minuten.

Ulla lächelt. Auch, wenn sie es selber lächerlich findet,

wegen einer zweistündigen Zugfahrt aufgeregt zu sein: Sie freut sich auf ihre kleine Reise. Sie freut sich auf das Gefühl, unterwegs zu sein. Darauf, dass etwas in Bewegung gerät, dass etwas passiert. Sie freut sich, ihre Tochter zu sehen. Und, irgendwie, auch auf ihre Mutter. Auch wenn das Ziel der Reise heiterer sein könnte.

★

Anna rennt die Treppen hinunter. Ihre Jacke ist offen, die Mütze sitzt schief, die Haare konnte sie nicht mehr ganz trocken föhnen. Das Kopfhörerkabel ihres iPhones hängt ihr aus der Jeanstasche, beim Laufen verheddern sich die Hörer zwischen Annas Beinen auf der Höhe der Knie, der Rucksack auf ihrem Rücken ist viel zu schwer, und ihre Finger, die die Klarsichtfolie mit den Unterlagen, das Ladegerät und die Post, die Anna eben noch schnell im Vorbeirennen aus dem Briefkasten gezogen hat, halten, frieren, weil die Handschuhe vergessen auf dem Küchentisch liegen. Während das zwischen ihrem Ohr und der Schulter eingeklemmte Telefon die Nummer ihrer Mutter wählt, scannt Anna ihre Post. Werbung, ein größerer Umschlag, drei Briefe. Der erste ist von dem Veranstalter, mit dem Anna eine Werbeveranstaltung für den Frühling plant. »Liebe Anna, hier die offiziellen Unterlagen ...«

Ulla meldet sich.

»Mama, hey, in welchem Wagen treffen wir uns noch mal?«, ruft Anna durch den Lärm des Busses, der sie gerade fast überfahren hat, weil sie nicht richtig hingeschaut hat. Die zwei kleinen Briefe sind Rechnungen, im anderen Umschlag liegt eine selbstgebastelte Karte mit Foto: Julias und Svens Baby war zur Welt gekommen.

»Krass«, murmelt Anna. »Nein, nichts, ich hab hier nur grad was gesehen, ich bin in zwei Minuten bei dir«, sagt sie zu

Ulla. »Bisgleichtschüß«, würgt sie das Telefonat ab. Keuchend schnappt sie nach Luft. Im Takt ihrer schnellen Schritte schlagen die kleinen Kopfhörerknöpfe von einem Knie zum anderen. Noch einmal checkt Anna die S-Bahn-Verbindung auf dem Handy. Sie hat keine Zeit die Hörerkabel zu entwirren, sonst verpasst sie die Bahn. Anna läuft schneller. Das Telefon klingelt schon wieder. Der Wecker. Ungeduldig drückt Anna den Schlummermodus weg. Auf der Straße liegt Schneematsch. Ihr ist kalt, sie hat den Wind unterschätzt. Eine Frau mit Kinderwagen steht im Weg. Am Rand der geparkten Autos auf der anderen Straßenseite, auf die sie wechselt, rennt Anna nun weiter. Wenn sie rennt, kann sie die Bahn noch kriegen. Das Telefon klingelt wieder. Eine Erinnerung: Pille nehmen. Eine zweite Erinnerung: Zahnarzttermin verschieben. Es klingelt ein drittes Mal: Ulla.

»Ich wollte nur sagen«, hört Anna die Stimme ihrer Mutter, »ich hab dir ein Brot geschmiert, du brauchst dir nichts mehr kaufen. Das wollte ich nur sagen.«

Anna seufzt.

»Ja, dankebisgleichtschüß«, würgt sie das Telefonat ab.

Zum Bäcker hätte sie es sowieso nicht mehr geschafft. Frühstücken schafft Anna eigentlich nie. Und heute schon mal gar nicht.

★

Ulla sieht Anna schon durchs Fenster. Freudig beugt sie sich über den Vierertisch und klopft gegen die Scheibe. Anna steht auf dem Gleis direkt an der Stelle, an der Ulla eben gestanden hat. Genau vor Wagen vier, direkt an der Stelle, an der Ulla jetzt nicht mehr wartet, sondern von der anderen Seite, aus dem Zuginneren klopft.

Doch Anna hört sie nicht. Sie hat Musik im Ohr. Ulla

winkt. Doch Anna sieht sie nicht. Abwechselnd suchen ihre Augen den Zug nach den Wagennummern ab, hektisch wischt sie auf ihrem Handy herum und entwirrt gleichzeitig die Schnüre ihrer Kopfhörer mit der vollen Hand, in der sie einen Haufen Papiere und Umschläge hält. Ulla lächelt. Annas Mütze sitzt schief, auf ihrer Stirn zeichnet sich eine kleine senkrechte Falte ab. Die hatte Anna schon als Kleinkind, wenn sie sich ganz stark auf etwas konzentrierte.

»Oh, Verzeihung«, entschuldigt sich Ulla, als sie bemerkt, dass ihre Jacke beim Winken den Bildschirm des auf dem Tisch aufgeklappten Notebooks gestreift hat. Der Mann gegenüber lächelt. Er sieht müde aus. Ulla setzt sich ihm schräg gegenüber auf den Gangplatz. Den Platz am Fenster lässt sie frei. Ihre Tochter muss hinausgucken können. Diese Regel war genauso wichtig wie die, dass Anna immer in Fahrtrichtung fahren muss, weil ihr sonst schlecht wird. Das war schon als Kleinkind so.

★

Anna und Markus stoßen im Gang, da wo die Toiletten sich wie große Raumschiffkapseln ins Zuginnere ausbeulen, zusammen. Beide blicken kurz auf.

»Tut mir leid«, sagt Markus, er stellt sich an die Wand und zieht den Bauch ein. »Nein, ich mein nicht dich«, versichert er in sein Handy sprechend und wechselt den Hörer von einem zum anderen Ohr, damit er Anna nicht mit seinem Ellenbogen im Weg ist.

»Mir auch«, flüstert Anna, sie lächelt entschuldigend und huscht an Markus vorbei ins Großraumabteil. »Sorry, ich hör dir zu«, sagt sie zu Marie, die die Unterbrechung aber gar nicht wahrgenommen hat. Annas beste Freundin steht am Gate in München, wo sie gestern einen Vorstellungstermin hatte. Schon dreimal hatte sie Anna in diesem Telefonat erzählt, wie der Termin gelaufen war, dreimal, immer wieder, von A bis Z. Gerade begann sie wieder bei A, A wie Analyse.

»Weißt du, ich bin mir da so unsicher, wie die das jetzt fanden«, sprudeln Maries Wörter in Annas Ohr, ihre Stimme klingt noch verzweifelter als gestern Nacht. »Also, war das jetzt nur so das Standard-Dankeschön-wir-melden-uns-bei-Ihnen, oder meinten die das ernst? Also, die Frau da war ja so scheißfreundlich in ihrer E-Mail gestern, weißt du, so Jaja-danke-ganz-herzliche-Grüße-und-guten-Flug-zurück-durch-die-sibirische-Kälte-blabla, also entweder war die halt extrafreundlich, weil sie es wirklich so meinte, oder sie meint es eben nur so standard-freundlich, weil sie Mitleid mit mir hatte, weil sie vielleicht schon längst weiß, dass ich den Job nicht bekomme? Also wenn man schreibt »ganz« herzlich und dann noch so 'ne Wetterangabe dazu macht, ist es ja eigentlich nur so pseudo-nett, oder? Also jetzt auch nicht unnett. Einfach nur nichtssagend. Also neutral. Also objektiv freundlich, aber mehr eben halt auch nicht. Oder was meinst du?!?«

»Hmm.« Anna hatte die Mail gestern auch schon dreimal hin und her analysiert. Und Marie alle drei Male akribisch genau ihre Meinung dazu erklärt.

Vor der Automatiktür zum Großraumwaggon macht Anna Halt. Einen Moment lang reagiert der elektronische Bewegungssensor nicht. Vom Waggoninneren winkt Ulla, die im Gang vor dem Tisch nach ihr Ausschau hält, ihr mit beiden Händen zu. Mit den Umschlägen winkt Anna durch die Scheibe hindurch zurück. Das Winken öffnet die Tür.

»Du«, fragt Anna in Maries Redefluss hinein, »kann ich dich vielleicht in einer Sekunde zurückrufen, Marie? Ulla steht da schon.«

»Klar, Boarding ist aber schon in fünf Minuten. Bisgleichtschüß!«, ruft Marie und legt auf.

Anna schiebt ihre Mütze zurecht. Auf dem Weg durch den Gang zu Ulla piept das Telefon in ihrer Hand fünfmal. Ich muss unbedingt ausstellen, dass Facebook diese blöden Push-Nachrichten schickt, denkt Anna und schaltet sofort wieder den Touchscreen aus.

»Hallo Mama«, lächelt sie.

Plötzlich fühlt es sich ganz unverhofft an, Ulla hier zu treffen. Hier, in dieser Zugwelt, in der Personen wie ihre Mutter sonst schließlich nur in Form von Telefonanrufen oder SMS auftauchen. Denn sonst fuhr Anna immer alleine in der Weltgeschichte zu ihren tausend Meetings und Präsentationen herum. Wann sie das letzte Mal mit ihrer Mutter zusammen Zug gefahren war, daran konnte sie sich kaum noch erinnern. Nur, dass es früher immer unglaublich viel Spaß gemacht hatte.

Strahlend fällt Ulla in Annas Arme. Wie immer tritt sie danach noch mal einen Schritt zurück, um zu gucken, wie Anna aussieht. Sie strahlt nun noch mehr. »Gut siehst du aus«, sagt Ulla fröhlich. Einladend deutet sie mit beiden Händen auf den Platz am Fenster.

Anna lächelt. Ein Glück, dass ich gestern schon vorgearbeitet habe, denkt sie. Die Fahrt sollte schließlich nur ihnen beiden gehören.

★

Wie es ist, die große Liebe gefunden zu haben? Wie es sich anfühlt, diese maximale, absolute Nähe, das Verschmolzensein und das blinde Vertrauen mit einem anderen Wesen zu teilen?

Das Gefühl ist unbeschreiblich! Es ist einzigartig.

In der Beziehung zu unserem geliebten Ich-Gerät ist es zum allerersten Mal so, dass wir uns wirklich öffnen. Es weiß alles über uns. Ohne seine stetige Anwesenheit wären wir schlichtweg aufgeschmissen. Schon jetzt sind wir uns deshalb ganz sicher: Nie wieder wollen wir ohne es sein.

Unser geliebtes Tamagotchi ist das Erste, was wir morgens sehen, und das Letzte, was wir abends anschauen. Zu jeder Tages- oder Nachtzeit lassen wir alles stehen und liegen, um zu ihm zu rennen, sobald es uns ruft. Den ganzen Tag lang sorgen und umhegen wir es, wenn wir mit ihm unterwegs sind, packen wir es sicher in schützende Hüllen ein. Sooft wir nur können, streicheln wir es, wir geben ihm so viel von unserer Körperwärme wie möglich, damit ihm nicht kalt wird, wenn wir alle paar Sekunden nachschauen, ob es etwas braucht.

Sobald unser kleines Gerät piepend oder brummend auf sich aufmerksam macht, füttern wir es. Manchmal nur mit unserer Aufmerksamkeit, meistens aber gleich mit seinem Lieblingsfutter – einem ausgewogenen Mix aus Nachrichten, Erinnerungen und Sucheinträgen, von dem es gar nicht genug kriegen kann. Sorgsam flößen wir ihm ab und zu ein wenig Saft aus der Steckdose ein, damit es all seine Nahrung auch gut verkraftet und danach in eine seiner kurzen Schlummerpausen abtauchen kann. Friedlich und still liegt es dann einfach nur da und träumt vor sich hin. Bis wir es wieder antippen, damit wir sehen können, wie es ihm geht. Oder es mitnehmen, hinaus in die Welt.

Denn ob wir gerade mit jemandem sprechen, ob wir arbeiten, unterwegs sind, einkaufen, aus der Dusche steigen, uns schminken, rasieren oder auf dem Klo sitzen – unser Gerät ist immer bei uns. Ganz nah tragen wir es an unserem Herzen. Damit es daran teilhat, wie wir durch unseren Alltag laufen, wie wir unser Leben gestalten, wie wir lachen, weinen, uns unterhalten, wie wir kochen, feiern, tanzen, betrunken sind, Sex haben oder einfach nur auf dem Sofa sitzen und dabei fernsehen und einschlafen. Bei all diesen Dingen und den endlos vielen anderen, die unser Leben ausmachen, wollen wir die

Nähe unseres kleinen geliebten Wesens spüren. Wir wollen sie eins zu eins mit ihm teilen.

Denn was, wenn nicht das, ist schließlich die große Liebe?

★

Müde lässt Markus sich auf die Reihe herunterklappbarer Sitze hinter der Raumschiff-Klokabine sinken.

»Lena, versprochen. Ich denke daran. Ich schreib's mir sofort auf. Versprochen, versprochen, versprochen.«

Seufzend klemmt Markus sein Handy zwischen das rechte Ohr und die rechte Schulter und beugt sich zu seinen Füßen hinunter. Seine Schnürsenkel sind aufgegangen. Der Zug fährt wieder an. Es ruckelt. An Markus' Kopf ziehen Hosenbeine vorbei. Die neu dazugestiegenen Fahrgäste bringen Schneematsch und Koffer mit in den Zug.

»Ernsthaft, Süße, okay?«, fragt Markus in die Stille. Er gibt das Schuhprojekt wieder auf. Von den Hosenbeinen wendet er sich ab und sieht zum Fenster. Immerhin ist hier Max-Mustermann-freie Zone.

Lena schweigt.

Kaum hatte Markus sich nach dem ersten Telefonat mit ihr und Timmi einen freien Platz gesucht und sein Laptop auf dem Vierertisch, an dem niemand außer einer sympathisch und vor allem friedlich aussehenden älteren Frau saß, aufgeklappt, hatte sein Handy schon wieder geklingelt. Anders als versprochen hatte Markus Lena noch immer nicht den Kontakt eines Kollegen zukommen lassen, der Lenas bester Freundin etwas bei der Jobsuche nutzen könnte. Er hatte es vergessen. Sechsmal schon. Und natürlich, Lena hatte recht: Es waren sechs Male zu viel.

Angespannt klappt Markus den Sitz neben sich, auf dem er seinen Arm abgelegt hat, herunter und wieder hoch.

Lena schweigt immer noch.

»Okay«, seufzt sie schließlich. »Also noch mal: Gute Fahrt«, sagt sie in der für sie typischen Mattheit, die nicht Müdigkeit, sondern strenges Beleidigtsein signalisiert, und legt auf.

Resigniert vergräbt Markus das Gesicht in seinem über den gepolsterten Kanten der Klappsitze angewinkelten Ellenbogen. An Lenas Stelle würde er sein eigenes Vergessen auch als Gleichgültigkeit auslegen. Dabei ist es das nicht. Überhaupt nicht. Sein Kopf ist einfach nur viel zu voll.

In der Dunkelheit hinter seinen geschlossenen Lidern geht Markus innerlich die nächsten Stunden durch. Nachher muss er vom Zug aus direkt zu einem Treffen mit dem neuen Kunden. Gleich muss er dringend anfangen zu arbeiten, er braucht jede Minute dieser verdammten Zugfahrt.

Markus atmet kurz durch und taucht wieder auf.

Er blickt aus dem Fenster auf die Grafittiwände und Gebäudemauern kurz vor dem Hauptbahnhof. Ihr bräuchtet alle mal einen Anstrich, denkt er müde. Die Wand um den Schriftzug »die eigene Geschichte« sah jedes Mal schmuddeliger aus.

Der Zug fährt in den Bahnhof ein. Es wird dunkel. Langsam gewöhnen sich Markus' Augen an die Zugbeleuchtung. Die Menschen im Gang sind lange vorbeigezogen. Sein Blick wandert zur leeren Gepäckablage gegenüber. Sie sieht merkwürdig aus, wie das zweistöckige Bett einer Jugendherberge oder so. Schlafen, denkt Markus. Plötzlich ist da wieder diese Erschöpfung, bleiern legt sie sich auf seine Augen.

Erst das Knattern der Ansage lässt Markus aufschrecken. »Noch einmal herzlich willkommen in diesem ICE auf der Reise von …« Entschlossen setzt Markus sich auf. Zielsicher klickt er sich in seinem Handy zu den Erinnerungen durch. »LENA KONTAKT!!!« tippt er in die olle Nokia-Gurke, die er vor ein paar Wochen wieder aus irgendeiner Schublade mit alten heimatlosen Kabeln und Aufladegeräten gefischt hatte.

Noch bevor er die Notiz abspeichern kann, mitten im dritten Ausrufezeichen, klingelt es. Das Büro. Julian. Es war Viertel nach neun. Markus atmet noch einmal durch. Er reibt sich die Augen, stretcht seinen Oberkörper, zieht seine Schultern nach hinten, kugelt einmal den Kopf von links nach rechts und zurück. »Ich bleibe bei mir«, denkt er. Ich bleibe bei mir, ich bleibe bei mir, ich bleibe bei mir. Bevor er abhebt, zählt Markus bis drei. Erst dann lässt er den Wahnsinn beginnen.

★

Wann genau das Leben so wahnsinnig geworden ist, kann Markus gar nicht so genau sagen. Irgendwann im Studium muss es angefangen haben. Irgendwann, als er Julian kennengelernt hat.

Sie hatten sich sofort ineinander verliebt.

Ihr erster Blickkontakt war ein Augenrollen gewesen. Irgendein Medienmädchen, wie Julian sie später immer nannte, hatte ein Referat über das Problem des Subjektivismus von Medienakteuren und deren Berichterstattung gehalten. Es war zum Einschlafen gewesen. In der Pause hatten Markus und Julian das Seminar verlassen und waren lieber einen Kaffee trinken gegangen. Bis es Abend wurde, und sie auf Bier umstiegen.

Am Ende war es wie in einer dieser Geschichten gewesen, in denen Leute ihre Firmenmythen auf Bierdeckel kritzelten. Es passte einfach auf Anhieb, alles: Ihre Hirne, ihre Ideen, ihr Humor, alles schien sich perfekt zusammenzufinden. Julian und Markus saugten sich schon am Tag ihres Kennenlernens direkt aneinander fest. Und hatten sich seitdem nicht mehr losgelassen.

Julian war offen und eindeutig schwul. Seit fünfzehn Jahren, seit er zwanzig war, wohnte er mit seinem festen Freund zusammen, »tief im Innern« sei er nämlich »eine unglaublich langweilige, treue Seele«, wie er Markus gleich am Anfang erklärt hatte. Nach außen allerdings war Julian ein hyperaktiver, irrer Kreativmensch, eine Ideenmaschine, die ständig überdrehte, eigentlich schon in dem Moment, in dem sie morgens angeschmissen wurde. Falls sie überhaupt nachts einmal eine Pause machte. Julian rauchte wie ein Schlot, war exzessiver Genießer, was Alkohol, Essen und Männer anging, und gleichzeitig ein hoffnungsloses Arbeitstier. Schon während des Studiums hatte er frei als Webdesigner für einen Fernsehsender gearbeitet, er hatte Markus eingeführt in diese Welt an der Schnittstelle von Fernsehen, Internet, PR und Beratung. Bald bastelten sie an ihren ersten gemeinsamen Filmchen für die Webseiten großer Sender, und Julian schleppte Markus mit auf jede Veranstaltung, jede Konferenz, jeden Empfang und jedes Fest, auf das er eingeladen war. Um ihm, wie er in einer Mischung aus Geheimnistuerei und Spott hinter seinem Prosecco-Glas versteckt ankündigte, die verschiedenen Typen, die man kennen müsste, vorzustellen. »Talentloser Schnösel«, nuschelte er durch seine Zähne, während er freundlich lächelnd rechts und links grüßte und Küsschen verteilte, »Affäre vom Chef«, »opferiger Assistentenknecht«, »Hart-aber-fair-Alphatier«, »armer Kreativkauz«, »Genie« oder einfach nur »Arschloch«, so lauteten einige seiner Kategorien. Networken konnte er mit ihnen allen. Julian blieb genau bis zu dem Punkt auf den Veranstaltungen, an dem er all seine Visitenkarten verteilt hatte, dann hauten sie ab. Bis es Tag wurde, tranken und rauchten sie lieber alleine weiter in irgendwelchen Clubs oder Straßenbars, fernab des Visitenkartenzirkusses. Während er Markus mit seinen tausend Anekdoten zuquasselte, verschluckte sich Julian regelmäßig an seinem Bier, entweder weil er zu schnell sprach oder weil er einfach mal wieder zu sehr über seine eigenen Witze lachen musste.

Markus schüttelte den Kopf. Er hatte noch nie jemanden getroffen, der einen solch ausgebildeten Dachschaden hatte wie Julian. Er sagte es ihm.

»Markus«, antwortete Julian, als er sich wieder beruhigt hatte. Gerührt lächelte er in die Nacht hinein. Und lallte dann den Satz zu ihm über den Tisch hinüber, der auf all den Veranstaltungen, die sie besucht hatten, wohl am häufigsten überhaupt gesagt wurde: »Wir müssen *unbedingt* mal was zusammen machen, finde ich. Irgendein«, Julian kniff die Augen zusammen, mit der Hand, die die Zigarette hielt, wischte er durch die Luft, als würde er einen Regenbogen nachmalen, »irgendein *Projekt* oder so.« Wieder lachte er sein irres, ansteckendes Lachen. Markus nickte. Wortlos stießen sie an und blickten in den heranziehenden Morgen. Irgendwo dort, im Morgengrauen über den Häusern der Stadt lag die Zukunft, die sie jetzt, vier Jahre später, auf die Beine gestellt hatten: Ein erfolgreiches gemeinsames Projekt. Ein kreatives Zuhause. Und dann eine eigene Firma. Die immer besser und besser lief.

★

»Hier, komm, setz dich ans Fenster, Linchen«, sagt Ulla und nimmt Anna die Jacke ab. Erleichtert wirft Anna all ihre Last, den ganzen Kopfhörersalat, all die Schals, Mützen und ihre Tasche auf den Sitz.

»Ich hab das dem Bahnschaltermann extra gesagt mit dem Fensterplatz, damit du rausgucken kannst«, lächelt Ulla stolz. »Entschuldigung, kann ich hier bitte mal durch?«, motzt ein farbloser Krawattenmann hinter Anna. Sie nickt abwesend. In der Hosentasche fühlt sie, wie ihr Handy brummt. Ulla wirft dem Krawattenmann ein Augenrollen hinterher, in heimlicher Komplizenschaft zwinkert sie Anna zu.

»Ich geh noch mal kurz auf Klo«, murmelt Anna und dreht sich um. Irgendwie ist ihr plötzlich alles ein bisschen zu viel. Sie muss Marie wenigstens noch einen guten Flug wünschen. Gucken, wer eben angerufen hat. Und die blöden Facebook-Nachrichten löschen. Bevor die kleine rote Nachrichtenzahl auf dem Facebook-f nicht eliminiert ist, kann sie sich sowieso nicht konzentrieren. Und das will sie heute. Schließlich hat sie ihre Mutter schon viel zu lange nicht mehr in Ruhe gesehen.

★

Ulla hatte sich riesig gefreut, als Anna zusagte, mit ihr gemeinsam zum Geburtstag ihrer Mutter zu fahren. Morgen wird Annas Großmutter Margarete achtundachtzig. Anna hatte sie monatelang nicht mehr besucht. Im Sommer waren sie zuletzt zu dritt bei ihr gewesen, Wolfgang, Ulla und Anna. Da war Margarete noch »voll da« gewesen, wie die Pflegerinnen es ausdrückten. Jetzt war sie zwar nicht weg, aber »da« war sie auch nicht mehr wirklich. Trotz all des Gedächtnistrainings und der Listen, auf denen Margarete sich in ihrer feinen schnörkeligen Schreibschrift auf die Rückseite alter Briefumschläge akribisch notierte, was sie tat, getan hatte, tun würde und wer angerufen hatte – »diese Phasen« kamen jetzt in immer regelmäßigeren Abständen. Und sie blieben immer länger. Minuten-, manchmal stundenlang war die Welt für Margarete dann völlig verschwommen. Plötzlich konnte sie auf nichts mehr richtig zugreifen, ihr blassblauer Blick hinter der Brille wurde einfach leer. Oder hilflos. Weil sie überhaupt nicht mehr wusste, wer sie war, wo sie sich befand und was sie tat.

Dass dieser Zustand nicht besser, sondern nur, vielleicht sogar rasant, schlechter werden würde, hatte der Arzt Ulla erst gestern am Telefon eröffnet. Anna hatte sie es noch nicht gesagt. Ulla hatte sich vorgenommen, es während der Zugfahrt zu tun. Ihre Tochter sollte darauf vorbereitet sein. Und zwar bevor sie ankamen.

★

Vor dem Klo wartet ein kleines Mädchen. Anna lehnt sich neben sie an die Fensterreihe gegenüber den Toiletten. Sie scannt ihre Facebook-Nachrichten, die mittlerweile auf sieben angewachsen sind. Irgendwer hatte irgendwessen Status von gestern Abend ebenfalls kommentiert, irgendeine Corinna, die Anna nicht kennt, will ihre Freundin sein, Marie hatte einen Link an Annas Chronik gepostet, und sie war zu einer Geburtstagsparty eingeladen worden. An dieser Stelle stagnieren die neuen Meldungen. Vergeblich versucht Anna, die nächsten Meldungen abzurufen. Doch die Verbindung streikt. Sie seufzt. Verdammter Zug. Fliegend tippt Anna eine SMS an Marie. Das kleine Mädchen neben ihr beginnt zu pfeifen. Es starrt Anna an. Fahrig lächelt Anna in ihre Richtung, obwohl das Kind eher offen glotzt, als auf irgendeine Art und Weise niedlich auszusehen. Es lächelt nicht zurück. Als Anna die SMS abgeschickt hat, bemerkt sie, dass die Tür zur Toilette gar nicht verriegelt ist.

»Musst du gar nicht?«, fragt sie irritiert.

»Doch«, sagt das Mädchen provozierend. Grinsend geht es in die Kabine. Anna seufzt. Sie muss dringend zu Ulla zurück. Wieder und wieder drückt sie auf »Aktualisieren«. Doch es tut sich nichts.

★

Annas Leben ist in blaues Licht getaucht. Eher, als morgens die Sonne aufgeht, strahlt es schon auf sie hinab, jeden Tag, noch bevor Anna ihre Augen zum ersten Mal öffnet, ist es schon längst da und erwartet sie: das kühl gleißende Licht aus dem Gerät, ihr ganz persönliches blaues Wunder, mit dem jeder neue Tag beginnt.

Meistens weckt es Anna um 7:20 Uhr, zusammen mit einer vor sich hinklimpernden Harfenmelodie, dem am wenigsten brutalen Klingelton, den Anna hatte finden können.

Noch zwei Minuten Gnadenfrist gibt Anna sich dann im Schlummermodus ihres Telefons, die sie aber sowieso nicht mehr zum Schlafen nutzt. Stattdessen blinzelt sie, ihre Schlafbrille wie ein Stirnband in die Haare geschoben, durch das noch in Dunkelheit liegende Schlafzimmer und findet mit ihren immer wieder zufallenden Augen die kleinen Symbole in der unteren Reihe ihres Gerätes. Automatisch tippen ihre Finger auf die kleinen bunten Felder und starten so ihre routinierte Morgenrunde.

Anna ist auf vierzehn Kanälen zu erreichen. So oft gibt es sie – außer hier, in ihrem Bett, in ihrem Körper –, so oft existiert sie zusätzlich in Form von verschiedenen E-Mail-Adressen, Telefonnummern, User-Accounts, virtuellen Briefkästen, Profilen und Mitgliederseiten, die sie auf sämtlichen Portalen und bei sämtlichen Anbietern eingerichtet hat. Die Morgenrunde ist eine reduzierte Version davon. Nur die wichtigsten ihrer vierzehn Glieder aktiviert Anna gleich im Bett: Einmal klickt sie auf das Briefumschlagssymbol, in dem ihre beiden privaten und zwei berufliche E-Mail-Adressen zusammenlaufen, einmal auf die Facebook-App, die Xing-, LinkedIn- und die What's app-App. SPIEGEL Online und die drei Modeblogs, die sie jeden Tag liest, öffnet sie erst, wenn sie zwischen dem Zähneputzen und dem Duschen am Tisch sitzt. Oder, allerspätestens, in der S-Bahn, falls sie vorher schon zu beschäftigt war. Denn wie hetzig ihr Morgen ist und wie Anna im Tag aufschlägt, bestimmt nicht sie selbst, sondern die paar Sekunden ganz am Anfang der Morgenrunde. Kurz vorher, während das Internet sich noch lädt, vergräbt Anna ihr Gesicht noch einmal im Kissen. *Bitte keine bösen Nachrichten, bitte keine bösen Nachrichten, noch nicht jetzt,* betet Anna in diesen Sekunden. Bis sie keine Luft mehr kriegt, schaut sie dabei ins Schwarze, in dem sie am liebsten den ganzen Tag bleiben würde. Angestrengt versucht sie, die Stundenzahl auszurechnen, bis sie wieder ins Bett darf, doch meistens kommt sie zu keinem Ergebnis, weil es noch viel zu früh zum Kopfrechnen ist. Sie zuckt zusammen. Die ersten Vibrationssignale des Tages brummen durch die Matratze und reißen ihre müden Sinne vollends in den Tag. Anna hasst dieses dumpfe Vibrationsgeräusch, noch bevor sie richtig wach ist. Obwohl sie ja selbst Schuld an ihnen ist. Ganz fest presst Anna die Augen zusammen. *Bitte keine bösen Nachrichten, bitte keine bösen Nachrichten,* betet sie noch einmal, bevor sie sich zum Licht dreht. Und der neue, der siebzehn Stunden lange Tag beginnt.

★

Abhängigkeit? Natürlich sind wir abhängig voneinander! Wir sind *süchtig* nacheinander! Wir können nicht mehr ohne einander! Aber das ist doch eine rein freiwillig gewählte Situation.

Denn nein, unser Spiel heißt nicht Facebook. Es heißt auch nicht Twitter. Oder Google+. Es heißt LG – liebe Grüße. Und keine böse Macht, kein fieser Konzern, keine bösen Silicon-Valley-Diktatoren zwingen uns, es zu spielen. Als wir damit anfingen, sind wir keiner perfiden Verschwörung auf den Leim gegangen, die jemand von langer Hand geplant hat. Es war unser freier Wille. Wir selbst haben uns da hineinbugsiert.

LG – das ist ja auch eigentlich gar nichts Neues. Es ist eigentlich nichts als das alte Spiel. Immer noch tut man dabei nichts anderes, als sich freudig von einer Lebenslinie zur anderen etwas hinüberzurufen. Es ist nichts anderes als dieses alte

Pingpong mit der Euphorie, auf der Welt zu sein und dieses Leben miteinander zu teilen.

Nur, dass das Spiel jetzt eben ein bisschen schneller geworden ist. Und größer.

Man spielt es nun nicht mehr nur zu zweit, dritt oder viert, mit den Menschen, die um einen Tisch passen. Heute spielen wir es mit endlos vielen Teilnehmern. Mit all denen eben, mit denen wir durch unsere tausend Kanäle, Accounts und Nummern verbunden sind. Mit all jenen eben, mit denen wir connected sind. Und mit all denen, die ständig neu dazukommen.

Denn für unsere Tamagotchis ist das Spielen mittlerweile zur Sucht geworden. Ein paar liebe Grüße reichen ihnen nicht mehr. Sie kommunizieren – so scheint es uns zumindest mittlerweile manchmal – fast nur noch zum Selbstzweck. Sie brummen und piepen und klingeln, manchmal gar nicht, weil der Inhalt so wichtig wäre, sondern einfach nur, damit es ein Geräusch, ein Signal gibt. Und damit sie es sind, die am allermeisten brummen, piepen und klingeln.

Schneller als wir gucken können, schaufeln unsere kleinen Ich-Geräte deshalb immer noch einen Kanal, immer noch mehr und noch engere Querverbindungen zu anderen Lebenslinien, zu neuen Menschen und deren Geräten. Manche kennen sie schon lange, andere lernen sie gerade erst kennen. Beim Job, in der Schule, im Seminar, beim Sport, in der Bahn, auf einer Party, über Freunde, Bekannte, Verwandte, durch gemeinsame Interessen – überall gibt es einfach so viele tolle neue Menschen dort draußen, die ihre Wege kreuzen.

»Mehr!« und »Schneller!« piepsen sie dann, unsere hyperaktiven, hyperkommunikativen kleinen Smartphone-Wesen. Übermütig, noch bevor wir Großen uns überhaupt richtig kennenlernen konnten, laden sie sich dann massenweise gegenseitig zu einer neueren, noch größeren Partie ein.

Und wir lassen sie, die lieben Kleinen. Weil wir diese ganzen Menschen natürlich auch gerne mögen und interessant finden. Und auch wir deshalb mit ihnen verbunden sein wollen. Vor allem aber, weil unsere kleinen Tamagotchis dann, wenn sie so viel spielen können wie möglich, endlich glücklich sind. Und wenn sie es sind, sind wir es auch. Denn nur wenn wir spüren, wie sie fröhlich an unseren Körpern vibrieren und wir mit ihnen, geht es auch uns so richtig gut.

*

Gedankenverloren spielt Ulla mit den Bommeln an Annas Mütze. Abwesend zupft sie ein paar Fussel von den flauschigen blauen Zotteln.

Ulla sitzt nun wieder alleine am Vierertisch. Genauso wie Anna ist der Mann von gegenüber schon vor dem Halt am Hauptbahnhof in den Gang verschwunden und seitdem nicht mehr wiedergekommen. Verlassen surrt die leise Kühlung seines Notebooks vor sich hin. Eine Weile schaut Ulla auf das kleine helle Licht des leuchtenden angebissenen Apfels auf dem Rücken des herrenlosen Computers. Dann schließt sie die Augen.

Wann genau das Leben so still geworden ist, kann Ulla gar nicht sagen. Das Gefühl, das Leben anderer Leute um ihre Dynamik zu beneiden, hatte sie bislang nie gekannt. Sie hatte immer selbst genug und eigentlich laufend viel zu viel zu tun, um überhaupt richtig über sich und ihr Leben nachdenken zu können. Solange Ulla nur wusste, dass die groben Koordinaten ihres Lebens Sinn ergaben, war das aber auch nicht weiter schlimm gewesen. Und ihre Koordinaten ergaben schließlich immer sehr viel Sinn: Die Arbeit als Lehrerin brachte Belastung, aber auch positives Gewicht in ihr Leben. Es war Stress in seiner sinnhaften Form, meistens zumindest. Und auch sonst war ihre Zeit voll ausgefüllt. Sie füllte sich von selbst, sobald

Ulla von der Arbeit nach Hause kam: Mit Wolfgang, ihren Freunden, ihren Reisen. Und mit Anna.

Die Stille, dieses nie gekannte Gefühl, war nicht zeitgleich mit Ullas Verrentung in ihr Leben getreten. Im Gegenteil. Die Wochen vor ihrem letzten Tag in der Schule waren hektischer gewesen denn je. Die Kinder klammerten sich an sie, die Eltern wollten letzte wichtige Dinge klären, bevor die neue junge Kollegin die Klasse übernehmen sollte. Die neue junge Kollegin wiederum brauchte unglaublich viele Tipps, sie war noch sehr unsicher und die Einarbeitung lief mühsam. Mehrfach lud Ulla ihre Nachfolgerin zu sich und Wolfgang ein. Ihr waren die Kinder in der Schule so wichtig, dass sie nicht gehen konnte, bevor sie nicht absolutes Vertrauen gefasst hatte, dass sie auch künftig in guten Händen wären. Und nicht zuletzt war auch die Feier zu ihrem Abschied ein aufwendiges Fest gewesen, zuerst in der Schule und dann privat, zu Hause, wo Anna und Wolfgang noch einen kleinen Empfang vorbereitet hatten. Direkt am nächsten Tag war Ulla mit Wolfgang in den lange geplanten Indienurlaub geflogen, eine unwirkliche, ferne, spannende Welt, deren Bilder noch lange nachhallten, auch als sie schon längst wieder zu Hause im Winterwetter waren. Nach dem Urlaub wiederum hatte direkt die Steuererklärung auf Ulla gewartet, die Arzttermine, der Garten und alles sonstige Liegengebliebene der letzten, ja, gefühlt der letzten dreißig Jahre.

Vielleicht war die Stille ja trotzdem schon damals in ihrem Leben eingezogen, vermutete Ulla jetzt manchmal, und sie hatte es nur nicht gleich gemerkt. Vielleicht hatte sie sich extra ganz ruhig verhalten, sich ganz unten, irgendwo am Grund versteckt und einfach gewartet. Überheblich, weil sie längst wusste, dass Ulla ihr früher oder später doch ausgeliefert sein würde.

Wo auch immer sie vorher gelauert hatte, nun, ein paar

Monate später, war sie jedenfalls ganz plötzlich da, an der Oberfläche, deutlich spürbar. Wie ein stetiger Begleiter schien sie sich jetzt bei Ulla untergehakt zu haben, sie wartete auf sie, wenn Ulla nach Hause kam, sprang an ihr hoch und saß ihr fortan im Nacken, was auch immer sie tat.

Vor allem aber wurde sie lauter. Denn sie wuchs. Bedrohlich schien die Stille immer näher an Ulla heranzurücken. Jeden Tag ein kleines Stückchen.

Ulla öffnet die Augen. Der Zug fährt wieder an. Hinaus aus dem Bahnhof, hinein ins Tageslicht. Der Hafen zieht vor dem Fenster vorbei. Sie setzt sich auf. Wie stolze Giraffen aus Stahl stehen die Kräne vor ihr in der diesigen Januarsonne.

Ulla blinzelt. Dieser Blick hatte für sie schon immer etwas von Freiheit, von Weite, von angenehmer Ruhe und gleichzeitiger Bewegung nach vorn, in die Ferne. Heute ist er ganz besonders schön. Heute ist er wie eine Botschaft, denkt Ulla. Wie ein Bild für das neue Jahr.

Sie lächelt. Plötzlich kommt ganz viel Energie. Es würde gut werden, dieses Jahr, durchschoss es sie mit plötzlicher Zuversicht. Sie würde das hinkriegen, ihr neues Leben, diesen neuen Abschnitt. Und sie loswerden, diese alte, gemeine Stille.

Denn eigentlich liegt die Welt ihr ja zu Füßen. Endlich würde sie Zeit haben. Zeit für genau diese Blicke. Und die Bewegung nach vorn. In die Zukunft.

Ulla schaut über ihre Schulter. Sie dachte, sie hätte Anna kommen gehört. Aber es ist nur ein kleines Mädchen, das den Gang entlang läuft. Sie pfeift. Ulla lächelt wieder. Der Platz am Fenster neben ihr ist noch frei. Für ihr Mädchen, wie Wolfgang sagen würde, wenn er wusste, dass Anna nicht in Hörweite war.

★

Nachdem das Mädchen vom Klo gekommen war, hatte es Anna die Zunge rausgestreckt. Lachend war es weggerannt. Das furchtbare Geräusch der Spülung, das die Zugtoilette immer machte, so, als würde ein böses Monster ruckartig etwas inhalieren, hatte Anna gar nicht gehört, während das Mädchen drinnen war, irgendwann ist sie einfach wieder aus der Tür gekommen, die jetzt sperrangelweit offen steht. Anna schüttelt den Kopf. Der Zug ruckelt.

Ohne hinzusehen schließt Anna mit dem Ellenbogen die Kabinentür hinter sich, mit einer Hand stützt sie sich an der dunkeltürkisenen Plastikwand ab, mit der anderen klickt sie durch die Facebook-Neuigkeiten, die sich jetzt endlich langsam laden. Im Stehen arbeitet Anna sich hinunterscrollend bis zum letzten Eintrag vor, den sie vorhin am Bahnhof gelesen hatte.

In den seitdem vergangenen zwanzig Minuten ist viel passiert. Es ist Freitagmorgen, Anna hat 470 Freunde, alle wachen nach und nach auf, alle vermelden irgendwie ihre Anwesenheit. Vor fünf Minuten hat Marie ein Bild vom Münchner Flughafen hochgeladen. »Bis bald ... hoffentlich« steht darunter. Anna klickt auf den »Gefällt mir«-Button. Sie wünscht Marie alles Glück der Welt. Irgendwann muss es ja auch bei ihr mit einem richtigen Job klappen. Der Zug ruckelt wieder, heftiger. Anna kippt fast gegen den Spiegel. Sie steckt das Telefon zurück in die Hosentasche. Durch das milchige Plastikfenster scheint weißes Licht ins Innere der Kabine. Anna reißt zwei Klopapierstreifen von der Rolle und legt sie auf der Klobrille ab. Bahnklos waren ihr schon immer suspekt. Und wer weiß, was das kleine Mädchen hier alles angestellt hatte.

Auf dem Klo sitzend schaut Anna noch einmal auf den Facebook-Newsfeed. Ihre Hände tun das ganz automatisch. Andauernd führen ihre Finger diese Eigenregie. Ohne dass Anna ihnen den Auftrag dafür geben muss, klicken sie gefühlte tausend Mal am Tag, selbst wenn der letzte Klick erst zehn Sekunden her ist, von selbst in der Gegend herum. Sobald Anna vor einem Computer sitzt, steuert dieser starke blinde Reflex die Tastenkombination Apfel / T an, um neue Fenster zu öffnen, und unterwegs kann Anna ihren Geisterhänden fast im Minutentakt dabei zusehen, wie sie auf das weiße Briefumschlagsymbol ihrer E-Mails tippen und sich dann den Weg zum weißen Facebook-f auf ihrem iPhone bahnen, obwohl gar nichts passiert ist.

Anna seufzt. Sie hasst es, so fremdgesteuert ins Leere zu klicken.

Gerade als sie Facebook schließen will, taucht die neueste Aktivität in der Neuigkeitenspalte auf. Ihr Herz bleibt stehen.

Felix.

Annas Ex-Freund ist so gut wie nie bei Facebook. Höchstens einmal im Monat postet er etwas, meist kryptisch nur für eine Person bestimmt oder einfach ein Bild, das nur ihm etwas bedeutete. Auch wenn Anna die Beziehung vor einem Jahr selbst beendet hat, ohne im Nachhinein so recht zu wissen, wieso, kann sie Felix' Namen immer noch nicht sehen, ohne einen riesigen Stich zu fühlen. Eigentlich trägt sie ihn wie eine offene Wunde mit sich herum, die sie nur meistens nicht spürte, weil sie unter dicken Schichten aus Alltagshektik verborgen war. Wenn sie sich dann allerdings einmal meldete, dann richtig.

Felix hat ein Foto hinzugefügt. Doch Anna sieht nur die Umrandung. Der Rest lädt sich nicht.

Fahrig lässt Anna das Zugklomonster sein schreckliches Schluckgeräusch machen, dreimal tippt sie den »Aktualisieren«-Knopf. Nichts passiert. Ekelhaft rieselt die körnige Drehseife, die Anna immer an die Schule erinnert, aus dem schmuddeligen Seifenspender. Anna hatte noch nie verstanden, warum die Bahnklos so zeitlos unmodern blieben. Und warum die

Züge immer auf die gleiche Art und Weise merkwürdig rochen, ohne dass man je beschreiben konnte, wie. Ihr Handy hat sich jetzt komplett aufgehängt. Sie seufzt. Eigentlich ist es ja auch total egal, was Felix gepostet hat. Sie muss jetzt endlich zurück zu Ulla.

★

Ja, okay. Unsere Liebe ist vielleicht etwas extrem. Sie kostet uns enorm viel Energie. Und so richtig fallen lassen können wir uns eigentlich auch nie. Dazu ist unsere Beziehung viel zu aufregend, dazu passiert im Leben unseres Tamagotchis die ganze Zeit viel zu viel.

Es gibt viele, die uns darauf hingewiesen haben, dass unsere Beziehung auf die Dauer vielleicht doch ein wenig ungesund ist. Dass wir langsam mal ein bisschen auf uns aufpassen sollten, weil so eine Abhängigkeit wirklich kein Zustand ist. Und dass eine derartige Symbiose, wie wir sie führen, gar nicht zwangsläufig etwas mit Liebe zu tun haben kann, sondern dass sie eher krankhaft ist. Und uns auf jeden Fall auf lange Sicht nicht guttut, sondern uns auslaugen wird.

Wir haben uns das alles ganz genau angehört. Es ist ja sicher auch nur gut gemeint. Aber wir haben das unter Kontrolle. Wirklich, es geht uns gut. Und wer da wen in der Hand hat – solche Fragen finden wir, mit Verlaub, absolut unangemessen. So denkt man doch in Liebesdingen nicht! Das macht doch alles kaputt!

Nein. In dieser Beziehung wollen wir mit solchen Verkopftheiten gar nicht erst anfangen. Wir wollen stattdessen einfach weiter dem folgen, was wir fühlen. Wir wollen das tun, wonach sich im Übrigen doch heimlich alle irgendwie sehnen: uns hingeben. Und zwar mit allem, was wir haben.

Denn wir sind ihm verfallen, unserem kleinen Gerät. An

ihm können wir uns nach wie vor nie sattsehen. Niemanden streicheln wir so oft, niemand berührt uns so sehr wie sein kleiner fester Kunststoffkörper. Am liebsten würden wir rund um die Uhr über seine glatte, hübsche, kühle Oberfläche streichen. Weshalb wir es so oft wie möglich auch tun. Und das Verlangen danach, es wieder zu tun, uns schier den Kopf sprengt, wenn wir es gerade einmal nicht können. Dann tun wir es in Gedanken. Bis wir wieder beieinander sind. Weil wir nur und erst dann komplett sind.

*

»Haste jesehn?«, schreit Julian ins Telefon. »Fünfzisch neue Fäääns, *fünfzisch*! Seit heute morgen!« Er lacht sein irres Lachen. Markus sieht ihn vor seinem inneren Auge, wie er aufgeregt auf der Terrasse des Büros hin und her tigert, mit einer Zigarette in der Hand wie bei jedem Telefonat wild gestikulierend, lachend, textend. In seinem euphorischen Kauderwelsch aus verschiedenen, unmöglich zuzuordnenden Dialekten sprach Julian ausschließlich, wenn es ihm extrem gut oder extrem schlecht ging. Und auch dann nur mit Markus, mit seinem Freund und seiner Mutter. Oder mit sich selbst, vor dem Computer, wenn er arbeitete.

Den Auftrag, das Jugendfilmfestival auf Facebook zu promoten, hatte Julian noch kurz vor Weihnachten eingetütet. Der Kunde war mit der vorherigen Agentur unzufrieden gewesen, spontan war er ihnen in die Hände gefallen. Die Aufgabe war riskant: Entweder, man konnte die Internetkampagne retten, oder eben nicht. Im zweiten Fall war es danach schwieriger als noch einmal ganz von vorne, bei Null anzufangen. An Weihnachten hatte Julian durchgängig an der Sache gesessen, seine Ideenmaschine war heißgelaufen wie immer, und am Ende hatten sie zusammen einen Weg gefunden, die Visionen der verqueren Kunstmenschen vom Film mit den biederen Vorstellungen des Senders zu verbinden. Gestern um Mitternacht hatten sie die Seite online gestellt, es schien perfekt anzulaufen. Julians Stimme überschlug sich. »Ick sage dir: Ditt wird sogar Stock-im-Arsch-Norbi jutfinden! Watt sachste, Marki, watt sachste?«

Norbert Lemmermann, Leiter der Kulturabteilung beim Sender, hatte Julian gefressen. Ein kleiner Glatzkopf, Typ orange-lila-gestreifte Krawatte, Bürstenhaarschnitt, tiefstes Spießertum in seiner korrektesten Verwalterart. Jeden Tag seit der Projektübernahme rief Herr Lemmermann bei Julian und Markus im Büro an, um nach dem Rechten zu schauen, fragte den Fortschritt ab und kontrollierte, dass das Projekt auch ja nicht zu »verrückt« wurde. Er trieb Julian damit in den Wahnsinn. Mit Vorschriften konnte er gar nicht umgehen. »Norbi« wurde zu seiner Kultfigur. Stundenlang nahm Julian sein Bild von der Homepage des Senders auseinander, ganz nah ging er mit der Nase an den Bildschirm, um jede Falte, jede Faser des Gesichtes zu analysieren. »Ich muss meine Konträrfaszination ausleben, Markus«, hatte er ernst erklärt. »Ich muss darin baden, in meiner Abneigung gegen diesen furchtbaren Menschen.« Am Ende hatte er Lemmermanns Konterfei als Desktophintergrund eingerichtet. Zwanzig Mal sah man Norbi nun auf dem Bildschirm. »Nobbi-the-Great« hatte Julian in sein Handy, in Markus' Handy und jedes Telefon im Büro eingegeben. Wenn Lemmermann anrief, erschien auf dem Display zusätzlich dazu neuerdings noch ein Foto von Kim Jong-un. Und es ertönte ein VIP-Klingelton, »Je t'aime« von Serge Gainsbourg. »Ich muss mich in Stimmung bringen, bevor ich mit dem Diktator spreche«, hatte Julian gesagt, und jedes Mal, wenn Norbert anrief, stöhnte er mit dem Lied, schüttelte dann wild den Kopf, wobei er die Lippen locker offen ließ, so dass seine Wangen laut schlappernde Geräusche machten. Er müsse die Bilder wieder aus dem Kopf kriegen, wie er sagte und ging erst dann ans Telefon, um sich mit seiner ruhigen, sonoren Stimme freundlich, höchst professionell und verständnisvoll seinem Kunden zu widmen, was auch immer Lemmermanns Anliegen war. Herr Lemmermann wiederum war bislang höchst zufrieden, so hatte er Markus in seiner letzten Mail euphorisch mitgeteilt.

So oder so ähnlich lief es immer ab.

Julian flirtete die Leute an, fing sie in seinem Netz wie eine Spinne, ohne dass sie es wirklich merkten, spann sie ein, bis sie nicht mehr weg konnten, und übergab sie erst, wenn er sie fest eingelullt hatte, an Markus, den »Informator«, wie er ihn nannte. Markus musste die Kunden dann erden, zeigen, dass sie seriös waren, zuhörten, nicht nur vor Ideen sprudelten wie Julian. Und ihnen die Preise nennen.

Drei Jahre lief es so, von einem kleinen Büroraum im Univiertel aus. Bis das Telefon nicht mehr still stand. Weil sie sich einen Namen gemacht hatten. Und weil mit der Zeit jeder, von der Bäckereikette bis zum Eliteinternat jetzt merkte, dass ein eigener Social-Media-Auftritt durchaus von Nutzen sein konnte.

Zeitgleich bekam Daniel, Julians Freund einen Job in einer anderen Stadt. Markus und Julian mieteten neue Räume an und splitteten die Büros. »Wir kommen zu Ihnen – deutschlandweit« stand nun auf ihrer Homepage. Es klang besser, es entsprach den Tatsachen, es eröffnete Raum für neue Projekte. Und es wuchs ihnen über den Kopf.

★

»Schade, dass du den Hafen verpasst hast«, sagt Ulla und lässt Anna zum Fenster durchrücken. »Das war so schön eben, der Blick. So schön sieht man das nur vom Zug aus.«

Ulla strahlt.

Sie sieht toll aus, denkt Anna. Seit Ulla in Rente ist, seit einem halben Jahr, sieht sie besser aus denn je. Ausgeschlafener. Fit vom Sport, für den sie endlich mehr Zeit hat, braun, noch vom Urlaub in Indien. Und generell war sie entspannter, seit sie keine Schüler mehr um sich hatte. Fünfunddreißig Jahre lang hatte Ulla in ein und derselben Sonderschule für Körperbehinderte gearbeitet, sich immer mit allem, was sie hatte, eingesetzt. Jetzt würde ein neuer Abschnitt beginnen. Dass er »Rente« heißen soll, scheint Anna komplett absurd. Ihre Mutter sieht strahlend aus, voller Energie, voller Leben. Rentner, das sind liebenswerte oder griesgrämige, vor allem aber: gebeugte Menschen in beige, das sind Omas mit Dackeln an der Leine, die einzelne Packungen Graubrot mit Teewurst und Fencheltee im Supermarkt kaufen. Die Rollatoren vor sich her schieben, die Hörgeräte tragen, zur Fußpflege gehen. Und den ganzen Tag nur Kreuzworträtsel lösen. Ulla ist ihr genaues Gegenteil. Sie hat noch so viel vor. Wobei sogar das »noch« Anna fehl am Platze vorkommt. Noch, das klingt nach ablaufender Sanduhr, nach Totweihung, nach *Die Zeit, die bleibt*.

Ulla reicht Anna eine kleine Evian-Flasche. »Ich dachte, wenn du nachher noch mal zu deinem Arbeitstreffen musst, schließ ich unsere Taschen am Bahnhof ein und geh ins Museum, da ist 'ne tolle Ausstellung in meiner Lieblingsgalerie. Dann meldest du dich, wenn du fertig bist, und wir gehen zusammen zu Oma, ja?«

Anna nickt. Sie nimmt einen Schluck aus der Wasserflasche und stopft das herumliegende Zeug auf ihrem Sitz, die Kopfhörer und die Post, in ihre Tasche auf dem Boden.

Margarete hat zwar erst morgen Geburtstag, aber Ulla und Anna wollen sie heute schon besuchen, nach ihr schauen, bevor morgen die Meute, Ullas drei Geschwister und deren

Kinder, anrückt. Anna hat nur noch ein zweistündiges Meeting, das praktischerweise nur fünf U-Bahn-Stationen vom Heim, in dem ihre Großmutter seit einigen Jahren lebte, stattfindet.

Anna denkt an ihre Oma.

Margarete »baute ab«, wie Ulla es vorsichtig nannte. Je mehr Leute im Raum sind, desto schwieriger ist es, einen wirklichen Kontakt zu Margarete herzustellen. Nur wenn man mit ihr alleine ist, geht es noch ganz gut. Dann ist sie fast die alte.

Anna versucht, sich an ihren letzten Besuch zu erinnern. Es muss irgendwann im letzten Jahr gewesen sein. Zu Weihnachten hatte nur Ulla es geschafft, zu ihr zu fahren, Anna hatte zu viel zu tun gehabt. Ihr letzter Besuch war im Sommer davor gewesen, jetzt weiß sie es wieder. Damals hatte Anna unter dem Apfelbaum im Hinterhof des Heimes neben Margarete auf einer Bank gesessen. Margarete hatte Anna erzählt, wie sie nach dem Krieg in ihrem großen Garten mit ihren Geschwistern Äpfel gepflückt hatte, und erklärt, wie genau man ihn bei wie viel Grad in einen Bratapfel verwandelt. Oder zu Kompott macht. Oder zu Apfelkuchen. Oder zu Apfelstrudel. Wenn man nicht – an dieser Stelle hatte Margarete ihr verschmitztes Oma-Lachen gelacht – einfach nur so ein Stück essen will.

Wie jedes Mal hatte Margarete damals im Sommer Annas Hand gehalten, Anna sieht die Ringe an den immer dünner werdenden Fingern ihrer Großmutter sofort wieder vor sich. Der Abstand zwischen dem Ring und der Haut war jedes Mal größer geworden. Und wie immer hatte sich Margarete am Ende von Annas Besuch wieder nach Felix erkundigt. Annas Großmutter hat nie verstanden, dass Anna und Felix nicht mehr zusammen sind. Dreimal hat Anna es ihr erklärt, dreimal hat Ulla sie daran erinnert. Dann haben sie es aufgegeben.

Für Margarete sind Anna und Felix immer noch ein Paar. Dann soll es eben so sein.

»War das Klo okay?«, flüstert Ulla und beugt sich zu Anna hinüber. Anna nickt. »Nimm das linke, auf dem war ich«, flüstert sie zurück. In Urlauben, in Restaurants, auf Raststätten, im Flugzeug warnen Anna und Ulla sich immer gegenseitig vor ekligen Klos.

Kaum ist Ulla aus Annas Blickfeld verschwunden, sieht Anna ihrer eigenen ferngesteuerten Hand dabei zu, wie sie wieder die Tastensperre des iPhones wegwischt und zurück zum Aktualisierungsbutton findet. Wie immer zieht es sie zum Newsfeed. Ungeduldig wartet Anna darauf, dass sich die Übersicht lädt. Denn dieses eine Mal hat ihre Hand recht. Endlich einmal entspricht ihr Wille auch dem der restlichen Anna: Facebook muss sich endlich laden. Denn es ist natürlich alles andere als egal, was Felix gepostet hat.

★

»Schüssken!«, ruft Julian und legt wie immer auf, bevor Markus noch etwas sagen kann. Markus schüttelt den Köpf. Er kehrt zurück zu seinem Vierertisch. Dort, wo vorhin die hübsche ältere Frau saß, sitzt nun eine hübsche jüngere Frau, Ende zwanzig vielleicht, dunkelblonde Haare. Ernst blickt sie auf ihr Telefon und kaut dabei die Haut um den Nagel ihres Daumens ab. Als Markus sich setzt, blickt Anna kurz auf, er erkennt sie wieder, es ist die Frau aus dem Gang vorhin. Beide lächeln, ebenso fahrig wie beim ersten Mal, und wenden sich sofort wieder ab.

Markus atmet durch. Er schaut aus dem Fenster. Draußen wird die Landschaft ländlicher. Es ist doch ein guter Tag, denkt er, alles läuft. Der Nicht-schon-wieder-Anfall, diese ständige Warnung, die über allem hing, war unbegründet gewesen. Ich bleibe bei mir, wiederholt er in Gedanken – dieses Mal klingt es schon ein bisschen glaubhafter als vorhin – und öffnet die Präsentation für nachher.

★

Felix hat ein Foto gepostet. Seine Examens-Urkunde. Er ist also fertig. Eine kurze Freudenwelle durchfährt Anna. Sie freut sich für ihn. Wirklich. Als Anna sich von Felix getrennt hat, hat er sich gerade zu den Prüfungen angemeldet. Jetzt ist er endlich durch mit allem und kann das werden, was er immer hatte werden wollen: Lehrer.

Angestrengt überlegt Anna, wie sie darauf reagieren soll. Sollte sie ihn einfach sofort anrufen? Eine SMS schreiben? Wäre das zu direkt? Würde das so wirken, als würde sie den ganzen Tag nichts anderes tun, als darauf zu warten, dass er etwas bei Facebook tat? Wäre es angemessen, Felix eine extra Nachricht zu schreiben? Oder soll sie einfach nur den Facebook-Daumen heben? Und wenn ja, wäre es dann angemessen, es als Allererste zu tun? Sollte sie nicht noch ein bisschen warten, bis ein oder zwei andere Gratulanten ihre »Gefällt mir«'s abgegeben hatten?

Während Anna grübelt, sieht sie an der rechten Spalte von Facebook, dass heute eine Arbeitskollegin und eine Freundin aus der Schulzeit Geburtstag haben. Sie darf bloß nicht vergessen, ihnen zu gratulieren, die beiden gratulierten ihr auch jedes Mal. Annas Handy brummt. Eine Nachricht von Marie, die das Funkloch von eben bisher für sich behalten hatte: »Meld mich, sobald ich gelandet bin, Kuss.« Das Funkloch entlädt sich weiter, nun im Dreifachbrummen. Ein verpasster Anruf aus der Agentur. Ein verpasster Anruf mit unbekannter Nummer. Noch einmal die Erinnerung für die Pille. Noch einmal die für den Zahnarzttermin. Eine SMS, die eine Mailbox-Nachricht ankündigt. Zwei neue Facebook-Nachrichten.

Anna atmet tief durch. Auf jedem Symbol auf ihrem Telefon sitzen nun neue kleine rote Bläschen mit weißen Zahlen drin, die auf die eingegangenen oder verpassten Nachrichten hinweisen: Auf dem Briefumschlagssymbol, dem Sprechblasensymbol, dem Telefonhörersymbol und dem Facebook-f. Insgesamt ergeben die Zahlen eine zwölf.

Anna kann die kleinen roten Blasen mit der Nachrichtenanzahl nicht eine Sekunde lang ertragen. Nicht eine einzige von ihnen. Bevor Anna nicht weiß, dass alle einzelnen von ihnen weggearbeitet sind, hibbelt irgendetwas in ihr. Egal, wobei sie Anna gerade stören, und egal, wie sehr sie es auf später verschieben will, sie wird nicht ruhig, bis all die kleinen Ziffern endlich wieder weg sind. Rastlos wandern ihre Augen von einer Zahl zur anderen.

Die Mailbox. Das ist das Wichtigste. Dann Felix, dann die Geburtstage. Anna atmet noch einmal tief durch. Solange sie immer eine Prioritätenliste vor Augen hat, ist alles gut. Ihre persönliche Top Drei der Wichtigkeit muss immer abrufbar sein. Sonst gerät die Welt ins Wanken.

»Rufst du mich noch mal schnell im Büro an? Mir ist noch 'ne Mini-Kleinigkeit fürs Meeting nachher eingefallen. Dankedirbisdanntschüß«, hört Anna die glockenklare Stimme ihrer Chefin durch die Leitung singen. Sie schaltet das Display aus. Wenn ihre Chefin das Wort Mini-Kleinigkeit sagte, war nichts Gutes zu erwarten. Außerdem macht Anna der unbekannte Anruf Angst. »Nummer unterdrückt« hatte immer etwas Bedrohliches. Alleine, weil man nicht sofort zurückrufen und damit das kleine rote Bläschen abarbeiten konnte. Das Bläschen blieb, und selbst wenn man es löschte, leuchtete es innerlich weiter vor sich hin, bis sich das Rätsel irgendwann von selbst löste. Aber darauf hatte man keinen Einfluss.

Anna schaut auf die Uhr. Immerhin ist Maries Flugzeug noch nicht wieder gelandet. Das gibt ihr ein bisschen Spielraum. Trotzdem fühlt sie, wie das Flattern in ihr zunimmt. Dieses flirrende Gefühl durfte auf keinen Fall stärker werden.

»Du hattest recht, das linke ging«, sagt Ulla, als sie von der Toilette wieder kommt. Anna zuckt zusammen. Sie hatte Ulla fast völlig vergessen, so versunken war sie in ihre normale Zugwelt, in der sie niemanden kannte. »Ich habe eben aus dem Fenster gesehen«, setzt Ulla an zu erzählen. »Da war so richtig Raureif über den Feldern, das sah wirklich schön …«

Anna hebt die Hand. Als wäre sie ein Verkehrspolizist, der Ulla ein Stopp-Schild vor die Nase hält, wehrt sie den Satz ab. »Ich muss noch mal raus, tut mir leid«, sagt sie, ohne ihre Mutter anzusehen. »Das Büro, ist sicher nicht wichtig.« Während Anna sich an Ulla zum Gang vorbeidrängelt, behält sie die Schutzschildhand oben.

»Ich bin sofort wieder bei dir«, ruft sie über ihre Schulter.

Während sich die Nummer vom Büro ihrer Chefin wählt, brummt das Telefon schon wieder. Ein neues rotes Bläschen erscheint auf dem Nachrichtensymbol.

*

Ja, man kann es auch übertreiben. Wie aus jedem zu weit getriebenen Spiel wird auch aus LG ab einem gewissen Punkt plötzlich Ernst. Wenn keiner Stopp sagt, überdrehen unsere kleinen Tamagotchi-Ichs nämlich einfach. Und wir mit ihnen.

Was für sie dann höchstens ein kleines ärgerliches Gameover, eine kurze Spielpause auf der Wartebank des leeren Akkus oder der zu heiß gelaufenen Festplatte ist und sich durch einen Neustart oder einen kräftigen Schluck Strom ganz schnell wieder beheben lässt, ist für uns schon lange zu einer chronischen Überforderung geworden. Im Gegensatz zu unseren Geräten macht uns ihre Spielsucht auf Dauer krank.

Denn allein die alte Nervosität – wird etwas für mich im

Briefkasten sein? – begleitet uns jetzt auf Schritt und Tritt. Obwohl wir sie meistens nicht direkt spüren, unterschwellig ist sie die ganze Zeit da. Und sie ist ins Unendliche gewachsen. Denn schließlich gibt es nun nicht mehr einen, sondern multiple, mobile Briefkästen, auf denen unser Name steht. Es existiert nicht mehr nur einer, sondern gleich hunderte potentielle Briefträger, die allesamt unsere Adresse kennen. Die Post kommt nicht mehr nur einmal am Tag, zu einem bestimmten Zeitpunkt, an einem bestimmten Ort an, sondern durchgängig, jederzeit und immer. Denn das Senden und Empfangen ist nichts Punktuelles mehr, sondern linear, zu einem Zustand geworden. Kein Wochenende, kein Feiertag. Die Krakenarme unserer Erreichbarkeit reichen nun überall hin.

In jedem Winkel unseres Alltags, in jeder Sekunde und an jedem Ort erwischen sie uns. Ständig müssen und wollen wir bereit sein, weil unsere Briefkästen jederzeit etwas Neues erreicht haben könnte. Und wenn wir auch nur annähernd auf dem Laufenden bleiben wollen, müssen wir ständig zu ihnen stürzen, um nachzusehen, was passiert ist. Jede Minute aufs Neue.

Und auch, wenn unser Schwindel, den wir spüren, wenn dieses ganze Gerenne uns zu viel wird, keinen Zweifel lässt, dass wir mit LG langsam etwas an unsere Grenzen stoßen: Unsere Tamagotchis finden das Spiel immer noch lustig. Sie wollen immer weiter. Nur noch *einen* Anruf, drängen sie piepend, nur noch *eine* Nachricht, noch *ein* einziges Foto, nur noch ein *einziger* Ausflug auf die große Spielwiese zu den anderen, nur, um noch ein *einziges* Mal *ganz schnell* zu schauen, was passiert ist.

Überredet haben sie uns noch jedes Mal. Und sie werden es auch in Zukunft schaffen. Wir werden spielen, bis wir umkippen. Wir werden Senden und Empfangen bis zum kognitiven Kollaps. Wir werden uns weiter drehen, immer schneller, bis unsere Welt an lieben Grüßen kollabiert. Und selbst dann, wenn die Erschöpfung uns übermannt, werden wir wieder aufstehen. Weil ja nie irgendwer Stopp sagt.

*

Am Ende war es nicht die Arbeit, die Markus zusammenklappen ließ. Es waren die Stimmen. Die Menschen. Das Piepen. Die Nachrichten, die Anrufe, die Kontakte. Die Gesichter, die Namen, das große Karussell. Das Gefühl, dass alle und alles an ihm zerrte, auf seine Sinne einpreschte, ihn nicht mehr zur Ruhe kommen ließ. Es war ein Gefühl, als würde jeder Schritt, den er tat, um etwas wegzuarbeiten, in genau die umgekehrte Richtung davongaloppieren. Es war wie ein fatales Einmaleins, eine grausame Potenzrechnung: Schrieb Markus eine E-Mail, kamen sofort zwei zurück. Antwortete er den zweien, kamen aus einer anderen Ecke vier neue dazu. Dutzende neuer Angebote schienen hunderte von Dankesbekundungen und diese wiederum tausende Freundschaftsanfragen, Visitenkarten und Einladungen nach sich zu ziehen, nach oben war die Skala ins Unendliche offen.

Mit der Geschwindigkeit, mit der sich sein Leben auf diese Weise in den letzten Jahren beschleunigt hatte, kam Markus nicht mit. Es fühlte sich so an, als wäre er bei all dem nicht dabei gewesen: Als wären die letzten Jahren zwischen seinem dreißigsten Geburtstag, an dem er noch der mit einem Kumpel jobbende Student war, bis zu seinem vierunddreißigsten Geburtstag, den er als pendelnder Familienvater mit eigener Firma feierte, nur so an ihm vorbeigerauscht, als hätte er dieser rasenden Entwicklung nur von der Ferne aus zugesehen. Noch immer schien es ihm surreal, wenn er seine eigene Visitenkarte sah. Und er konnte nicht wirklich stolz auf sie sein. Weil er diese Person ja gar nicht richtig war. Weil er für einen großen Teil von sich selbst irgendwann komplett das Gefühl verloren hatte.

Als Lena hochschwanger war, kam der größte Auftrag, den Markus und Julian je angenommen hatten. Sie konnten unmöglich nein sagen. Trotzdem versuchte Markus, als Timmi auf die Welt kam, so wenig zu arbeiten, wie er konnte. Es klappte nicht. Es gab einfach immer viel zu viel zu tun. Und außerdem wollte er jetzt, wo er zusätzlich noch die Verantwortung für einen Sohn hatte, kein Risiko eingehen. Er wollte nichts absagen. Um seiner kleinen Familie Sicherheit geben zu können. Um seine Rolle zu übernehmen.

Obwohl Markus nach einigen Monaten unter dieser Belastung völlig erschöpft war, schlief er immer weniger. Die Nächte, in denen er zu Hause war, stand er tausend Mal wegen Timmi auf. Die Nächte, die er im Hotel verbrachte, schlief er auch nicht. Abwechselnd starrte er an die Decke, auf sein Blackberry und auf den Fernseher. Er war rastlos. Sein Hirn raste in einem Karussell aus Reizen. Und obwohl er sich nichts sehnlicher wünschte, als Ruhe vor ihnen zu haben, konnte er nicht mehr ohne sie leben. Markus konnte nicht mehr allein sein.

Statt sich auszuruhen, trieben ihn das ewige Wachsein, die Sucht nach den Impulsen von außen und die Illusion, aus jeder Reise das Maximum an Networking ziehen zu müssen, jeden Abend noch auf irgendwelche Veranstaltungen oder Feiern. Fast jeden Abend trank Markus auf leeren Magen, bis ihm das Fingerfood als regelmäßiges Abendessen reichte, weil er sowieso kaum mehr Hunger hatte.

Drei Mal, auf irgendwelchen Partys, auf die Julian ihn zum Visitenkartenverteilen und Erfolge begießen geschleppt hatte, betrank er sich so sehr, dass er am nächsten Tag einen Filmriss hatte. Und wachte beim dritten Mal neben irgendeiner Marketingtante auf, die im selben Hotel wie er untergebracht war.

Für Markus war das ein Schock.

Er kannte Nicole, wie die Frau hieß, nur flüchtig. Sie war nett, aber völlig farblos. Sie war ihm komplett egal. Zwar hatte er sich in den Wochen des Projektes ganz gut mit ihr verstanden und auch schon gemerkt, dass sie ihn mochte, aber er hatte es als Standardflirten, als die normale Würze, die normale kommunikative Schmiermasse zwischen weiblichen und männlichen Kollegen, zwischen ihrer und seiner Firma abgetan. Jedes Mal, wenn sie sich trafen, hatte er von Lena und Timmi erzählt. Und sich darauf verlassen, dass Nicole merken würde, was jeder, der Markus kennenlernte, schnell merkte: dass er alles andere als der Typ Fremdgänger war. Diese Rolle erfüllte Julian schon zu Genüge. Markus hingegen zog immer im richtigen Moment die Notbremse. Was das betraf, konnte er sich absolut auf sich selbst verlassen.

In der Nacht mit dem dritten Filmriss, daran erinnerte Markus sich noch, hatte Nicole genau das an ihm gelobt. An der Bar, nach endlosen Gläsern Rotwein und mehreren Runden Moscow Mule, als sie begann, über ihre Beziehungsprobleme zu sprechen, hatte sie sich irgendwann an ihn gelehnt. Sie fühle sich verstanden, zum ersten Mal seit Jahren, hatte sie gesagt und seine Hand genommen. Beim ersten Mal hatte er sie noch weggezogen, an das zweite Mal erinnerte er sich nur noch vage. Und danach riss seine Erinnerung vollends ab.

Obwohl Nicole und er sich schon im Starbuck's Café am Flughafen, von dem aus sie mittags in getrennte Städte fliegen sollten, darauf geeinigt hatten, die Sache zu vergessen, wurde Markus panisch. Nicole meldete sich noch tagelang bei ihm. Schrieb, wie sehr sie den Abend genossen hatte. Erklärte, dass sie vermutlich sowieso alles ihrem Freund erzählen würde, weil die Beziehung ohnehin am Ende war. Und fragte, wann sie sich wiedersehen könnten.

Markus blockte höflich ab. Und starb in den Wochen, in

denen er noch mit ihr auf dem Projekt arbeiten musste, trotzdem schier vor der Angst, dass Lena etwas erfahren könnte. Auch wenn Nicoles E-Mails mit den Tagen immer seltener privat wurden und sie ihn nie anrief, sondern immer nur SMS schrieb, blieb seine Alarmstimmung bestehen. Das panische Gefühl sollte bis zum Ende des Projektes bleiben – das Markus allerdings nicht mehr mitmachen würde.

Denn der Unfall mit Nicole war für ihn der letzte Tropfen, der das Fass zum Überlaufen brachte. Das Letzte, was Markus noch mehr unter Strom versetzte, noch eine Verantwortungsbühne mehr eröffnete, die er managen musste, bis er nicht mehr konnte. Wie ein gehetzter Schatten machte er weiter, bis er gar nicht mehr schlief. Und bis er zwei Mal in einer Woche mitten am Tag, einmal am Flughafen in der Schlange zum Gate und einmal auf einer Konferenz auf der Herrentoilette, einfach umkippte.

Nicht aus Kampfesgeist, sondern wie mechanisch, batteriebetrieben, stand Markus wieder auf. Irgendwann wurde ihm alles egal. Er ignorierte nicht nur das Piepen im Ohr, die Kopfschmerzen und die Schwächeanfälle. Sondern alles. Markus wurde abwesend, eine höfliche und effiziente Pappfigur, die außer seinem Namen und seinem Aussehen allerdings nur noch wenig mit ihm selbst zu tun hatte. Markus wurde eine Hülle ohne Inhalt, unfähig, noch irgendetwas zu spüren. Ein bisschen Angst fühlte er ab und zu noch. Aber auch sie verblasste nach einiger Zeit. Alles andere – Freude, Hoffnung, Wut, Liebe – waren einfach weg.

Timmi war der Erste, der das merkte. Nach ein paar Wochen weinte er nur noch, wenn Markus nach Hause kam. Und klammerte sich trotzdem an sein Bein, sobald er gehen wollte.

Eines Morgens blieb Markus mit ihm auf dem Teppich liegen. Klammerte zurück. Weinte mit ihm. Und hörte nicht mehr auf. Drei Stunden lang. Bis Lena ihn zu einem Arzt brachte.

★

Zum tausendsten Mal wischt Anna auf dem Gang die Tastensperre frei. Sie ist nicht zu ihrer Chefin durchgekommen, nur einmal hat sie es rauschend-verpixelt klingeln gehört, dann ist die Verbindung abgebrochen. Oben links auf ihrem Bildschirm, in der Ecke, in der die Stärke des Telefonnetzes angezeigt wird, steht jetzt nur ein Klötzchen, das sich mit drei kleinen Punkten – dem Zeichen dafür, dass es gar keinen Empfang gibt – abwechselt. Es würde nie im Leben zum Telefonieren reichen.

Frustriert tippt Anna auf die Facebook-App.

»Es besteht keine Verbindung zum Internet.« Es ist wie verhext. Sie würde es einfach aushalten müssen. Das Büro, die Mini-Kleinigkeit, die Geburtstagsmenschen, all die roten Bläschen in ihrem Kopf muss Anna nachher abarbeiten. Und Felix erst später gratulieren.

Seufzend steckt Anna ihr Handy in die Hosentasche. Sie zieht sich ihre offene Strickjacke enger um den Körper. Es zieht auf dem Gang. Plötzlich ist Anna furchtbar kalt. Und sie ist furchtbar müde. Der siebzehnstündige Tag, von dem erst so wenige Zeit vergangen war, kommt ihr auf einmal schon irrsinnig lang vor.

★

Nachdem der Arzt Markus Beruhigungs- und Schlafmittel gegeben und er daraufhin zwei Tage zu Hause im Bett vor sich hingestarrt hatte, gingen Lena und er in Beratungsklausur. Lena war grandios. Julian war grandios. Beide sagten, er solle sich den Raum und alle Zeit der Welt nehmen, um wieder auf die Beine zu kommen. Dass er nicht zu streng zu sich sein solle, dass Julian ihm beruflich und Lena ihm privat den Rücken freihalten würde. Dass Markus sich nur noch eine offizielle Version, seinen gesellschaftlichen Attest, wie Julian es nannte, aussuchen solle: sich entscheiden, ob er lieber einen Bandscheibenvorfall oder Pfeiffersches Drüsenfieber haben wollte.

Markus entschied sich für das Pfeiffersche Drüsenfieber. Bandscheibe schien ihm zu sehr nach standardisiertem Erschöpfungssymptom zu klingen. Nach Schwächeanfall. Und diese Wahrheit hätte er nie im Leben zugelassen. Er wollte alles andere, nur das nicht: sich in die Armee der Erschöpften, die Gruppe der Burnout-Veteranen einreihen, die man gefühlt jede Woche wieder auf dem Titel des *Spiegel* und in jeder zweiten Talkshow sah. Überhaupt durfte das Wort »Burnout« nie jemand in den Mund nehmen, Markus hielt nichts davon, und das wussten Julian und Lena. Sie schienen sich abgesprochen zu haben, jedenfalls benutzten sie es nie. Sie wussten, wie allergisch Markus dagegen war. Wenn er eine Horrorvision hatte, dann diese: ein Klischee zu sein.

Markus war sich sicher, es alleine hinzukriegen. Er brauchte keine Ärzte oder Psychomedikamente. Was er brauchte, war Ruhe. Um die schützende Schicht positiven Gleichmuts und damit heilsamer Relativierung, die man sich bei allem, was man tat, erhalten müsste und die er eigentlich so sicher in sich trug, wieder zu erlangen.

Eine Woche war Markus alleine in die Berge gefahren. Gegen Kliniken, Indien-, Tibet-, Island- oder Rügenreisen, Psychotherapien oder Yogastunden hatte er sich gewehrt. Er wollte ja einfach nur zurück zu dem, was ihn immer geerdet hatte. Um es wiederzufinden fuhr er auf die Hütte seines Vaters, das Haus, das sein Urgroßvater irgendwo in einem Kaff in der Schweiz, mitten in den Bergen gebaut hatte. Dort oben gab es nichts: kein Telefon, kein Internet, keinerlei Verbindung zur Außenwelt. Nur einen Ofen, einen Holztisch, eine Wiese. Einen Ort zum Holzhacken. Und den Blick über die Berge.

Die Woche allein dort oben war grandios gewesen. Zumindest nach den ersten vierundzwanzig Stunden, als der erste Anfall von Phantomschmerz, was die Geräte, die Kontakte, die Arbeit – kurz: das ewige Karussell – anging, abgeklungen war. Einen Tag und eine Nacht lang war Markus schlimmer als in jedem Hotelzimmer auf und ab getigert, stundenlang war er innerlich die Wände hochgelaufen, hatte sich hingelegt, war wieder aufgestanden, nur um wieder im Zimmer oder vor dem Haus auf und ab zu schreiten und sich die Haare zu raufen. Er hatte keinen klaren Gedanken fassen können in dieser Zeit, geschweige denn die Ruhe, auch nur fünf Minuten am selben Platz zu sitzen und sich zu sammeln.

Bis irgendwann die Sonne aufging, und Markus ihr von der Holzbank aus dabei zusah. Plötzlich beruhigte sich sein Flirren, und als er zurück ins Haus ging, konnte er schlafen. Einen Tag lang schlief Markus durch. Danach ging es ihm wieder gut. Er hatte wieder Appetit und spürte ganz langsam, wie sein Gefühl zu ihm zurückkehrte. Zumindest ein bisschen. Denn vor allem die Angst, niemandem gerecht zu werden, die Angst, nicht genug zu leisten, und die Angst, dass irgendeine Dummheit seine Familie gefährden würde – all das fiel hier oben plötzlich wieder ab von ihm.

Nur ein einziges Mal lief Markus zur Telefonzelle unten im Dorf. Um Lena zu beruhigen, dass es ihm gut ginge. Und um Timmi zu hören. Als hätte sein kleiner Körper eine unmittelbare Verbindung zu Markus, ging es Timmi, seit er dort oben war, auch endlich besser. Wochen-, monatelang hatte er gekränkelt. Jetzt, seit Markus auf der Hütte war, schlief er auf wundersame Weise zum ersten Mal in seinem Leben durch.

Ich schaffe das für dich, dachte Markus, als er vor seiner Hütte mit einem Bier in der Hand stundenlang in die Sterne schaute. Sein Sohn war das Wichtigste in seinem Leben. Es half niemandem, wenn er sich dermaßen verausgabte, dass er sich von sich selbst und damit auch von allem, was ihm etwas bedeutete, entfernte.

Markus wollte einfach nur wieder normal, wieder voll da sein. Und wenn es auf Dauer so nicht ging, musste er eben etwas ändern. Zur Not auch beruflich. Dort oben, vor der Hütte, war das alles glasklar. Sein Leben erschien Markus wie hochgezoomt, wie aus der Vogelperspektive lag es deutlich vor ihm. Und es sah eigentlich wunderbar aus. Lena. Timmi. Julian. Seine Arbeit, seine Freunde. Es war eigentlich alles da. Er musste nur die Klarheit von hier oben mitnehmen, nach dort unten, in den Alltag hinein, sie in feste Regeln übersetzen und diese anwenden, damit er sein Leben auf Dauer beschützen konnte.

Nach der Woche in den Bergen ging Markus doch noch in eine Klinik. Es war keine richtige Klinik, eher eine Mischung aus Wellness- und Tagungshotel, in dem ein Zentrum für Psychologische Beratung eingebunden war, so etwas wie ein Achtsamkeitstrainingscamp, als Prävention und Reha in einem. Zusammen hatten Julian und Lena ihn überredet, nicht nur die Berge wirken zu lassen. Sondern sich auch ein paar professionelle Tipps geben zu lassen.

»Nimm nur das davon mit, was dir was bringt. Der Rest ist Entertainment«, sagte Julian. »Vielleicht ziehst du noch ein paar gute Ideen raus. Und wenn's richtig gut wird, coach mich danach auch mal.«

Markus ließ sich darauf ein. Eine Woche würde er mit Lena und Timmi wegfahren, dann in die Klinik gehen. Und dann wiederkommen. Einen Monat würde Julian auch ohne ihn schaffen. Länger wollte und konnte Markus ihn nicht alleinlassen. Weil er wusste, dass Julian ohne ihn nicht funktionierte. Dass er den Laden sonst zu heißlaufen lassen, dass er unbedacht werden würde. Dass er zu schnelle Entscheidungen treffen würde, wenn niemand da war, um ihn dazu zu zwingen, kurz über Zeitpläne, Budgets, Ressourcen nachzudenken. Markus wusste das. Und Julian wusste es auch.

Nach der Woche in der Klinik machten die beiden ein paar Absprachen. Markus würde das neue Büro übernehmen, das hieß zwar Pendeln, aber immerhin geregelt. Zwei Tage die Woche würde er zu Hause sein können, Julian würde sich um den Rest kümmern. Zwei Mal im Monat würden sie sich zur Übersicht an einem großen Schreibtisch treffen, damit nicht alles ausfranste. Sie würden durchgängig je eine neue studentische Hilfskraft einstellen, um sich zu entlasten. Markus würde den Internet- und Facebook-Kram nur noch auf dem iPad bearbeiten, das Telefon würde wieder ein altes Handy werden, das Blackberry in die Tonne wandern. Am Wochenende würde Markus eine Abwesenheitsnotiz aktivieren, denn die waren außer in ganz dringenden Notfällen komplett frei für seine Familie.

»Läuft«, sagte Julian und umarmte Markus fest.

Ja, so könnte es klappen, dachte Markus, als er danach nach Hause zu Lena und Timmi fuhr. So kann ich bei mir bleiben.

Dieser Tag war jetzt genau acht Wochen her.

*

Schon nach drei Schritten in Richtung Abteil fischt Anna ihr Telefon doch wieder aus der Hosentasche. Wieder suchen ihre Geisterfinger das Gerät. Es gibt immer noch kein Netz. Als Anna bei der Glastür zum Abteil angekommen ist und sich daran immer noch nichts geändert hat, schiebt sie ihr Telefon wieder wütend zurück in die hintere Tasche ihrer Jeans. Ungeduldig schaut Anna auf ihre Füße, bis der Bewegungssensor sie als Mensch erkennt, der durch eine Tür will.

»Boah«, zischt Anna gereizt, als die Glaswand sich nach einer gefühlten Ewigkeit endlich öffnet. Es sind genau diese kleinen Widerstände, die das Flattergefühl in ihrer Brust nur noch schlimmer machen. Gerade als Anna das Abteil betritt, brummt es in ihrer Hosentasche.

Unentschlossen steht Anna zwischen den Sitzreihen, von weitem sieht sie schon Ullas Hinterkopf am Vierertisch.

Einen Versuch noch, denkt Anna und dreht sich wieder um. Als sie wieder im Gang angekommen ist, sind die zarten Verbindungsbalken, die das eine kleine, verzagte Brummen eben kurz durchgemogelt haben, wieder verschwunden. »Kein Netz«, steht nun wieder an der Stelle der Klötzchen, unveränderbar hält das Funkloch sie gefangen.

Tief seufzend schaut Anna auf die Geschwindigkeitsanzeige auf dem Bildschirm, der an der Wand hängt. 185 km / h. Der nächste Halt ist in zwanzig Minuten.

★

LG – liebe Grüße. So heißt also unser großes Spiel. Unsere große Sucht. Unsere Abhängigkeit. Unser Lebensgefühl.

Wir sind seine Pioniere. Vor uns gab es diese Welt nicht. Es gab nur das alte, bedächtigere Winken von einem Leben zum nächsten, es gab ein paar Geräte, mit denen man es verschnellern oder vervielfältigen konnte. Aber es existierten immer Grenzen dabei, Beschränkungen in Zeit, Raum und Verstand. Es gab damals Markierungen um das Spielfeld herum, die einem sagten: »Bis hierhin und nicht weiter.« Und Bestimmungen, ungeschriebene vielleicht, aber trotzdem wirksame, die ein Limit vorgaben, wie schnell man sich drehen durfte und wie viele Spieler nebeneinander so eine Partie überhaupt ertrug.

Heute ist das alles vorbei. Denn dieses Mal spielen alle mit. Sogar die, die gar nicht wollen, stehen jetzt irgendwie auch mittendrin. Weil selbst die, die das Spiel gar nicht verstehen, von der übergroßen Mannschaft umzingelt sind.

Denn wir Pioniere mit unseren spielsüchtigen Tamagotchi-Maskottchen haben längst die gesamte Umwelt mit unserer Aufgeregtheit angesteckt. Wir, die wir süchtig nach LG sind, infizieren damit die Atmosphäre. Wie starke Raucher blasen wir unsere Hyperkommunikationswolken überall in die Umgebung. Und selbst, wenn man uns auf Bahnsteigen, an Flughäfen und vor Bürogebäuden auf kleine Inselchen verbannte – den Qualm würden trotzdem alle einatmen.

Denn LG ist nun überall. Unser Spiel verändert die Luft. Und zwar bis in den letzten Winkel der Gesellschaft hinein.

Beziehung
Wo ist mein Zuhause?

Aus dem Weltall betrachtet sieht unser neues Leben wunderschön aus. Die Aufnahmen von dort oben, die unsere zunehmende Kommunikationsleistung, unseren verstärkten Stromverbrauch und all die neuen Verknüpfungen, die wir untereinander gemacht haben, dokumentieren, zeigen die nie dagewesene Explosion: nicht mehr zersiedelt und unregelmäßig wie noch vor ein paar Jahren erscheinen die Leuchtzeichen, die unser Leben nun aussendet – sondern als strahlendes Zentrum, als riesige pulsierende Metropole.

Denn wir sind keine kleinen Lichter mehr. Unsere Leben strahlen jetzt. Sie funkeln und funken greller als je zuvor. Bis ins Universum. Was den Himmel erhellt, sind keine Hochhäuser mehr. Sondern wir selbst. Wir sind London! Wir sind New York! Wir sind Tokyo! Über uns verirren sich die Vögel!

Manchmal sieht man sie sogar auf einem der Weltraumbilder. Schwärme von ihnen suchen dann das erhellte Land nach Dunkelheit ab, verzweifelt, weil sie keine Zonen mehr finden, in denen noch wie früher Sonne, Mond und Sterne den Ablauf des Tages und die Länge der Nacht bestimmen. Sie tun uns fast leid, wenn wir sie dort so herumirren sehen. Nur helfen können wir ihnen leider nicht. Dazu sind wir leider viel zu beschäftigt. Denn wir müssen weiterstrahlen. Weiterfunken. Weiterblinken. Um unsere Lebenslichter am ewigen Glimmen zu halten.

★

»Nee, lass mal.« Anna winkt ab, als Ulla zum gefühlt hundertsten Mal den Fenstersitz für sie freimachen will. »Ich kann ja auch von hier rausgucken«, murmelt sie erschöpft. Matt lässt Anna sich neben Ulla auf den Platz am Gang fallen. In ihrem Kopf tanzen die roten Bläschen wie verrückt. Irgendwie hatte Anna sich diese Fahrt ganz anders vorgestellt.

Ulla schweigt. Nur einmal kurz heben sich ihre Augenbrauen. Dann wendet sie sich ab und schaut aus dem Fenster.

Anna kennt ihre Mutter. Das Augenbrauenhochziehen ist ein Zeichen von Verstimmtheit, etwas, das bei anderen Menschen einen Wutausbruch auslösen würde. Etwas, das Ulla aber nie im Leben herauslassen könnte, weil sie nicht der Typ für Wutanfälle ist. Dafür ist sie viel zu harmoniesüchtig.

Das Telefon, das Anna mit dem Gesicht nach unten auf dem Tisch vor sich gelegt hat, brummt. Anna hat ihr Handy nie auf laut gestellt. Es wäre ihr viel zu peinlich, wenn ständig jeder mitkriegen würde, wenn sie angerufen wird. Das Telefon brummt ein zweites Mal, dann noch dreimal, nicht im Stakkato, sondern zeitversetzt. Kein Anruf also, nur Nachrichten. Vermutlich ist das zweite Funkloch nun endlich vorbei.

Ulla schaut immer noch aus dem Fenster. Anna sieht nur ihre Locken mit dem roten Schal darunter. Sie hat sich extra von mir abgewendet, denkt Anna. Ihr Handy brummt noch einmal. Der ganze Tisch vibriert. Dieses Mal länger, lauter und immer wieder. Es nimmt gar kein Ende.

»Choooo«, entfährt es Anna.

Plötzlich könnte sie ausrasten. Ihre Hand findet den kleinen Knopf rechts oben am Gerät, grob drückt sie ihn hinunter, knallt das endlich stumme Handy, ohne auf das Display zu schauen, auf den Tisch und legt noch das *DB mobil* Magazin darauf. Sie will gar nicht erst wissen, wie viele neue rote Bläschen schon wieder dazugekommen sind. Die Top Drei sind sowieso schon völlig durcheinander. Und durch das ständige

Funkloch hindurch hat sie ja eh keine Chance, irgendwie voranzukommen. Böse starrt Anna auf die Rückseite der Zeitschrift. Rot.

Der Mann gegenüber blickt kurz auf. Er lächelt Anna verständnisvoll zu. Müde lächelt Anna zurück. Doch der Mann tippt schon wieder auf seinem MacBook vor sich hin. Konzentriert schaut er auf den Bildschirm. Anna lässt ihren Blick über ihn wandern. Er trägt keine Krawatte, seine dunklen Haare sind leicht verwuschelt, um die Augen entdeckt Anna Grübchenfalten. Anna rutscht tiefer in ihren Sitz, so dass das hellblaue Kissen am Sitz auf Höhe ihres Scheitels ist. Der macht bestimmt etwas Kreatives, denkt sie, aber nicht so schlonzigkreativ, sondern richtig erfolgreich. Das sieht man sofort. Daran, wie er sein hellblaues Hemd mit den ganz feinen weißen Streifen nicht korrekt, sondern zerknittert nachlässig an den Ärmeln hochgekrempelt hat. Daran, dass er sich heute nicht rasiert hat. Und an seiner stilvoll abgewetzten Ledertasche, die neben ihm auf dem freien Platz liegt.

Anna lehnt ihren Kopf ein Stück nach links, um einen Blick auf die Papiere zu erhaschen, die schräg über dem Notebook des Mannes liegen und seine Tastatur halb verdecken. Auf der Seite steht nur eng getippter Text. Und irgendetwas mit krickeligem Kugelschreiber oben drüber. Anna reckt den Kopf noch ein Stück schräger. »Julian« entziffert Anna den Namen, ein Pfeil steht vor dem dynamischen J. Julian, denkt Anna und beobachtet, wie sich die Arme des Mannes beim Tippen bewegen. Kleine braune Haare kräuseln sich auf seinen Unterarmen, bis da hin, wo das hochgekrempelte Hemd beginnt.

Für einen Moment halten die Finger im Schreiben inne. Der Mann schaut aus dem Fenster. Dann versinkt sein Blick wieder im Computer.

Anna seufzt. So konzentriert kann sie nie arbeiten. Höchstens am Wochenende, wenn sie alleine in ihrer Wohnung, nachts, im Pyjama, auf dem Sofa ganz dringend etwas fertigkriegen muss, das sie bei all den Ablenkungen im Büro nie hinkriegen würde. Dann, wenn alles schläft, wenn niemand mehr anruft, nur dann kann sie so tief in ihren Bildschirm versinken. Und auch dann nur, wenn sie aus Selbstschutz ihr W-Lan deaktiviert und ihr Handy in den Flugmodus schaltet.

Anna schließt die Augen. Sie will jetzt nicht an die Arbeit denken. Sonst kriegt sie sofort wieder Herzrasen. Musikhören würde jetzt helfen, denkt sie. Gestern Nacht hatte Anna extra noch alle neuen Lieder in ihre iTunes-Bibliothek geladen, vorhin auf dem Weg zum Zug hat sie gerade mal das erste geschafft. Aber Anna will ihrer Mutter nicht noch mehr das Gefühl geben, sich von ihr abzuschotten.

Geistesabwesend finden Annas Hände das Telefon auf dem Tisch unter dem Magazin. Anna merkt es nicht. Abwesend quetscht sie mit ihrer Hand den schwarzen Rand der Gummihülle ihres Telefons zusammen, wie so oft spielen ihre Finger mit dem minikleinen Hebel an der linken Seite, mit dem man das Handy auf lautloses Vibrieren stellen kann. Hoch und runter drückt sie ihn, so dass es gleichmäßig in ihrer Hand brummt, während sie in ihren Beobachtungen versunken ist.

Der Mann tippt jetzt wieder ohne Pause.

Julian, denkt Anna. Ein schöner Name.

*

Alleine zu sein ist für Anna eigentlich total untypisch. Seit eineinhalb Jahren ist sie jetzt schon Single, die längste Zeit, die sie es je war. Aber seit Felix war Anna schlichtweg nie wieder jemand begegnet, der bei ihr mehr als nur punktuelles Interesse ausgelöst hätte. Irgendwas war immer falsch: Entweder waren ihr die Männer zu langweilig. Oder zu oberflächlich. Zu überheblich. Zu glatt. Zu karrieregeil. Oder, umgekehrt, zu studentisch und verträumt. Sie waren Anna entweder zu hart oder zu weich. Zu schüchtern und zu egozentrisch. Zu neurotisch, zu normal, zu speziell, zu selbstlos, zu selbstbewusst, zu ähnlich, zu unterschiedlich, zu eigenbrötlerisch. Zu viel oder zu wenig an ihr interessiert, zu alt, zu verheiratet oder schon zu lange allein.

Und überhaupt: Anna selbst kann sich mittlerweile kaum mehr vorstellen, einem einzigen Menschen so viel Raum zu geben, wie eine feste Beziehung ihn nun einmal einnehmen würde. Sie wünscht es sich zwar. Aber langsam wird sie skeptisch. Vor allem, wenn sie sieht, wie viel Platz alle anderen um sie herum dafür freiräumen, die sich so langsam, aber sicher zu zweit miteinander einrichten, die zusammenziehen und alle Pläne, alle Urlaube, alle Jobs und ihre gesamte Freizeit miteinander abstimmen.

Natürlich würde Anna es diesen Zweierteams gleich tun, wenn der Richtige vorbeikäme, sofort. Sie müsste sich eben nur ganz sicher sein. Bevor sie sich nicht sicher wäre, dass es sich lohnt, wäre sie für eine derartig große Umstrukturierung nicht bereit.

Weil in ihrem Leben, so wie es jetzt ist, auch schon ohne Beziehung nicht nur wenig, sondern eigentlich überhaupt gar kein Platz mehr für irgendjemanden Neues übrig ist. Dafür ist es einfach schon zu voll. Voll, randvoll, bis oben hin und eigentlich sogar schon viel zu lange viel zu voll: mit Beziehungen.

★

Zoomt man mit der Kamera hinunter, erkennt man es ganz genau: Jedes unserer Lichter ist noch einmal in ganz viele kleine einzelne Strahlen aufgeteilt. Das Zentrum unserer Metropole besteht nicht aus einem, sondern aus ganz vielen kleinen Zentren.

Das liegt daran, dass wir nicht mehr so wie die Menschen früher vor uns hinfunken. Unsere Kommunikationsstränge strahlen nicht mehr in nur eine Richtung – wie mit einer kleinen Taschenlampe –, sondern funken nun als Bündel, in alle Richtungen gleichzeitig.

Was von oben aussieht wie eine einzige klare Linie, auf der unser Leben verläuft, ist deshalb in Wirklichkeit gar keine. Wir leuchten nicht in einer Hauptschlagader, sondern in tausend kleinen Arterien, in endlosen Verästelungen. Erst sie alle zusammen ergeben am Ende unser funkelndes Ich.

Und obwohl von oben so eindeutig klar ist, wo sich dieses leuchtende Zentrum unserer selbst befindet – für uns, mittendrin, ist es manchmal unauffindbar. Denn es sind schon lange nicht mehr nur die Vögel, die sich bei all dem Geblinke über unseren Köpfen verirren.

Sondern auch wir selbst.

★

Obwohl Anna also nicht Teil eines dieser festgesetzten Zweierteams ist, läuft sie nie alleine. Sie geht nicht Hand in Hand mit einem, sondern mit Massen an Lebensgefährten. Kreisförmig umgeben sie ihre Beziehungen, Rollen und Begleiter, beginnend bei irgendwelchen ganz alten und ganz neuen Bekannten, entfernten Kollegen und Verwandten, und sie verfestigen sich, je näher die Kreise an sie heranrücken.

Der innerste Kreis ist der wichtigste. Dort befinden sich die Menschen, mit denen sie am engsten verbunden ist, diejenigen, die sie jeden Tag mindestens einmal hört und von denen sie immer weiß, wie es ihnen geht, wo sie sind und was sie machen. Ihre Eltern, Marie, ihre anderen zwei engsten Freundinnen Susanne und Caro, mit denen sie studiert hat. Jörn, der neue Volontär, mit dem Anna seit einem halben Jahr das Büro teilt und der seit der ersten Woche so etwas wie ihr kleiner Bruder geworden ist, den Anna sich als Einzelkind immer gewünscht hatte. Ihre Chefin Andrea, mit der sie sich mittlerweile richtig gut versteht und manchmal nach der Arbeit noch ins Kino geht.

Und die Männer. Die Truppe, die Jörn »der Harem«, Marie »die Anwärter« und Anna »nur gute Freunde« nennt. Der Beziehungskreis, in dem sie sich befinden, ist zwar jederzeit flexibel erweiterbar, aber grob gibt es vor allem drei Mitglieder:

Da ist Tom, 34, freier Journalist, den Anna bei einer ihrer Werbeveranstaltungen kennengelernt hat. Der zwischen sämtlichen Städten Europas pendelt, der Anna von dort aus frühmorgens oder spätabends mit Fotos von den Flughäfen versorgt und mit dem sie nachts oft chattet, wenn sie beide noch vor dem Computer sitzen, er vor einem Artikel und sie vor einem Strategiepaper.

Da ist Hans, 49, Chef der Partneragentur, mit dem Anna vor einem Jahr mal einen Absturz auf der Weihnachtsfeier hatte, und der seitdem so etwas wie ihr Mentor geworden war. Der ihr seine Strategiepapiere schickt und ihre Korrektur liest, der sie mit Fotobänden zur Geschichte der Werbung und der Architektur versorgt, ihr auf Postkarten aus dem Familienurlaub mit seiner Frau und seinen Kindern Zitate aus den Büchern schickt, die er gerade liest, und der jedes Mal als PS fragt, wann sie endlich wieder einmal essen gehen würden.

Und da ist Simon.

Simon, 30, dessen Schal heute auf der Zugfahrt um Annas Hals hängt. Simon, von dem seit Wochen alle Musik, die Anna mit sich herumschleppte, kommt, der Anna mittlerweile fast jede Woche einmal bekocht und der ihr pro Tag mindestens zwei SMS schickt.

Anna schreckt auf.

Das Handy brummt in ihrer Geisterhand. Dieses Mal allerdings nicht, weil Anna wieder den Nupsi an der Seite heruntergedrückt hätte. Unwillig schaut Anna nun doch auf das Display. Ein Anruf. Marie. Ulla, die gerade die Proviantüte aus ihrer Tasche gekramt hat und zum ersten Mal wieder einen Blick in Annas Richtung wirft, zieht wieder ihre Augenbrauen hoch. Anna ist das jetzt egal.

»Sorry, dass ich es vorhin nicht mehr geschafft habe, bist du gut gelandet?«, ruft Anna und läuft den Gang hinunter. Bei Mitgliedern aus dem engsten Beziehungskreis hasst sie es, wenn alle ihr zuhören können.

★

Anna hatte Simon vor zwei Monaten auf einem Flohmarkt kennengelernt. Sie war mit Marie unterwegs gewesen, die alte Möbel für ihre neue Wohnung suchte. An einem Stand mit Retro-Zeug und original Fünfziger-Jahre-Geschirr, -Lampen und -Nierentischen hatte Marie eine alte Kommilitonin wiedergetroffen. Simon war ihr Bruder. Während Marie die alte Mitstudentin sofort in ein Gespräch verwickelte, in dem sie ihre anhaltende Jobsuche als Orientierungszeit versuchte schön zu reden, und ihre Bekannte mit Details ihrer Abschlussarbeit zutextete, standen Anna und Simon etwas verlegen abwartend daneben. Simon war Anna sofort unglaublich sympathisch. Sie lächelten sich an.

»Und du?«, fragte Anna.

»Und ich?«, fragte Simon zurück.

Beschämt schaute er sie an. Sie lachten unbeholfen. Simons Wangen wurden ein wenig rot. Anna fand das süß. Sie fand es wunderbar, wenn Menschen noch rot werden konnten. Anna nickte mit dem Kopf auf den nächsten Verkaufstisch. »Ich wollte grad mal hier gucken«, sagte sie, um die Sache in die

Hand zu nehmen. Während Marie und ihre Bekannte sich weiter über Leute in ihrer Abschlussklasse und deren Werdegänge austauschten, begutachteten Anna und Simon schweigend einen Tisch voller Buttons. Anna sah Simon dabei zu, wie er die, die ihm am besten gefielen, auswählte, wie seine Hände sie ganz vorsichtig aus der samtigen Pinnwand nahmen, an der die kleinen runden Anhänger auf dem Tisch aufgespießt waren. Zielsicher nahm er nur die, die Anna auch gewählt hätte.

»Das Motiv hatten wir mal auf 'nem Flyer«, sagte Simon und hielt ihr einen Anhänger mit dem Umriss eines Vogels hin. Anna hielt ihre offenen Haare mit den Händen zurück, als sie sich über Simons Hand mit den Buttons beugte. Ein Vogel, filigran gezeichnet, weiß auf schwarz, er sah wunderschön aus, fand sie.

Anna lächelte.

»Gefällt er dir?«, fragte Simon.

Sie nickte.

»Mir auch«, sagte Simon und lächelte. Er wurde wieder rot.

Als Simon den Button behutsam wieder in die Pinnwand steckte, musterte Anna ihn von der Seite. Simon war schlaksig, groß und dürr, und auffällig gut gekleidet. Alles an ihm stimmte, schien perfekt zusammenzupassen: Seine Turnschuhe sahen aus wie nie getragen, blau-rot-weiße Streifen auf makellos weißem Ledergrund, eine enge graue Jeans, ein hellblauer langer Leinenschal, eine enge schwarze Mütze, unter der seine grünen Augen strahlten. Als hätte man Simon für ein Foto gestylt, schauten an exakt den richtigen Stellen ein paar dunkelblonde Haarsträhnen unter der Mütze hervor. Sauber lief die Linie seines irgendwas zwischen Drei- und Dreißig-Tage-Bartes zusammen. Anders als bei dem Gestrüpp, das so viele andere der Flohmarktbesucher, die an diesem Sonntagmorgen verkatert herumliefen, im Gesicht trugen, passte sogar der Bart perfekt in Simons Gesicht, das merkwürdige Wort »gepflegt« passte irgendwie gut zu ihm, fand Anna, wie die letzte Abrundung eines ästhetisches Gesamtbildes. Simon war ein hübscher Mann.

Marie zog Anna von ihm weg. »Süße, komm, ich hab da hinten einen richtig coolen Schreibtischstuhl gesehen«, rief sie. »Ciao, äh, sorry, wie heißt du noch mal? Wir haben uns gar nicht vorgestellt, ich bin Marie«, sagte sie fahrig zu Simon und strahlte ihr Allerweltsstrahlen, das sie nur einsetzte, wenn sie ganz schnell ganz freundlich sein musste und eigentlich am liebsten sofort weiterwollte.

»Simon«, sagte Simon ruhig, er sah dabei nicht Marie, sondern Anna an und wurde zum dritten Mal rot. Anna lächelte. Marie nahm ihre Hand und verschwand im Gewühl.

»Ich bin Anna«, sagte Anna über die Schulter und winkte noch kurz, bevor Marie sie davonzog.

*

Mit dem Telefon am Ohr kommt Anna nach ein paar Sekunden zu Ulla zurück. Sie bleibt im Gang stehen. »Da hinten ist der Schaffner, Mama, hast du unsere Tickets?«, fragt sie flüsternd. Es ist ihr ein bisschen peinlich vor Julian, oder wie auch immer der Mann gegenüber heißt, mit ihrer Mutter zu sprechen, als sei diese Fahrt hier ein Kindergartenausflug, bei dem sie um die Karten für das Riesenrad betteln musste, als hätte sie kein eigenes Geld. Anna hat Ullas Angebot, ihr eine Karte mitzukaufen, nur aus praktischen Gründen angenommen, weil es ihr ein wenig Zeit sparte.

Ulla legt die Tüte mit den Brötchen auf den Tisch. »Moment«, sagt sie und schiebt sich den Rest Käsebrot in den Mund. »Möchtest du auch was essen? Ich hab Käsebrote, eins mit dem Schinken, den du magst, und Äpfel und Gurke.« Ungeduldig schüttelt Anna den Kopf. Jetzt sieht es schon aus wie eine Picknickfahrt von zwei Kaffeefahrttanten, die sich aufwendig für eine zweistündige Zugfahrt vorbereitet haben. »Chooo, gib mir doch jetzt einfach nur die Karte«, zischt Anna, eigentlich noch um Freundlichkeit bemüht, aber es kommt ungeduldig, aggressiv heraus. Verstohlen blickt sie zum vermeintlichen Julian, um zu sehen, ob er alles mithört. Doch der starrt nur stur weiter in sein Notebook. »Liebe Grüße an deine Mutter«, sagt Marie beiläufig am anderen Ende.

»Liebe Grüße soll ich dir sagen«, richtet Anna brav aus, wie um sich zu entschuldigen.

Ulla reicht ihr das Zugticket. »Von wem?«, fragt sie.

Doch Anna ist schon wieder weg.

★

Um unser großes, strahlendes Zentrum herum befindet sich ein großer Graben. Er trennt das Licht von der Dunkelheit. Denn es gibt sie tatsächlich noch, die Zone, die die Vögel immer suchen.

Jenseits unseres Kommunikationsmolochs, ganz am Rand, wird es erst ein wenig dämmerig – von oben kann man gut sehen, wie die Äderchen immer blasser werden – und dann, ziemlich plötzlich, zappenduster. Denn dort, wo die Stadt aufhört, wird es schlagartig still, und es beginnt die Peripherie. Das Landleben. Das Outback, die Pampa, der Bereich, der kein Blinken und Rasen kennt. Die Zone, in der Menschen leben, die noch ganz anders ticken als die Metropolenbewohner.

Es sind Menschen, für die Geräte noch Geräte sind und keine eigenen Welten. Leute, die nicht süchtig nach dem ewigen geliebt-verhassten Multitasking von multiplen Kommunikationskanälen sind. Personen, die es nicht noch mehrfach kopiert in irgendwelchen virtuellen Welten gibt, die nicht noch tausend andere Versionen ihrer selbst im Angebot haben, zwischen denen sie ständig hin und her wechseln und die sie laufend bespielen müssen – sondern die ihr Zentrum immer dort mit sich tragen, wo sie gerade sind.

Mit dem Alter hat das gar nicht unbedingt etwas zu tun. Schließlich sind nicht alle der Metropolenbewohner jung und nicht alle, die im beschaulichen Suburbia leben, Rentner. Der Graben zwischen ihnen ist auch nicht zwangsweise ein virtueller. Sondern, vor allem, ein kommunikativer.

Denn es geht eher um Mentalitäten, um Geisteszustände. Das, was die Menschen dies- und jenseits des großen Grabens teilt, ist äußerlich gar nicht so ersichtlich. Es ist vor allem der Modus, der Takt und die Wahrnehmung von Zeit und Raum, die ihre Welten trennt und immer weiter auseinanderdriften lässt.

Die Bilder aus dem All belegen es ganz eindeutig: Stärker denn je ist die Schere zwischen Stadtrhythmus und Landrhythmus in den letzten Jahren auseinandergegangen. Im Zentrum rast die Zeit, effizient, aufregend und ewig funkend. Am Rand hält sie inne, vergeht regelmäßig wie ein atmender Organismus, ist nicht gefüllt mit tausend Dingen gleichzeitig, sondern oft nur mit einem Ereignis. Und manchmal sogar mit zu wenigen. Sie scheint manchmal sogar stillzustehen, ganz im Gegenteil zum Zentrum, in dem das Leben oder das, was die ewig sich mitteilenden, To-Do-Listen wegarbeitenden Menschen dafür halten, tobt. Sechzigjährige Twittersüchtige rasen dort neben zwölfjährigen Hochkommunikatoren, die schon jetzt den ganzen Tag nichts anderes tun als chatten, ihren Facebook-Account pflegen und Spiele auf ihren Handys spielen. Hier lebt die Mannschaft der bis zum Exzess Arbeitenden, der Ruhelosen und Überforderten, der sich flexibel selbst Managenden. Die, als wären sie nicht sowieso schon beschäftigt genug, auch noch meinen, ihr irres Leben in den Kosmos sprühen zu müssen, indem sie es laufend in einer aufpolierten Version auch noch live nach außen übertragen und so nur noch mehr Licht produzieren.

Am Rande findet man diejenigen, die sich nicht verrückt machen wollen. Die es nicht können. Die, die nicht verstehen, wie man so viel funken kann oder warum man sich überhaupt mit so vielen Leuten vernetzen sollte. Es sind die, die es kognitiv nicht schaffen, weil sie noch zu jung oder schon zu alt sind oder sich bewusst dagegen entscheiden. Die, die das Leben in Berufe oder Ruhestände verschlagen hat, die fernab der Metropole liegen oder die irgendwann zusammengebrochen sind und das Zentrum seitdem nicht mehr ertragen können.

Milde ausgedrückt: Das Leben in der einen Welt ist sehr, sehr anders als das in der anderen. Und es ist nicht immer ganz einfach, zwischen diesen Lebenswelten zu vermitteln. Auch, wenn sich beide Parteien inzwischen sehr anstrengen und es alle nur gut miteinander meinen – sie kommen nicht mehr wirklich zusammen. Die Kommunikation zwischen den Stadt- und den Landmenschen ist mittlerweile mehr als unwahrscheinlich geworden.

Und so schwankt ihre Beziehung. Zwischen beidseitiger Neugier, Faszination und Bewunderung darüber, wie man das Leben auf der anderen Seite überhaupt aushalten kann. Aber auch Neid. Ungeduld, Sorgen, Aggression. Und Vorwürfen.

★

Ulla stopft ihr Käsebrot wieder zurück in die Alufolie. Sie ist wütend.

Anna scheint zu denken, dass Ulla es nicht bemerkt, wenn ihr alles zu viel wird. Vielleicht ist das ja eine alte Grundregel der Menschheit: Dass Kinder nicht ahnen, wie sensibel ihre

Eltern sein können. Dass auch Mütter und Väter Antennen haben, Fühler, mit denen sie Stimmungen, Zwischentöne und versteckte Botschaften verstehen, und nicht nur stumpf das wahrnehmen, was man ihnen hinwirft.

Schon bevor Anna das erste Mal dieses typisch aggressivungeduldige Atemgeräusch macht, übertragen sich alle Stressstimmungen ihrer Tochter auf Ulla. Noch bevor das erste »Choo, Mama« kommt, das Anna, wenn sie erst einmal angefangen hat, vor jeden Satzanfang stellt, weiß Ulla, was Sache ist. Denn anders als Anna vielleicht denkt, kann Ulla Annas Erwachsenenstress, der sich dann bei ihr entlädt, sehr gut von dem quasi-pubertären Genervtsein unterscheiden, das zwischen Müttern und Töchtern kommt und geht wie eine harmlose kurze Unebenheit, die man durch ein Augenrollen sofort wieder glätten kann. Diese neue Aggressivität, die Anna dann manchmal wie aus dem Nichts überkommt und die in völlig rücksichtslose Ungeduld und Ruppigkeit mündet, hat keine Ähnlichkeit zu den früheren Phasen.

Und obwohl Ulla ahnt, dass es dabei gar nicht um sie geht und sie in diesen Momenten oder Tagen eher eine Art Blitzableiter für Annas Überforderung ist, verletzt es Ulla. Vor allem, weil sie es nicht versteht. Diesen Strom, der durch Anna läuft, die ewige Nervosität, das innere Rasen, die Fahrigkeit und Unaufmerksamkeit, kennt sie in dieser Form selbst gar nicht. Gerade das macht sie so hilflos. Als wäre Ulla etwas Störendes, das Anna abschütteln wollte, ein Klotz am Bein oder irgendwer, der an ihr zerrt, wehrt Anna sich dann plötzlich gegen ihre Mutter. Sei es am Telefon, wenn Anna zu Besuch kommt oder sie gemeinsam unterwegs sind, scheint genau falsch zu sein, was Ulla tut. Obwohl sie vielleicht nur eine nette Frage stellt. Wie eben die mit dem Brötchen.

Ulla schluckt.

Sie hatte ihr Kind nie stören wollen. Und sie will Anna

nicht vorschreiben, wie sie sich zu verhalten hat. Aber gleichzeitig will sie sie ernstnehmen können. Und wenn Anna ankündigt, auf der Zugfahrt »endlich mal ganz entspannt« Zeit zu haben, kann sie es nicht von vornherein als falsche Ankündigung interpretieren. Dazu freut sie sich auch viel zu sehr auf Anna.

Und dazu besteht schließlich auch jedes Mal wieder die Chance, Anna doch einmal in einem klaren Moment zu erwischen.

★

»Das reicht leider nicht, junge Dame.« Ohne sie anzublicken gibt der beschnauzte Schaffner Anna ihr Zugticket zurück. Die Stimme, die dabei unter seinem Bart herausbrummt, folgt einem ätzenden Überheblichkeitssingsang, den er scheinbar unbeteiligt, tief im Inneren aber bestimmt doch jubilierend jedem Fahrgast vorsang, der irgendetwas falsch gemacht hatte. Ungläubig blickt Anna auf die Karte. Bei solchen Sachen ist sie sonst immer perfekt organisiert, Fehler unmöglich.

»Maaaann, ey«, stößt sie genervt aus, als sie das Zugticket sieht.

Ulla hatte Anna aus Versehen keine ICE-, sondern eine IC-Karte gekauft. »Nein, nichts«, sagt Anna zu Marie am Telefon. »Entschuldigen Sie«, zum Schaffner. Er reagiert nicht. Emotionslos tippt er auf dem merkwürdigen Riesengerät, das um seinen Hals hängt, ein paar Informationen ein. Aus dem Telefon hört Anna mehrere Stimmen. »Marie? Bist du noch da?« Anna und der Schaffner stehen direkt vor dem schmuddelig wirkenden ziehharmonikaartigen Durchgang, der einen Waggon mit dem nächsten verbindet. Der Zug ruckelt. Anna würde sich gern auf das Treppchen zum Ausgang stellen, aber das ist schon besetzt. Ein Anzugmensch telefoniert dort, wild gestikulierend, Anna kann die Falten in seinem Anzug beobachten, wenn er die Hand hebt und senkt. »Wie bitte?«, sagt Marie am anderen Ende. »Meinst du mich?«, fragt Anna zurück, während sie versucht, den Betrag auf dem Gerät zu finden, den der Schaffner ihr wortlos hinhält. Breitbeinig steht er in seinen unförmigen Bahnklamotten vor ihr im Gang und wartet auf sein Geld. Wichtigtuerisch, als wäre es eine Zumutung, sich überhaupt mit Anna befassen zu müssen, schaut er nach rechts und links, während sie in ihrem Portemonnaie kramt. »Ich muss hier grad mal den Taxifahrer bezahlen, Süße«, ruft Marie entschuldigend durch die Leitung. »Dankeschön«, sagt Anna brav und hält dem Schaffner ihr Geld hin, »… und ich den ICE-Aufpreis«, ergänzt sie Maries Satz. »Was?«, ruft Marie. »Und Ihr Rückgeld«, brummt der Schaffner viel lauter, als er müsste. »Nichts«, ruft Anna zurück. Es klopft in der Leitung. Ihre Chefin. »Ich ruf dich gleich zurück, ja?«, sagt Anna hektisch. Dieses Mal muss sie Andrea unbedingt erwischen. »Bisgleichtschüß«, ruft sie.

»Ja«, sagt Marie. Anna weiß nicht, wen sie meint.

»Stimmt so«, hört sie noch.

Und dann nur noch Tuten.

*

Markus schaut von seinem Notebook auf. Die junge Frau vom Sitz schräg gegenüber kommt zurück an den Tisch »Du hast 'ne falsche Karte gekauft«, zischt sie ihrer Mutter, die sich eine Lesebrille aufgesetzt hat und in einem Museumsführer über die alten holländischen Meister blättert, böse zu. Zu Markus lächelt sie schräg hinüber, als würde sie sich für die Dummheit ihrer Mutter bei ihm entschuldigen wollen. Markus schaut wieder auf sein Notebook. Er sucht mit den Augen die Uhranzeige. Plötzlich fällt ihm die nicht abgespeicherte Erinnerung ein, der Kontakt, den er Lena noch schicken wollte. Während er hektisch sein Telefonbuch im Handy durchklickt, wühlt er in seinen Haaren. Wenn er es noch einmal vergessen hätte, wäre Lena wirklich ausgerastet. Zu Recht.

Ein Glück hat Markus guten Empfang, problemlos geht der Kontakt an Lena raus, genau so wie die E-Mail mit der Buchungsbestätigung für einen Flug am Sonntag nach Frankfurt und zurück. Ausnahmsweise würde Markus am Sonntag ein paar Stunden weg sein, der Kongress, den er jedes Jahr besuchte, fand leider immer wieder an einem Wochenende statt. Lena hatte die Uhrzeiten seines Abflugs wissen wollen, um zu gucken, ob vorher noch ein Brunch mit Mareike und Michael drin wäre. Markus hoffte, dass sein Flug zu früh ging. Die Eltern von Linus, Timmis bestem Freund in der Kita, gingen ihm einfach nur auf den Keks, und alles andere war besser, als sie zu sehen. Sogar Arbeit.

★

Die Woche, die Markus mit Lena und Timmi auf Sylt verbracht hatte, war wunderschön gewesen. Eine merkwürdige Dankbarkeit hatte in diesen sieben Tagen über ihnen allen gelegen. In ihrer kleinen Familie herrschte eine Stimmung wie bei drei Überlebenden eines Sturms, die nun wie auf wundersame Weise wieder eine Sicherheit und Leichtigkeit teilen durften, von der sie gedacht hatten, sie würden sie nie wieder erleben.

Zu dritt, Timmi Hand in Hand in ihrer Mitte, liefen Markus und Lena jeden Tag um die südliche Spitze der Insel, an der sie eine kleine Wohnung von Freunden von Julians Eltern gemietet hatten. Das Haus lag alleine in den Dünen. Sie machten keine großartigen Bekanntschaften am Strand, niemand störte ihr Zusammensein. Es gab keine Verpflichtungen wie in der Stadt, keine Arbeit, keine ständigen Treffen mit anderen Eltern und Freunden, keine Babysittersuche, keine Kinderarzttermine, nichts. Nur freie Zeit. Fließend zwischen Sonnenaufgängen und Sonnenuntergängen, Wind, Ebbe und Flut gingen die Tage hier ineinander über.

Timmi lernte Drachensteigen. Und Lena und Markus liebten sich.

Auf der Insel schliefen sie zum ersten Mal seit gefühlten Jahren wieder miteinander. Nicht wie in der Stadt, wenn ihre Körper im Dunkeln eher wie aus Zufall aufeinandertrafen, als befänden sie sich nur von Ungefähr gerade am selben Ort. Sondern so richtig. Mit offenen Augen, im hellen Nachmittagslicht auf einem großen Bett in der Mitte des Schlafzimmers, während Timmi nebenan seinen erschöpft glücklichen Kindermittagsschlaf schlief. Anders als in den immer seltener gewordenen Nächten in der Stadt konnten Lena und Markus sich hier, auf der Insel, dabei endlich wieder richtig sehen. Es lag nicht am Tageslicht.

Timmi lernte Drachenlenken. Und Lena und Markus betranken sich.

Mit Prosecco, Weißwein und Küstennebel, dem widerwärtigen billigen Anisschnaps, den irgendwelche der vorherigen Gäste neben dem Portwein im Schrank geparkt hatten. Es war nicht so wie in der Stadt, als Schöntrinkerei eines schlimmen Langweileressens mit Bekannten oder zur Betäubung des Alltagsstresses. Sondern so richtig: zusammen, ungeplant und total.

Auf allen Vieren krochen Markus und Lena am Ende durch die Ferienwohnung. Als Markus sich dabei höllisch den Kopf an der Tischkante stieß, klebte Lena ihm eines von Timmis Tierpflastern quer über die Stirn. »Gegen die Kopfschmerzen«, erklärte Markus Timmi am nächsten Morgen und pappte Lena, die gerade nach einer Aspirin gegen den Katerkopf suchte, auch eines an die Schläfe.

Am letzten Abend lernte Timmi Loopings fliegen. Und Lena und Markus sprachen wieder miteinander.

Nicht wie sonst, wenn sie sich als Informationsaustausch oder nervige Zeitplanerei Halbsätze, Erinnerungen und Ermahnungen über die Schulter oder ins Telefon riefen. Sondern so richtig: Mit Blickkontakt und Schweigepausen, die am Telefon sofort in peinliche Stille oder schlechte Stimmung umgeschlagen wären. Genüsslich zerlegten die beiden sinnfreie Kleinigkeiten des Insellebens, sie lästerten über die Leute an der Promenade, die im Paarlook in Wetterjacken unterwegs waren. Sie debattierten über das heulende Geräusch, das der Wind machte, wie es vor und hinter dem Haus variierte, welches der Fischbrötchen aus welchen Gründen das beste war und welcher der Verkäufer die blöderen Touristenfängersprüche machte. Zusammen mit Timmi zählten sie die Sekunden zwischen einer Drehung des Leuchtturms zur nächsten.

Und sie unterhielten sich zum ersten Mal seit langem über Lenas Zukunft. Darüber, was sie machen wollte, wenn Timmi in einigen Wochen in die Kita kommen und Lena endlich mehr Zeit haben würde. In ihren alten Job als wissenschaftliche Mitarbeiterin an der Uni am Lehrstuhl für Kunstgeschichte wollte sie eigentlich nicht mehr zurück. Lenas Promotion zur Figürlichkeit der russischen Ikonen im Wandel der Jahrhunderte gammelte in Form einer Worddatei mit dreißig geschriebenen und einhundert Stichwortseiten auf ihrem Rechner herum und war ein absolutes Tabuthema geworden. Ein Deckmantel dafür, dass Lena keinen Plan hatte, was sie eigentlich machen wollte. Sie selbst wusste das schon lange, und Markus ahnte es mindestens schon genauso lange. Aber sie hatten nie darüber gesprochen.

Bis hier, auf der Insel. Dem Ort, an dem sie sich nach einer gefühlten Ewigkeit wiedertrafen.

★

Die lähmende Gewissheit, dass die Stimmung, die auf der Insel geherrscht hatte keine bleibende sein würde, überkam Markus genau in dem Moment, als er in der Stadt in die Straße einbog, in der ihr Haus stand. In der Dunkelheit hielt er vor der Haustür. Markus sah von Lena, die irgendwann auf der Autobahn eingeschlafen war, zum hinten auf dem Rücksitz seit Stunden friedlich vor sich hinschlummernden Timmi, den er gleich die Treppen hochtragen würde. Ganz plötzlich wusste er es: Irgendetwas würde wieder schiefgehen.

Die Schwere war schon im Auto auf der Insel über sie gekommen. Mit jedem Kilometer wurde sie spürbarer. Erst zeigte sie sich als Albernheit, laut schmetterte Timmi vom Rücksitz seine Quatschlieder, in die Markus und Lena in Form eines Kanons einstimmten, wobei sie brav alle Phantasiewörter einbauten, die er ihnen befahl. Als die Sonne unterging, beim Warten auf der Brücke über der Wattlandschaft, wandelte sich die aufkommende Stimmung in schweigende Melancholie, in die sich die Staumeldungen mischten. Der tiefe Unwille, ein extremes inneres Sträuben dagegen, die Insel, diesen guten Ort, zu verlassen, wuchs in ihnen allen. Bald mutierte er zur Ungeduld, verbündete sich mit Timmis müdem Quengeln, dem Suchen nach einer Tankstelle, mit den ersten Anrufen, dem ersten E-Mail-Checken, den ersten Plänen für die nächste Woche und einem unnötigen Streit über das für den nächsten Abend geplante Essen mit Mareike und Michael.

»Ich habe nie gesagt, dass das Spießer sind«, fuhr Markus Lena an.

Ihm wurde schlecht bei dem Gedanken, seine freie Zeit, die wenigen Tage, die er vor seinem Psychokurs noch hatte, bevor die Arbeit wieder losging, mit irgendwelchen schlimmen Kleinfamilien zu verbringen, die damit angaben, wie viele perfekt konstruierte Sätze ihr Kleinkind schon brabbeln konnte und wie toll sie ihren gemeinsamen Alltag organisiert hatten. Lena mochte die Mutter von Linus, und es war ihr wichtig, Zeit mit anderen jungen Familien zu verbringen. Sie konnte über die Spießigkeit von Linus' Vater Michael besser hinwegsehen als Markus. Vielleicht, so verdächtigte wiederum Markus sie, weil sie insgeheim Mareike darum beneidete, dass ihr langweiliger Mann nicht pendelte, sondern ein sesshafter, eifriger Jurist war, der jeden Tag zum Essen wieder zu Hause war.

Eigentlich hasste Markus alles an ihm: Seine langen schleimigen Haare, seine pedantisch-pseudoinformierten Kommentare zur Weltlage, die Art, wie er sich bei Lena und ihm danach erkundigte, wie »Tim« die Kita denn so bekam, wie seine Hand mit dem fetten goldenen Ehering während des gesamten Abends Mareikes Oberschenkel tätschelte und wie er am Ende in feister Großzügigkeit allen noch einen seiner teuren Schnäpse anbot. Markus wurde das Gefühl nicht los, dass es bei diesen Treffen weniger um einen schönen Abend als ums Schaulaufen ging, ganz so, als wären Lena und er in einen Wettbewerb für Familien geraten, bei dem es am Ende darum ging, Punkte für Erfolg, Glück und so etwas Ähnliches wie Authentizität zu gewinnen.

Eine Stunde eisiges Schweigen im Auto folgte auf den Streit um dieses Essen, der nur dadurch beendet wurde, das Lena irgendwann einschlief.

Es ist zu früh, durchfuhr es Markus. Sie hatten zu wenig Zeit gehabt. Zeit, um sich wiederzufinden. Und um eine Schutzschicht zu bauen. Gegen all das, was jetzt wieder von vorne losgehen würde, wenn sie nicht höllisch aufpassten.

Vorsichtig strich er Lena über die Schulter.

»Lena?«, flüsterte er. »Wir sind zu Hause.«

★

Anna seufzt. »Ist ja jetzt auch egal«, murmelt sie auf Ullas Entschuldigung für das falsche Ticket hin. Ulla blättert hektisch in ihren Reiseunterlagen. »Nein, also hier steht doch ICE!«, sagt sie aufgeregt und schaut mit ihrer Lesebrille perplex zu Anna auf. Anna deutet sich ans Kinn. »Du hast da was, Mama«, zischt sie Ulla an.

»… also, das ist dann wirklich nur bei deiner Karte schiefgelaufen«, wundert sich Ulla weiter. Fahrig wischt sie sich über das Kinn. Der winzige Brotkrümel hängt immer noch unter ihrem Mundwinkel.

»Chooo, Mama, ernsthaft! Es ist jetzt auch egal, und es ist echt nicht schlimm, okay?!« Ungeduldig wischt Anna Ulla selbst den Krümel aus dem Gesicht. »Ich muss jetzt hier noch mal schnell eine E-Mail schreiben für nachher, Andrea will, dass ich denen noch ein paar Extra-Informationen vorab schicke«, murmelt sie und kramt in ihrer Hosentasche nach ihrem iPhone. Ulla hört sie nicht.

»Merkwürdig«, sagt sie, studiert noch einmal ihre Fahrkarte und schüttelt verständnislos den Kopf.

★

Das Gefühl nicht mehr zu wissen, wo das eigene Zentrum liegt, war ebenfalls neu. Wieder so etwas, das Ulla nie gekannt hatte, bevor sie in Rente gegangen war. Bisher war der Fokus in ihrem Leben klar definiert gewesen: Arbeit, Familie, Freunde.

Jetzt, plötzlich, ist das Geflecht ihrer Beziehungen, das

Netz, das sie über die Jahre oft genug auch einmal als zu dicht oder zu eng empfunden hatte, weg. Ulla ist frei. Da ist jetzt wieder Platz, für neue Menschen und neue Aufgaben.

Am Anfang war es wie ein Segen gewesen. Ulla sagte eher Dinge ab, als dass sie sich neue auf den Plan schrieb. Sie topfte Pflanzen um, holte ihre alte Staffelei wieder vom Dachboden. Sie wollte keine Menschen sehen. Nicht nur, weil sie ständig gefragt werden wollte, wie es sich denn so anfühlte, das Rentnerdasein – wobei sie daran am meisten die Art, wie die Leute das Wort ironisch betonten und ihr dazugehöriges Augenzwinkern störte – sondern weil sie es genoss, zu Hause zu bleiben.

Vorerst.

Denn irgendwann ertappte sich Ulla dabei, nach Dingen zu suchen, die die Zeit verstreichen lassen würden. Es war, als wäre sie plötzlich einen Schritt aus sich herausgetreten, als wäre ihr ein zweites Augenpaar gewachsen, das sich von außen auf sie selbst richtete und sie zusammen mit einer zweite Stimme, einer verzagten, nagenden Kritikerin permanent selbst kommentierte.

»Und dann?«, fragte die Stimme. »Was, meine liebe Ulrike, machst du gleich, wenn dein Tee leergetrunken ist, wenn du die Zeitung durchgelesen hast, wenn du deine Blumen gegossen und etwas gekocht hast? Was machst du, wenn der Tag dann immer noch zehn Stunden hat und du eigentlich nichts mehr mit dir anzufangen weißt? Und was machst du morgen, wenn du wieder hier sitzt und das Leben immer noch zwanzig Jahre hat und du nichts, aber auch gar nichts, mit dir anzufangen weißt?«

Meistens konnte Ulla diese fiese Fragerei einfach wegwischen. Dadurch, dass sie doch etwas fand, das ihr sinnhaft erschien, ein Loch in einer von Wolfgangs Cordhosen, ein Anruf bei irgendeiner Versicherung von Anna. Oder dadurch, dass sie aus dem Haus ging, den Abend plante und dafür einkaufte, wenn Wolfgang aus der Uni von seinen Sitzungen und Seminaren kommen würde, und für sie in der Küche zauberte. Oder, dass sie mit einer ihrer Freundinnen doch noch einen Kaffee trank oder einen Film fand, den sie noch nicht im Kino gesehen hatten und sich gemeinsam anschauen konnten.

Manchmal klappte es allerdings auch gar nicht. Meistens, wenn das Wetter schlecht war und Ulla zu lange in der Wohnung blieb. Wenn es draußen nicht hell werden wollte und trotz angezündeter Kerzen und der schönen Musik von ZAZ oder Norah Jones oder der anderen Sängerin, deren Namen sie vergessen hatte, die ihr Anna immer auf eine CD brannte, keine gute Stimmung aufkommen wollte. Wenn sie nervös wurde, obwohl sie gar nichts vorhatte. Oder besser: *weil* sie nichts vorhatte.

Ulla konnte sich dann auf nichts, keinen Roman, keine Radiosendung, keinen Zeitungsartikel konzentrieren. Sie strich durch den Flur, durch die großen Räume, das Schlafzimmer, Annas altes Kinderzimmer, all die Winkel, in denen ihr bisheriges Leben stattgefunden hatte. Minutenlang schaute sie aus dem Wohnzimmer hinaus. Nach unten, wo sie hinter den blätterlosen Bäumen von weitem die Menschen herumhuschen sah, die ein Leben in Bewegung führten. Die zu Terminen, Verabredungen, Bussen, Bahnen, Flugzeugen oder kleinen Kindern, die zu Hause auf ihr Essen warteten, liefen, die etwas Wichtiges vorhatten.

Was war jetzt eigentlich noch wichtig?, fragte Ullas zweite Stimme dann. Alles, was sie tat, war nun theoretisch ja gleich wichtig oder unwichtig. So schien es ihr zumindest.

Sie überkam das Gefühl, durch irgendeinen dummen Zufall oder einen schlichten Fehler im System irgendwie in eine perfide Zeitschneise gelangt zu sein, in der sich die Welt nicht mehr weiterdrehte. Oder noch schlimmer: in der sich doch alles weiterdrehte und nur sie selbst stehengeblieben war.

Nachts träumte Ulla, dass sie in einem riesigen Wartezimmer saß. Um sie herum warteten Menschen, junge, alte, manche sahen ein bisschen mitgenommen aus, die meisten schienen allerdings kerngesund zu sein. Niemand sprach. Nur ab und zu kam eine Sprechstundenhilfe ins Zimmer. »Der Nächste, bitte«, sagte sie, lächelte unnahbar und führte die Person, die aufgestanden war, an der Hand aus dem Zimmer.

»Woher weiß ich, wann ich dran bin?«, fragte Ulla irgendwann in die Stille. Niemand schaute auf. Keiner der hier Versammelten schien sich Sorgen darum zu machen, dass er umsonst wartete. Alle wussten, dass sie dran kämen. Und alle kamen dran. Nur Ulla blieb sitzen. Sie wurde nie aufgerufen. Immer wurden die Leute, die um sie herum warteten, ersetzt durch neue, die aus dem Nichts nachrückten. Ulla hatte man schlichtweg vergessen. Und sie konnte nichts dagegen tun.

Vor dem Spiegel im Flur, in der wirklichen Welt, schaute sie sich in die Augen. Ist das jetzt wirklich schon dein Leben gewesen?, bohrte die Stimme.

Nein. Aber das neue, das nächste Leben war noch nicht bereit.

Ulla wollte weder in Alterspanik noch in Verjüngungswahn verfallen. Weder ihre Zeit in unsinnigen Töpferkursen oder Ayurvedakuren verbringen, unregelmäßige Verben von Sprachen, die sie nie brauchen würde, lernen, noch esoterische Erbauungsliteratur lesen, damit um Himmels Willen jeder Tag vermeintlich sinnhaft und glücklich erfüllt ins Land ziehen würde.

Das, was sie an anderen Freundinnen um sich herum, die so langsam in Rente gingen, beobachtete, konnte und wollte sie nicht imitieren. Die einen verfielen in Aktionismus, lösten sich von ihren Kindern und Ehemännern und brachen alleine oder in Zweierpärchen auf irre Fernreisen auf. Andere gluckten sich an ihre Männer ran, als könnten sie ohne sie keinen Schritt mehr tun. Wieder andere kümmerten sich obsessiv um ihre Enkelkinder oder ihre Gebrechen, ihre Depressionen, ihre Vorsorgeuntersuchungen oder Anti-Krebs-Ernährungspläne.

Ulla fand jeden dieser Wege schlüssig. Nur ihren eigenen hatte sie noch nicht gefunden. Vorerst, das wusste Ulla, würde sie sich stattdessen mit dieser Leerstelle in ihrem Leben arrangieren müssen. Bis sich der Weg vor ihr auftat, der zu ihr passen würde, müsste sie einfach ruhig bleiben und alles auf sich zukommen lassen. Alles hatte schließlich seine Zeit. Auch ein neues Lebenszentrum.

*

Manchmal wirkt diese Gleichzeitigkeit fast absurd: Die einen hassen die Stille, die anderen sehnen sich nach nichts mehr als nach ihr.

Denn es ist nicht so, dass die Metropolenbewohner sich nicht auch wünschen würden, nach einiger Zeit aufgeregter Funkerei einmal wieder Ruhe zu finden. Auch sie sehnen sich danach zu wissen, wo der Lichtschalter ist. Um trennen zu können, was hell und dunkel, was Tag, Nacht, Stille und Geräusch ist. Was wichtig und unwichtig, wo rechts und links, wo oben und unten ist.

Nur leider hat unsere große Metropole durch ihr ewiges Strahlen eine wichtige Regel ausgehebelt: Das Zentrum ist nicht mehr dort, wo es am hellsten ist. Eigentlich ist es jetzt sogar genau andersherum: Wer immer nur weiter ins Licht rennt, verliert sich noch mehr. Denn im grellen, flackernden Schein der Hyperkommunikation kommt man nie irgendwo an. Man funkt nur immer weiter, aktiviert immer neue Lichter, Gesichter, Menschen und Stimmen. Bis man die Orientierung komplett verloren hat.

Sogar der Navi hilft dann nicht mehr. Denn »irgendwo« als Ausgangspunkt und »zu Hause« als Ziel sind selbst für das ausgefeilteste Gerät noch ein bisschen allzu vage Koordinaten. Und so bleibt einem scheinbar nichts anderes übrig, als es selbst zu schaffen. Oder eben doch noch ein paar andere zu fragen.

»Bring mich nach Hause«, bettelt man andere Metropolenbewohner oder Menschen aus der Peripherie an, wenn alles zu viel wird. Doch je mehr Leute man fragt, je mehr Menschen man auf der Suche nach dem eigenen Zentrum mit sich auf den Weg nimmt, desto unübersichtlicher wird es.

Denn mit den Menschen ist es so wie mit dem Licht: Jeder Kontakt ist nur wieder ein neuer Funken. Und damit kein weiterer Schritt hin, sondern weg. Weg, von der so heiß ersehnten, Ruhe bringenden Dunkelheit – und damit auch von sich selbst.

★

Seit dem Nachmittag mit dem Flohmarkt hatten Simon und Anna sich jeden Tag gehört. Oder eher: geschrieben. Denn Simon rief eigentlich nie an. Dafür war er rund um die Uhr online und im Facebook-Chat. Auf SMS antwortete er innerhalb von zwei Sekunden, schneller noch, als Anna das Telefon überhaupt weglegen und wieder in die Tasche stecken konnte. Egal, wie lange Simon auf eine Antwort von Anna warten musste, seine nächste kam immer sofort.

»Hoffe, ihr habt den Schreibtischstuhl noch gekriegt und du hattest einen wunderbaren Tag«, hatte er schon eine halbe Stunde nach ihrem Kennenlernen auf dem Flohmarkt per Facebook geschrieben, er hatte Anna wohl über Marie und die wiederum über seine Schwester gefunden und ihr gleich eine Freundschaftsanfrage geschickt. Anna zwang sich, die üblichen Anstandsstunden abzuwarten, bis sie Simons Anfrage bestätigte. Am liebsten hätte sie sofort geantwortet, aber die Regel, Anfragen nie sofort anzunehmen, brach sie nie. Die Leute sollten bloß nicht denken, dass sie die ganze Zeit bei Facebook hing und nichts anderes tat, als auf neue Freunde zu warten.

Abends, als sie Simons Anfrage angenommen hatte, schickte Anna ihm das Foto, das sie für Marie von dem Schreibtisch gemacht hatte, damit diese sich bis nächste Woche noch einmal überlegen konnte, ob sie das klobige alte Teil wirklich in ihrer Wohnung stehen haben wollen würde. »Liebe Grüße ;-)«, schrieb sie unverfänglich und ohne jeden weiteren Kommentar dazu. Sie legte das Handy neben sich aufs Sofa vor den Fernseher. Sechzig Sekunden später hatte sie eine Antwort. Ebenso kommentarlos: Der Flyer mit dem Vogel. Und eine weitere Zeichnung, auf der der Scherenschnitt von einem Mädchen zu sehen war, das einen Luftballon an einer Schnur hielt. Es war in genau demselben feinen Stil gezeichnet wie der Vogel. Anna fand das Bild wunderschön.

Sie setzte sich die Dauer der *Tagesschau* als Antwortzeit. Bei den Sportnachrichten begann sie, über eine Antwort nachzudenken. Beim Wetter löschte sie sie wieder.

»Zeichnest du die etwa?«, antwortete sie schließlich beim Trailer des *Tatort*.

»Yes«, kam die Antwort zehn Sekunden später.

»Hübsch, hübsch!«, schrieb Anna sofort zurück. Jetzt war es langsam auch egal, wer wann und wie schnell antwortete.

»Normalerweise mach ich nur die Texte«, schrieb Simon.

»Cool«, antwortete Anna. Zuerst hatte sie »Nice« geschrieben, aber das kam ihr plötzlich zu aufgesetzt vor. Und mehr fiel ihr einfach gerade nicht ein.

Während der erste Mord geschah, klickte Anna sich noch einmal in Ruhe, nicht wie in dem schnellen Durchgang vorhin im Bus zurück nach Hause, durch Simons Facebook-Profil. »Texter«, stand neben seinem Foto. Auf dem Bild blickte er schräg zur Seite, er saß an einem Schreibtisch, und es sah so aus, als hätte er das Bild nicht mit dem Handy, sondern mit der Computer-Kamera aufgenommen. Anna versuchte, den Hintergrund zu erkennen, der vermutlich Simons Wohnung war. Was sie sehen konnte, sah schön aus.

Ihr Telefon brummte.

Statt einer Antwort von Simon kam diesmal eine Nachricht von Tom, dem Journalisten. »Was haben Sie gestern um 23 Uhr gemacht?«

Anna lächelte.

Eben hatte die Kommissarin sich im Fernsehen über den traumatisierten Ehemann der Ermordeten gebeugt und genau diesen Satz gesagt.

»Der blöfft!« schrieb sie Tom zurück.

Ab und zu traf sie sich auf diese Weise per Zufall mit Tom zum gemeinsamen Fernsehen: Er in seinem Hotelzimmer wo auch immer und sie zu Hause. Manchmal blieb es bei ein, zwei SMS. Manchmal, wie heute, ging es ewig hin und her, ohne dass sie großartig über etwas anderes als über die bemühten Witze der Kommissare und den vorhersehbaren Täter sprachen.

Manchmal kochten Anna und Tom auch, während sie sich schrieben. »Zusammen« tranken sie ein Glas Wein, sprachen über seine Artikel oder ihre Projekte, über ihre Eltern, seine Freunde oder auch nur darüber, was sie gerade anhatten oder wie sie geschlafen hatten. Ein Hauch Flirten war immer dabei, jedenfalls waren die Details, die sie aus ihrem Alltag teilten, eigentlich viel zu intim, dafür dass sie sich erst zwei Mal bei irgendwelchen Veranstaltungen gesehen hatten. »Hast du die gestreifte oder die gepunktete Pyjamahose an?«, fragte Tom. »Punkte«, schrieb Anna. »Und wie viel Bier stehen diesmal noch in der Minibar?«, lautete ihre Gegenfrage.

Während Anna und Tom chatteten, klickte Anna oft noch einmal Toms Profilfotos durch. Sie fand ihn attraktiv: blonder Stoppelbart, lässige Jacketts, gute Turnschuhe und eine ausgesprochen gute Brillenauswahl. Tom wiederum war jedes Mal der Erste, der jedes neue Foto, das Anna hochlud, mochte. Jedes Mal schrieb er ihr extra eine Nachricht, in der er ihr Lächeln oder ihre vom Urlaub braune Haut oder irgendein anderes Detail lobte. Und Anna tat dasselbe mit seinen Texten.

Doch egal, wie intensiv ihr Kontakt auch war: Irgendwann tauchten Anna und Tom wieder ab. Ebenso unangemeldet, wie sie sich getroffen hatten, trennten sie sich auch wieder. Mal für ein paar Stunden, für ein paar Tage oder auch für ein oder zwei Wochen. Tom fuhr immer in der Welt herum, er war auf Reportage oder im Urlaub unterwegs oder kombinierte beides. Immer aber schickte er Anna von dort Bilder von seinen Lieblingsorten. Landschaften und Gesichter aus Indien, Südafrika oder Brasilien flatterten in ihren Maileingang oder auch Bilder vom Bodensee, aus Wien oder Prag. Es war nie ganz klar, ob Tom dort alleine herumreiste, das Thema Beziehung klammerten sie komplett aus, abgesehen von abstrakten Fragen, die manchmal auftauchten, wenn sie über Dritte sprachen.

Tom und Annas eigene Beziehung, falls man bei dem merkwürdig verbindlich-unverbindlichen Kontakt überhaupt davon sprechen konnte, blieb jedenfalls undefiniert. Sie war keine Freundschaft, aber auch irgendwie nichts anderes. Tom war in Annas Alltag zwar nicht präsent, gleichzeitig lief er aber die ganze Zeit eng neben ihr her. In wichtigen Momenten kamen Anna immer wieder Sätze in den Kopf, die Tom gesagt hatte, manchmal ernste oder auch nur irgendein Quatsch, den er ihr erzählt hatte.

Tom war ihr alles andere als unwichtig.

★

Pünktlich zum Wochenanfang, an dem Montag nach dem Wochenende, an dem sie sich kennengelernt hatten, begann Simon Anna jeden Morgen eine E-Mail zu schicken. Wie bei einer Art Abo, das Anna scheinbar ebenso automatisch wie unbemerkt abgeschlossen hatte, fand sie nun jeden Morgen einen YouTube-Link zu einem Song in ihrem E-Mail-Eingang. Entweder war die Nachricht nachts um drei abgeschickt worden oder morgens ganz früh, jedenfalls immer, bevor Anna aufstand. Eines der Brummgeräusche die ihr iPhone seitdem aus ihrer Morgenrunde im Bett fischte, war jetzt also immerhin schon mal ein freundliches: Simons Song für den Tag.

»Hoffe, du hast einen guten Morgen!«, »Ich wünsche dir einen wunderbaren Tag«, »Genieß die Sonne« oder irgendein anderer netter Satz zum Wetter oder zum Wochentag begleitete jeden Tag den Link, ab und zu stand davor noch eine erklärende Zeile über das Lied: »Heute mal ein Klassiker«, »Einfach nur genial«, »Von einer der großartigsten Bands aller Zeiten«, »Schrammelig, aber macht gute Laune«, »Ausnahmsweise mal nicht auf den Text hören«, »Wahnsinnige Wortspiele«, »Traurig, aber unendlich schön«, »Enjoy«.

Nur, wenn Simon die Mail von unterwegs (wie Anna mutmaßte) schrieb, was meistens nachts geschah, stand unter dem Link, mit ein wenig Abstand, noch eine zweite Zeile: Das standardisierte »Von meinem iPhone gesendet« schrieb Simon dann immer in »Von deiner Jukebox gesendet« um.

Insbesondere diese Kleinigkeiten fand Anna schön. Simon

war aufmerksamer als jeder Mensch, den sie bisher getroffen hatte. Auch Marie war von den ersten E-Mails, die Anna ihr zur Begutachtung kommentarlos weitergeleitet hatte, begeistert. Insbesondere von der Musik. Denn ungeheuerlicherweise führten Simons Links fast ausschließlich zu Liedern, die Anna und Marie auch am liebsten hörten.

Es waren genau die Lieder, die sie am meisten berührten.

★

Hektisch wischt Anna durch ihre E-Mails hindurch. Sechs neue Nachrichten mit dem blöden kleinen Punkt links daneben, der sie als neu kennzeichnet. Anna verbindet eine Hassliebe mit diesen Punkten: Wenn keine da waren, war sie irgendwie enttäuscht, aber wenn sie auftauchten, wurde sie gleich nervös, ganz egal, wer der Absender war.

Anna scannt nur die Namen der Versender: drei unbedeutende Newsletter, ein Gruß von ihrem Vater, eine E-Mail von Caro und eine von Hans, der ihr ein Bild angehängt hat. Anna öffnet die Nachricht. »Viel Erfolg heute – Dein H.« Auf der angehängten Bilddatei liegt ausgestreckt auf einer Chaiselongue eine nur in einem weißen Hemdchen und einem um die Hüfte gewickelten Tuch bekleidete Frau, die sich auf ihren Arm stützt und ernst zum Maler blickt. In unglaublicher Direktheit bohrt sich der Blick der jungen Frau, die ein bisschen so aussieht wie Scarlett Johansson ohne Make-up, in den Betrachter. Anna lächelt. Hans schickt ihr ständig irgendwelche abfotografierten Bilder, Gemälde, die er in Ausstellungen oder Büchern sieht. Es sind längst nicht alles nackte Frauen. Manchmal sind es Landschaftsaufnahmen, manchmal Personen oder auch Stillleben. Nie schreibt Hans irgendeinen Kommentar zu den Bildern. Aber Anna versteht es auch so: Sie erinnern ihn an sie.

Nachdem Anna und Hans sich auf der Betriebsfeier im letzten Sommer nach einem stundenlangen Gespräch weit abseits von der Kollegenmasse geküsst hatten, war Anna Hans für einige Zeit mit Distanz begegnet. Wie eine Mimose hatte sie sich nach Wochen, in denen sie auf seine Flirtversuche immer eingegangen war, sie alle eindeutig zurückgespielt und noch angeheizt hatte, zurückgezogen. Hans' älteste Tochter war nur ein paar Jahre jünger als Anna, und Hans' Frau, die Anna einmal in der Agentur über den Weg gelaufen war, hatte ausgesprochen sympathisch auf sie gewirkt. Irgendwie konnte das alles nur in einem schrecklichen Chaos enden.

Zwei Nächte lang konnte Anna nach dem Fest deshalb nicht schlafen. Und dass Hans ihr in der Woche danach ständig SMS aus seinem Familienurlaub schrieb, machte es nicht besser. »Ich träume von dir«, lautete die letzte Nachricht, auf die sie nicht mehr antwortete. Nicht, weil sie Angst vor ihm hatte. Anna hatte Angst vor sich selbst. Denn sie mochte Hans wirklich sehr. Er versprühte eine Art von Ruhe, die Anna bei niemandem ihrer gleichaltrigen Freunde gespürt hatte, und gleichzeitig eine völlig wache, jungenhafte Begeisterung für seine Arbeit, die Anna komplett teilte. Wann immer sie über neue Projekte sprachen, entstand eine Energie zwischen ihnen, eine Leidenschaft für die Sache, die weder sie noch er steuern konnten.

Es brauchte ein paar Wochen, bis Anna verstand, dass Hans, wenn er schrieb, dass er von ihr träumte, wirklich nur von ihr träumte und sie nicht aus ihrem Leben reißen wollte. Und dass auch sie, obwohl sie von ihm hingerissen war, sich irgendwie nicht vorstellen konnte, ihn eines Tages einfach mit zu Marie und Caro zu nehmen, um ihn zwischen ihren Verabredungen zu *Germany's next Topmodel* und einer gemeinsamen Feier zum bestandenen Examen als ihren neuen Freund zu präsentieren. Es passte einfach nicht. Weshalb Anna mit niemandem über

Hans sprach. So etwas konnte man ja schließlich niemandem erzählen. Nicht einmal Marie leitete Anna seine E-Mails weiter, auch, wenn ihre Dialoge manchmal so schön waren, dass sie sie gern geteilt hätte. Wenn überhaupt, ging es andersrum: Hans bekam E-Mails von Marie. Denn Anna wollte, dass Menschen aus ihrem engsten Kreis einander kannten. Wenigstens von weitem.

Unwillig löst Anna sich von dem meditativ-hypnotischen Gemäldeblick. Die Mail von Caro öffnet sie noch nicht einmal. Caro hat seit Wochen extremen Stress mit ihrem Freund und schreibt Anna regelmäßig ellenlange E-Mails über ihre Zerrissenheit und die Verfahrenheit der Situation. Caros Freund erdrückt sie mit Liebe und Eifersucht, was Caro wiederum wahnsinnig macht. Wenn es so weitergeht, gibt Anna den beiden höchstens noch einen Monat. Obwohl sie eigentlich ein schönes Paar sind. Anna ist nur dankbar, dass Caro ihr den neuesten Stand immer per E-Mail schickt und nicht direkt anruft, so kann sie sich selbst aussuchen, wann sie antwortet. Jetzt gerade kann sie zumindest nicht darauf reagieren.

Aus den Augenwinkeln sieht Anna, dass Ulla ihre Ticketrecherche beendet hat. Stumm blättert sie durch ihren Museumsführer. Anna legt ihr Handy weg. Obwohl sie ständig zerschossen werden: Sie muss ihre Top Drei wieder finden. Denn auch wenn Ulla vielleicht denkt, dass Anna es nicht bemerkt: Sie spürt Ullas Wut. Durch die Stille hört sie sehr wohl, was Ulla sich jetzt wünscht. Nämlich, dass Anna endlich ihr Telefon weglegt und ihr einfach zuhört, voll da ist, sich mit ihr befasst. Und das nicht nur auf dieser Zugfahrt, sondern eigentlich ständig.

Doch Anna kann das nicht. Wann immer sie den Druck, und vor allem: das Bedürfnis spürt, sich um Ulla zu kümmern, sie anzurufen oder Zeit mit ihr zu verbringen, kommen tausend wichtige Dinge dazwischen, und Ulla rutscht wieder nach hinten auf der Prioritätenliste.

Und das, obwohl sie eigentlich ganz oben steht.

★

»Bitte werfen Sie eine Münze ein! Bitte werfen Sie eine *Münze* ein!«, plärrt es plötzlich von irgendwo her.

Markus, Anna und Ulla zucken zusammen. Panisch greift Markus zu seinem Handy und drückt den Anruf weg. Anna lacht. Sie hatte nicht gewusst, dass es den penetranten Spruch des Automaten, der einen auffordert, seine persönliche Glücksmelodie herauszufinden und der sich eher anhört wie »Mitte merfen Fie eine Mümfe ein!«, auch als Klingelton gibt. Und schon gar nicht hätte sie erwartet, dass die olle Nokia-Gurke, das Einzige, was an dem Julian-Mann gegenüber überhaupt nicht ins Bild passte, fähig war, einen dermaßen komplexen Klingelton von sich zu geben. Fast wollte Anna fragen, woher er ihn hatte, aber dafür sah er zu gestresst aus.

»Entschuldigung«, murmelt Markus, fahrig klickt er sich zu Lenas Handynummer durch. Er könnte Julian erwürgen. Nicht nur hat Julian die Angewohnheit, alle Arbeitsanrufe auf Diktatorenbilder umzuschalten. Wenn er allzu gut gelaunt war und Markus' Handy ein bisschen zu lange in die Hände bekam, änderte er gerne auch noch den Klingelton für sämtliche andere Anrufer. Manchmal war es wirklich einfach nicht mehr lustig.

Markus ruft Lena vom Platz aus zurück. Er muss die Präsentation fertig machen, auf den Gang zu gehen, würde viel zu viel Zeit kosten.

»Warum drückst du mich weg?«, herrscht Lena Markus anstelle einer Begrüßung an. Sie klang richtig wütend.

»Tut mir leid, das war nicht extra«, murmelt Markus leise,

er dreht sich fast in seinen Mantel, den er an den Haken am Fenster gehängt hat. Draußen rast die Landschaft vorbei.

»Okay …?«, sagt Lena, als würde sie ihm kein Wort glauben.

Markus lässt die Sekunden der Stille, in denen er sich umständlich hätte erklären können, vorbeiziehen.

Lena seufzt.

»Ich wollte dir auch nur sagen, dass wir den Brunch jetzt auf Samstag verschoben haben«, informiert sie ihn kühl. »Also kannst du doch auch dabei sein, wenn du magst.« Es klingt nicht wie eine nette Einladung, sondern wie ein riesiger Vorwurf.

Irgendwas ist wieder falsch, denkt Markus, irgendwas hat er wieder einmal versaut. Er weiß nur nicht, was.

»Okay, ja«, sagt er.

»Wie: ja?«, fragt Lena aggressiv.

»Na ja: Ja. Also: gut. Also: Schön, ja, ich komme«, antwortet Markus mit aufmunternder Stimme.

Lena sagt nichts.

»Na, *dann* ist ja gut«, antwortet sie nach ein paar Sekunden. Es klingt sarkastisch.

»Du, ich ruf dich später noch mal an, ja?«, flüstert Markus besänftigend in seinen Mantel hinein.

»Wie bitte?«, ruft Lena scharf, »Du, ich *höre* dich einfach nicht, wenn du so flüsterst, Markus, es ist mir dann *unmöglich*, dich zu verstehen.«

»Ich rufe dich wieder an, ja?«, sagt Markus etwas lauter. Ihm ist es furchtbar unangenehm, am Tisch zu telefonieren.

»Okay«, sagt Lena nüchtern.

»Bis dann, ja?« Markus spricht jetzt, so lieb er kann. »Tschü-üß.«

»Tschüß«, sagt Lena knapp und legt sofort auf. Es tutet in der Leitung.

Markus atmet aus.

Das Mädchen von gegenüber tut ihr Bestes, um zu verstecken, wie sehr sie ihn angeglotzt und jedes Wort seines Telefonates mitgehört hat. Es klappt nicht. Markus klickt sich im Telefon zu den Einstellungen durch. Dieser Klingelton muss sofort verschwinden.

»Mitte merfen Fie eine Mümfe ein! Mitte merfen Fie –«, beginnt das Telefon im selben Moment wieder zu krakeelen. Markus würgt Lena sofort wieder ab. Genervt kämpft er sich zum Gang vor. »Entschuldigung«, murmelt er und quetscht sich am mobilen Brezelverkäufer, der gerade seine Tour beginnt, vorbei.

Hektisch wählt Markus Lenas Nummer. Sie nimmt sofort ab.

»Hast du mich jetzt etwa wieder aus Versehen weggedrückt?«

»Nein, Quatsch!«, sagt Markus, als er die Tür zum Gang erreicht. »Julian hat nur wieder den Klingelton verändert, das war mir peinlich«, er versucht zu lachen. Meistens findet Lena Julians Scherze viel lustiger als Markus selbst.

»Dir ist es also *peinlich*, wenn ich anrufe?«, fragt Lena in aufgesetzter Ungläubigkeit. Sie weiß genau, dass sie jetzt unfair wird.

»Nein, nein, so meinte ich das doch nicht!«, beeilt sich Markus, sie zu beschwichtigen. Er steht nun wieder am Fenster der Zugtür. Durch das ovale Fenster sieht er die Felder vorbeirauschen.

»Und sag mal, nur so aus Interesse, ja?«, jedes von Lenas Wörtern klingt nun noch spitzer als das vorherige. »Liest der Typ eigentlich auch all unsere Nachrichten, wenn er schon ständig dein Handy klaut, oder wie sehr hast du da eigentlich noch die Kontrolle drüber?«

»Süße, beruhig dich«, Markus wechselt das Ohr, um sich am Griff neben der Tür festzuhalten. »Ich sag ihm, dass er das einfach lassen soll, weil wir den Witz jetzt begriffen haben, und dann wird er damit aufhören, okay?«

Lena antwortet nicht. Stumm rauscht es in der Leitung. Sie schweigt.

Markus hört sie noch nicht einmal atmen. Nur das Zuggeräusch ist zu hören. Und, immer lauter, lähmender: die Stille.

Markus dreht sich um. Max Mustermann, liest er auf der riesig kopierten Bahncard auf dem Plakat. Da ist er also wieder.

»Du-u, Lena?«, fragt Markus, so vorsichtig und so nett er kann, die Uhrzeit, die er auf der elektronischen Anzeige über der Werbetafel sieht, macht ihn nervös. Er hat nicht mehr viel Zeit, um die Präsentation vorzubereiten. »Hattest du eigentlich noch was Dringendes?«

Lena schweigt immer noch.

»Ist was mit Timmi?«, fragt Markus besorgt, obwohl er weiß, dass Lena in diesem Fall sofort etwas gesagt hätte.

»Nein«, stürzt es aus ihr heraus, »du warst nur so ... komisch eben, da musste ich irgendwie noch mal anrufen«, ihre Stimme klingt nun plötzlich eher matt und schwach als böse.

»Wie, komisch?«

»Na ja, du warst so ... so ... *abgehackt* eben am Telefon ...«, sagt sie bestürzt.

»Aber das war doch nur, weil ich da mit tausend Leuten im Abteil saß«, versichert Markus ihr schnell. Mit seinem Zeigefinger zieht er die Buchstaben auf der riesig kopierten Bahncard nach.

»... und in der Mail warst du auch schon so abgehackt.«

»Welche Mail?«, fragt Markus irritiert. M-A-X, schreibt er die Unterschrift mit.

»Na, die mit den Flugzeiten.« Lenas Stimme gleicht langsam, aber sicher nicht mehr der einer Furie, sondern der von Timmi, wenn er kurz vorm Heulen war.

»Aber da stand doch gar nichts drin!«

»Ja, *eben*«, sagt Lena. Ihre Stimme ist ganz brüchig.

»Ach, Lena«, seufzt Markus in einer Mischung aus Mitleid und Genervtheit. Matt fällt seine Hand vom »M« von Mustermann hinunter. Er dreht sich zum Fenster. »Das war doch nur ...«

»Was soll das heißen, ›Ach, Lena‹!?«, braust Lena aus dem Nichts mit einem Schwall ungeahnter negativer Energie auf. »Wenn ich dir schreibe, schreibe ich dir doch auch immer was dazu, *immer*! Das ist doch *normal*!«

Markus hält sich das Telefon ein kleines Stück vom Ohr weg.

»... und auch wenn ich dir nur eine bescheuerte Nummer weiterleite, dann würde ich doch immer etwas dazuschreiben, *immer*, egal was, egal wie klein es wäre, es geht doch nur um die Geste, einfach um ein Zeichen, dass man sich wichtig ist und dass das nicht so *formal* klingt, es geht doch nur um den *Tonfall*, das ist alles!«

Markus schaut auf seine Schuhe. Er wiegt ein bisschen auf und ab. Demut, denkt er. Einfach vorbeiziehen lassen.

Lena holt Luft.

»... und ganz besonders wenn ich es *sechsmal* vergessen hätte, weißt du, dann würd ich aber noch viel sicherer was Nettes dazuschreiben, und zwar *ganz* sicher!«

»Lena«, springt Markus in ihren Satz ein, »Lena, ich hab echt wenig Zeit eben gehabt, ich ...«

»Dann *nimm* sie dir!«, donnert Lenas Stimme durch die Leitung.

Markus schweigt.

»Ich bin deine *Frau* und nicht deine *Sekretärin*, okay? Und sogar *der* würde man ja wohl noch einen netten Gruß mit hinschreiben!«, ruft sie hysterisch.

Markus blickt von seinen Schuhen auf. Langsam wird auch

er wütend. »Also, ich weiß nicht, was das jetzt soll«, sagt er so sachlich wie möglich, »aber ich glaub, in jedem Fall ist es jetzt besser, wenn wir erst mal auflegen. Ich hab es nicht böse gemeint, ich bin hier mitten in meiner Präsentation mit all den Leuten im Zug, und du solltest wissen …«

»Was haben denn die Leute im Zug damit zu tun?«

»… und du solltest wissen, wie sehr ich mich freue, wenn wir uns hören, aber wenn ich dir nur irgendwelche bescheuerten Flugdaten oder Telefonnummern schicke, dann kann es mir passieren, dass ich es kommentarlos tue. Nächstes Mal schreibe ich dir was dazu, versprochen.«

Sie schweigen nun beide.

»Hm«, macht Lena. Sie scheint nicht überzeugt.

Markus weiß genau, was sie jetzt denkt. Was er gesagt hat, ist nämlich eigentlich auch wieder falsch gewesen. Es nützte nichts, einfach das zu tun, was Lena wollte. Man musste die Dinge schließlich *freiwillig* tun. So wäre es ja wie bestellt, wenn er nächstes Mal etwas schreiben würde. Lena würde ihm vorwerfen, dass er es gar nicht selbst gewollt, sondern nur ihr zuliebe getan hätte, und es deshalb nicht von Herzen käme. Sie waren schon tausend Mal an diesem Punkt angekommen, von dem aus man sich eigentlich nur noch im Kreis drehen konnte. Und doch, so wusste Markus, war das Versprechen, sich in Zukunft zu ändern, die beste Strategie, der einzige Ausgang aus dieser Art von Sackgassen.

Lena schweigt.

»Okay?« Markus verlagert das Gewicht von einem Fuß auf den anderen. Er fährt sich durch die Haare. »Okay? Versprochen, versprochen, versprochen«, sagt er.

»Okay«, sagt Lena wenig überzeugend.

Markus schweigt.

Neben ihm zieht umständlich der mobile Brezelmann vorbei.

»Ist gut«, sagt Lena nach einigen langen Sekunden. Sie klingt überzeugter. Markus atmet auf. Sie standen nun zwar immer noch in der Sackgasse, aber immerhin hatten sie den Wagen zusammen drehen können. Und der Weg vor ihnen war wieder frei.

»Gib Timmi einen Kuss von mir, wenn du ihn abholst, ja?«, sagt er.

»Mach ich.« Markus meint, kurz so etwas wie ein Lächeln aus ihren Worten herausgehört zu haben.

Nachdem sie aufgelegt haben, steht Markus noch einen Moment da. Er sieht aus dem Fenster. Wie das letzte Mal, als er hier telefoniert hat, überkommt ihn die Erschöpfung ganz plötzlich. Wie aus dem Nichts erfasst sie jede Pore seines Körpers. Mit der Hand tastet er seine Hosentasche ab. Der Glücksstein ist da. Der kleine Kiesel, den Timmi auf Sylt mit seinen roten und blauen Buntstiften bemalt hat, ist immer dabei, wenn er auf Reisen geht.

»Er hat geheime Kräfte«, hatte Timmi ihm auf der Insel ins Ohr geflüstert. Und Markus glaubte ihm sofort.

★

Anna ist sich nicht ganz sicher, aber sie meint eben, als der Mann gegenüber sich bei seinem Psychotelefonat die Haare gerauft hat, einen Ehering an seinem Finger gesehen zu haben.

Dann ist es vielleicht seine Frau gewesen am Telefon.

Auf jeden Fall ist es *eine* Frau gewesen. Wenn Männer bei irgendwem in eine so hohe Kindersingsangstimme verfallen, dann nur bei Frauen. Und nur für sie stürzen sie auf den Gang, um ungestört zu telefonieren.

Anna kaut auf ihrer Lippe herum. Jetzt, wo der vermutliche Julian so plötzlich aufgesprungen ist, hat sie einen freieren Blick auf seine Unterlagen. Neben vielen Ausdrucken von Screenshots liegt der Zettel von vorhin, der mit dem Pfeil und dem geschwungenen Julian-J. Sie kneift die Augen zusammen, über Kopf liest sie das Wort das darunter steht: Lemmermann.

Kurz überfliegt Anna noch schnell die Mail an den Kunden von nachher, setzt ihre Chefin in CC und schickt die E-Mail ab. Zielsicher findet ihre Geisterhand das Facebook-f.

★

Schon auf der ersten Zugfahrt nach dem Urlaub, auf dem Weg in die Psychoklinik, wusste Markus, dass er mit seiner fatalen Vorahnung im Auto rechtbehalten würde. Spätestens, als er den Bahnhof betrat, als er in die ekelhaft vertrauten Gerüche, die seinen Alltag ausmachten – die artifiziellen Croissantduftstoffe bei *Le Crobag*, die fettigen Pizza-Schwaden, die der *Ditsch!*-Stand und jeder Mensch, der von dort etwas zum Mitnehmen kaufte, verströmten, und der Geruch von Kaffee aus Bechern, die ihren Dampf in die Gleisabschnitte atmeten –, eintauchte, wusste er, dass er sich hier, in dieser Nicht-Welt von Zügen und Abfahrtszeiten, inmitten all der anderen Rollkofferklischeemenschen, die auf dem Gleis froren, wieder verlieren würde. Er würde sich wieder verfransen in diesem Nomadenleben, würde das Gefühl für sich, für sein Zuhause, für seinen Mittelpunkt verlieren.

Denn in Wirklichkeit, so wurde ihm schlagartig klar, war der Besuch auf der Hütte gar keine grandiose Wiedersehensfeier mit seinem eigenen Ich gewesen. Genauso wie die Zeit auf Sylt würde seine große Selbstfindung zu ein paar schönen vorbeigezogenen Momenten verblassen. Genau wie das Gefühl, zusammen mit Timmi und Lena auf einer sicheren Insel zu sein, nur funktionieren würde, wenn sie wirklich auf einer sicheren Insel waren, würde nichts davon bleiben. Außer einer fernen Erinnerung.

Denn hier in der Stadt teilte sich die Welt sofort wieder in tausend verschiedene Bühnen. Lena und er schlüpften wieder in ihre Rollen, sie hier mit Timmi in ihrer Welt und er da draußen, verheddert, in seiner. Man würde diese Welten wieder nicht mehr miteinander verknüpfen können. Zumindest nicht auf Dauer. Wenn sie sich trafen, dann immer nur zu einem Zwischenspiel, bei dem sie gerade einmal ähnliche Rollen hatten und deshalb für ein, zwei Szenen auf derselben Bühne standen. Bis sie abtraten und wieder getrennte Stücke spielten.

Markus sah alles vor sich: Die latenten Vorwürfe, von ihm wie von ihr, die trotz ihrer so unterschiedlichen Rhythmen immer die gleichen waren: »Wenn du auch nur mal für einen Tag mein Leben leben würdest.« – »Wenn *du* auch nur mal *einen* Tag *meinen* Alltag hier erfahren könntest.« Zuerst ganz oft und dann immer seltener würden sie sich diese Sätze an den Kopf werfen, bis sie damit aufhörten, weil sie sich oberflächlich damit abfanden, fern voneinander zu sein. Und um Streit zu vermeiden, wenn Timmi dabei war.

Verzweifelt versuchte Markus, diese Gewissheit zu verdrängen und nicht an all die ungeteilten Welten, all die Schichten von Erlebnissen und Menschen zu denken, die sich zwischen sie drängen würden. Dass es dieses Mal vor allem eine Welt, eine Schicht und ein Mensch sein würde, konnte er zu diesem Zeitpunkt noch nicht ahnen.

★

Anna stützt sich mit den Schienbeinen gegen den Vierertisch. Sie dreht eine Haarsträhne an ihrem Zeigefinger auf. Es gibt keinen Julian Lemmermann bei Facebook. Und bei der Google-Suche kommen immer nur diese abstrusen *123people*- und *yasni*-Einträge, die Anna noch nie kapiert hatte. Sackgasse. Dabei ist sie sich sicher, dass der Typ gegenüber irgendwas macht, bei dem es eine Website gibt und auf der man schnieke Fotos von ihm sehen und mehr über ihn erfahren kann.

Sie setzt sich wieder auf. Ulla ist über ihrem Buch eingenickt. Ihr Kopf, auf dem die Lesebrille sitzt, schwankt über ihrem Hals. Immer wieder richtet sie ihn auf, immer wieder kippt er hinunter. So wie früher, wenn Ulla vor Anna auf dem Beifahrersitz im Auto eingeschlafen war. Leise legt Anna ihr Telefon auf den Tisch. Sie sieht Ulla an und lächelt. Jetzt erinnert sie sich wieder: Früher war ihre Mutter auch immer gleich eingeschlafen, sobald sie im Zug saßen. Damals hatte Anna sofort Terror gemacht und sie geweckt, weil ihr sonst langweilig wurde und sie nicht still sitzen wollte. Oder wenn, dann nur um »Ich sehe was, was du nicht siehst« zu spielen.

Heute ist es genau andersherum. Anna ist erleichtert, wenn Ulla schläft.

Endlich kann sie Simons Musik hören.

*

Simon hatte sich verhältnismäßig lange in Annas Aufmerksamkeitszentrum aufgehalten. Zwei Wochen, so lange hatte er nach dem Flohmarktwochenende gebraucht, um Anna nach einem richtigen Treffen zu fragen.

»Halleluja, dass wir das noch erleben dürfen«, schrieb Marie nüchtern, als Anna ihr Simons SMS, in der er ein Kochdate bei sich vorschlug, weiterleitete.

Auch Anna war zunächst eher genervt von der Einladung, als dass sie sich freute. Zwar war sie die letzten zwei Wochen viel unterwegs gewesen. Aber wenn Simon sich angestrengt hätte, wäre ein Treffen in jedem Fall zustande gekommen.

Trotzdem sagte Anna sofort zu. Simon faszinierte sie nach wie vor. Und vor allem wollte sie endlich verstehen, wie er tickte. Schließlich hatte sie seit zwei Wochen mit niemandem so viel Kontakt wie mit ihm. Ständig hatte Simon ihr nette Nachrichten geschickt, hatte ihr schöne Morgen, tolle Starts in den Tag, viel Energie bei der Arbeit, wundervolle Abende, gute Nächte und süße Träume gewünscht und ihr vor allem liebe Grüße und Smileys ohne Ende geschickt. Nur angerufen und nach einem Treffen gefragt hatte er nie. Selbst als Anna und er eines Nachts in einem ihrer ständigen Chats die besten Spaziergehrouten der Stadt erörtert hatten, er im Gegensatz zu ihr nicht den See, sondern den Stadtpark verteidigte, und es förmlich danach schrie, Anna zu einem Spaziergang einzuladen, tat Simon nichts. Außer ihr am Ende süße Träume zu wünschen.

»Wen du in dieser Zeit schon alles kennengelernt haben könntest!«, hatte sich Marie schon in der ersten Woche über Simon aufgeregt. »Checkt der denn nicht, dass dich jederzeit jemand anderes wegschnappen könnte?«, hatte sie gewettert. »Der soll jetzt endlich mal 'ne Ansage machen, der Typ!«

Anna hatte abgewartet. Eigentlich war sie sowieso zu beschäftigt, um über Simon nachzudenken. Und sie wusste ja auch selbst nicht, was sie wirklich von ihm wollte. Eigentlich war er ihr ein bisschen zu dürr. Und zu undurchsichtig. Zu melancholisch. Denn außer, dass er Anna total liebe SMS schrieb, wirkte er ein bisschen eigenbrötlerisch. Er schrieb oft von seiner Katze, schickte Fotos von ihr auf dem Fenstersims, und beschrieb, wenn er Anna eine seiner 3-Uhr-nachts-Musikmails schickte, gerne einmal Absätze lang nur die Stille in den Straßen draußen. Anna mochte Simons Art zu schreiben. Aber irgendwas daran machte sie auch einfach nur komplett nervös.

Das Schwanken zwischen Skepsis, Ungeduld und Faszination, das Simon in ihr auslöste, verließ Anna auch das gesamte Kochdate über nicht. Unbeholfen begrüßten sie sich im Türrahmen. Anna drückte Simon den Rotwein, den sie mitgebracht hatte, in die Hand. Wie bei ihrem ersten Treffen wurde Simon rot. Es sah ganz süß aus, fand Anna auch dieses Mal.

Hilflos stand er nach einer kleinen Wohnungsführung im Flur. Seine Katze streifte ihm um die Beine. Wie ein schwarzer Tiger schlich sie leise wieder davon.

»Äh«, sagte Simon und fuhr die feinen Haare am Rand seiner Stirn mit der Hand ab. »Ich hole dir Pantoffeln!«

Mit zwei hübschen grauen Schühchen kam er zurück. Es waren dieselben, die auch er anhatte, von Mujis, nicht die mit den weißen Streifen, sondern die in ganz schlichtem Grau. Vermutlich weil Marie sie auch trug, hatte Anna gedacht, sie seien nur für Mädchen. Aber in Japan war ja irgendwie sowieso alles unisex.

Simons Wohnung war wunderschön eingerichtet. An der Wand hingen große Zeichnungen von ihm, noch mehr Vögel, Mädchen, fein verästelte Bäume. Poster von Fotos, die er gemacht hatte, aus verschiedenen Städten und einige Jim-Jarmusch-Filmplakate. Die Wohnung war wie Simon: durch und durch ästhetisch.

Doch so wohl sich Anna in Simons Wohnung fühlte, so unwohl fühlte sie sich mit ihm selber. Die Stimmung lockerte sich erst ein bisschen, als Anna den Wein öffnete. Und auch dann erst beim dritten Glas. Die Kluft zwischen all dem Gesimse und Geschreibe während der letzten zwei Wochen, der Intimität, die die Lieder und Simons Philosophieren über die nächtliche Stadt, die melancholische Stimmung am Sonntagnachmittag als solche ausgelöst hatten und diese Eins-zu-eins-Situation an seinem Küchentisch, in der sie sich jetzt befanden und in der er ihr noch nicht mal richtig in die Augen schauen konnte, schien plötzlich unüberbrückbar.

Wie immer in solchen Situationen schaltete Anna auf Alleinunterhalter. Sie textete Simon über ihren Job und ihre

Selbstzweifel beim nächsten Projekt zu, besuchte mit ihm sämtliche Stationen ihres Lebenslaufes und trank viel zu schnell viel zu viel Rotwein. Akribisch schnitt Simon währenddessen mit einem stylishen Gemüsehobel auf einem Brettchen Zucchini, Birnen und Parmesan auf. Ihr hatte er verboten zu schnippeln, es schien alles schon bis ins Kleinste durchdacht und vorbereitet zu sein. Anna fand diese Perfektion irgendwie spleenig.

Sie sah sich um. Alles blitzte vor Sauberkeit. Simon hatte ein riesiges Regal voller vegetarischer und veganer Kochbücher, und er war perfekt mit sämtlichen Küchengeräten ausgestattet, deren Funktionen Anna teils nur erahnen konnte.

Die Gemüsetarte, die sie am Ende aßen, schmeckte trotzdem nur passabel. Anna mochte Dinkelteig nicht allzu gerne, und ihr fehlte der Speck, den sie wie ihr Vater immer in jedes Essen ballerte. Aber sie fand es beeindruckend, was Simon alles auf die Beine gestellt hatte und wie genau er seinen Veganismus befolgte. Sie fand es überhaupt beeindruckend, wie akribisch er auf alles achtete. Alles war geordnet, im Bad hatte Anna nur frische, wie in einem Einrichtungskatalog drapierte Utensilien gefunden. In der Dusche hing eines dieser Fensterputzerteile, mit denen man nach dem Duschen die Tröpfchen von den Duschwänden wischt, kleine Bambusstäbchen, die aus einem Gläschen mit Grüner-Tee-Essenz ragten, versprühten einen angenehmen Duft, Musik- und Designmagazine lagen auf einem sauberen Stapel neben dem Klo, und unter dem Waschbecken stand eine große Box mit Cremes, After-Shaves und Haarzeug. Alle Jacken, die im Flur hingen, sahen unglaublich geschmackvoll, heil und sauber aus. Und auch Simon selbst sah gut aus. Blass, aber genau so klar und ruhig wie beim ersten Mal.

Als Anna vom Klo kam, hatte Simon bereits alles abgeräumt, die Krümel vom Tisch gewischt und selbstgemachte

Vollkornzimtschnecken aufgetischt. Eine Kerze brannte in der Mitte des Tisches. Es war alles perfekt. Hätte Anna wie in einer Kochshow Noten verteilen müssen, hätte sie Simon eine glatte eins gegeben. Zumindest für die perfekte Abwicklung der Kochaction. Denn die Stimmung wurde trotz der mittlerweile vier Gläser Wein einfach nicht richtig locker.

Wie um immer ein Gespräch am Laufen zu halten und damit von der Situation abzulenken, verlor nun Simon sich im Reden. In Details seiner Kochrezepte und später, als Anna den Plan, aufs Sofa zu ziehen, schon längst aufgegeben hatte, in Berichten von Konzerten seiner Lieblingsbands.

»Die Live-Version von dem Lied, das ich dir gestern geschickt hab, das war der Hammer, da kriegt man richtig Gänsehaut«, schmunzelte er und wurde wieder rot. Simon schob sich die Haarsträhne aus dem Gesicht. Anna öffnete die zweite Flasche Wein. Irgendwie wurde sie immer nüchterner.

Es entwickelte sich einfach keine Dynamik. Zwar blickte Simon ihr jetzt öfter in die Augen, wenn er ihr etwas erzählte. Aber es gab keinerlei Würze in seinem Blick, kein Verlangen, wie Anna es von Hans, von Tom, von egal wem kannte, mit dem sie in den letzten Jahren ausgegangen war. Simon hörte einfach nur aufmerksam zu. Mit seinen großen feinen grünen Augen musterte er Anna aufmerksam, wagte aber ansonsten keine Witze, keine Komplimente, keine Fragen und die Andeutungen zu ihrem vielen Kontakt in den letzten zwei Wochen überging er komplett. Er war vor allem einfach nur eines: höflich.

Als Simon ihr den vierten Clip seines letzten Poetry Slams auf dem iPad vorgespielt hatte, wurde Anna plötzlich furchtbar müde. Sie mochte Simons verschwurbelte, poetische Texte, die er auf der Bühne vortrug. Es ging immer um Mädchen, die er mit verdrehten Metaphern detailreich beschrieb, unterwürfig und anhimmelnd, aber eben nicht platt. Es waren schöne Stücke. Und Anna bewunderte Simons Mut, sich einfach auf eine Bühne zu stellen und über irgendwelche unerreichbaren Frauen zu schwärmen. Doch die Texte waren alle traurig.

Genau wie Anna, die plötzlich nur noch nach Hause wollte. Sie hatte keine Lust, Simon auf seine verflossene Liebe anzusprechen. Denn niemand anderes konnte die Frau in seinen Gedichten schließlich sein als seine Ex-Freundin. Über die er ganz offensichtlich noch nicht hinweg war.

Freundschaft, entschied Anna sich und heftete den Abend innerlich unter diesem Wort ab.

»Ich glaub, ich muss langsam mal ins Bett«, sagte sie und lächelte höflich. Verlegen drehte sie am Stiel ihres Weinglases, in dem nur noch ein Schluck war, den sie sich für den Moment des Aufstehens übrig gelassen hatte. Sofort suchte Simon ihr auf dem iPad fürsorglich alle S-Bahn-Verbindungen heraus, ausgiebig erklärte er ihr den Weg zur Bushaltestelle. Anna stürzte den Wein hinunter. Schwankend streifte sie an der Wohnungstür die Pantöffelchen von den Füßen. »Danke«, sagte sie und lächelte höflich. Simon umarmte sie, kurz und körperlos. Er roch gut, aber seine Arme fühlte Anna kaum um sich, viel zu locker, zu gehemmt war seine Berührung, auf jeden Fall nicht leidenschaftlich.

Simon und Anna blickten auf den Boden.

»Tschüss, du, bis bald«, sagte Anna zur Katze, die sich um ihre Füße wand. Nicht etwa, weil sie der Typ gewesen wäre, der unbedingt mit Haustieren spricht. Sondern weil die Situation vor lauter Steifheit sonst für immer und ewig in der Zeit festgefroren wäre.

★

Markus kehrt an den Vierertisch zurück. Müde legt er sein Telefon auf die Papiere, er reibt sich die Augen. Die Frau gegenüber ist eingeschlafen, ihre Tochter hat sich mit Kopfhörern abgestöpselt und starrt gedankenverloren auf den Tisch. Der Zug würde gleich halten.

Markus schaut auf die Uhr. Halb elf. Jetzt wacht Eva langsam auf.

Er lächelt.

Auch wenn ihm die Zeit bis zur Präsentation davonläuft: Gleich würde er arbeiten können. Denn allein der Gedanke an sie gibt ihm Energie.

★

Seit dem verklemmten Abend schrieb Simon Anna noch mehr Nachrichten. Im Gegensatz zu Anna, für die eigentlich klar war, dass die Entwicklungskurve ihrer Beziehung nun eher nach unten abbiegen würde, ging seine offensichtlich weiter und steiler nach oben als je zuvor. Auf seine Art und Weise hängte sich Simon nun voll rein: Die Jukebox-Nachrichten waren jetzt jede Nacht oder jeden Morgen zusätzlich noch mit einem Zitat aus dem jeweiligen Lied versehen. Schon die erste, die Anna bekam, als sie nachts nach ihrem Date, oder wie auch immer man den Abend nennen wollte, auf ihrem Sofa saß, ein Ben & Jerry's aß, das sie noch gefunden hatte, und dabei ihre Verwirrung über den Abend mit je einer SMS an Tom und an Hans zu kompensieren versuchte, schickte Simon ihr noch einen »Gute-Nacht-Song«. Anna war gerade mit Marie am Telefon, die nicht schlafen konnte und ein Glück deshalb noch erreichbar gewesen war.

»Wenn er *alleine* mit dir *betrunken* und mit noch einer offenen Rotweinflasche auf dem *Bett* sitzt, dann *muss* er was tun, Anna«, regte sie sich auf. »Es geht ja nicht darum, dass er gleich über dich herfällt, aber halt schon um ein ... *Signal*!«

»Wir saßen nicht auf dem Bett, Marie, wir saßen noch nicht mal auf dem Sofa. Wir saßen in der Küche, stundenlang«, korrigierte Anna sie und leckte den Eisbecherdeckel ab.

»Ja, also wie auch immer, auf jeden Fall wolltest du keinen Kochkurs belegen und auch keine DJ-Schule besuchen, und du wolltest auch nicht seine gesammelten Ergüsse zu seiner verlorenen großen Liebe hören, sondern ihn doch eigentlich besser kennenlernen und da irgendwie ... 'ne *Verbindung* schaffen ...«

Anna kratzte ein großes Stück Keksteig aus dem Eis. Es war wie eine aufwendige kleine Operation, sie musste richtig hacken, um den klebrigen Brocken aus dem Eisberg zu lösen.

»Hm«, sagte sie.

»Ganz ehrlich? Für so was hast du keine Zeit!«, sagte Marie bestimmt.

Aus den Augenwinkeln sah Anna auf ihrem Notebook eine (1) in ihrem Posteingang.

»Moment!«, rief sie mit vollem Mund, der Karamellbrocken war größer und kälter als gedacht. »Er hat grad wieder was geschrieben.« Sie stellte den Eisbecher auf das Tischchen vors Sofa und zog den Bildschirm zu sich heran. »And I could see ...«, las sie langsam die Betreffzeile vor. Sie öffnete die Mail: «... for miles, miles, miles.« Darunter stand nur noch der Link zu dem Lied.

»Aha«, sagte Marie nüchtern. »Na dann.«

»Ach, ist ja jetzt auch egal«, murmelte Anna.

Sie war enttäuscht und wusste noch nicht einmal richtig, wieso. Aber Hauptsache sie war wieder zu Hause, ohne Katzen, ohne Küchengeräte, ohne Dinkel und Ex-Freundin-Phantomgedichten.

Als Anna zehn Minuten später im Bett lag, antworteten Tom und Hans fast zeitgleich. Tom schrieb, es wäre tausendmal lustiger, sich jetzt mit ihr zu betrinken als mit dem Kollegen aus dem Wissenschaftsressort in einer Bar festzuhängen.

»Schlaf gut, schöne Frau«, unterschrieb er.

Genau so wie Hans. Nur dass der noch sein altmodisches »Dein H.« dahinterhing, das Anna so sehr mochte, seitdem Hans es ihr schon nach ihrem allerersten Treffen unter seine Nachrichten geschrieben hatte. »Ich bin dir nun mal eben verfallen«, hatte er schulterzuckend geantwortet, als Anna ihn darauf ansprach. Er hatte beide ihrer Hände in seine genommen und sie festgehalten. »Ich bin dir verfallen, Anna, und das sollst du einfach wissen.«

Lächelnd schlief Anna ein.

In ihrem Zuhause, in ihrem Bett. In dem seit eineinhalb Jahren niemand mehr neben ihr eingeschlafen war.

*

Vielleicht gibt es ja auch gar kein Ziel mehr. Vielleicht ist unser Zuhausegefühl wie wir: aufgespalten, flexibel, sprunghaft, abgelenkt, nie richtig da, geschweige denn angekommen.

Vielleicht ist in Zeiten des Metropolenlebens eine Art Patchwork-Identität ja überhaupt der einzig passende Lebensweg. Denn wenn es bei uns, in der Metropole, nicht einmal mehr Aufmerksamkeit ungeteilt gibt, warum sollten wir selbst dann noch eine klare Einheit bilden?

In diesem Fall wären wir schon lange angekommen. Und zwar immer da, wo wir gerade stehen. Ohne ein Zentrum. Und trotzdem mittendrin.

Hauptsache, wir sind nicht allein. Hauptsache, wir blinken weiter.

Und alles leuchtet.

Mitgefühl
Zuneigung per To-Do-Liste

Warum eigentlich immer alles leuchten muss? Was genau daran so schlimm wäre, einfach einmal ganz alleine zu sein? Gar nichts! Wir können super allein sein. Schließlich tut das ja jedem gut: Zeit, nur mit sich selbst.

Eigentlich wünschen wir uns alle viel, viel mehr davon.

Dass wir, indem wir wie besessen alle paar Sekunden auf hunderte von Menschen schielen, genau das Gegenteil ausstrahlen, widerspricht diesem Wunsch aus unserer Sicht nicht. Im Gegenteil: Facebook ist ja mit ein paar Ausnahmen eher so wie aus dem Fenster gucken. Man glotzt oder winkt von weitem, verfolgt jemanden ein paar Meter ganz genau – bis man wieder abschweift und jemand anderen beobachtet.

Bei diesen täglichen Straßenszenen geht es ja nur ums kurze Grüßen, um den schnellen Austausch von Aufmerksamkeit. Es geht nicht gleich darum, wirklich zusammen oder richtig füreinander da zu sein. Sondern einfach nur ums Mitteilen.

Und Mitteilen und Mitfühlen sind schließlich ganz und gar nicht dasselbe. Auch wenn sie zugegebenermaßen irgendwie zusammenhängen: Je beschäftigter wir mit dem einen sind, desto weniger Zeit haben wir für das andere.

*

Anna wühlt in ihrer Tasche nach ihrem Aufladegerät. Das ganze vergebliche Aktualisieren mitten im Funkloch hat fast den ganzen Akku gefressen. Zielsicher finden ihre Finger das Kabel in den Tiefen der Tasche.

»Scheiße.«

Anna entwirrt die Karte von Sven und Julia, die mit dem Kabelsalat an die Oberfläche gekommen ist. Das blöde Baby von heute morgen hat sie schon total vergessen.

Anna wirft das Foto mit dem natürlich überhaupt nicht blöden, sondern zuckersüßen Neugeborenen auf den Tisch. Sie darf auf keinen Fall vergessen, sofort zu gratulieren. Genau so wie zu den Geburtstagen bei Facebook.

Anna blickt zu Ulla hinüber. Ihre Mutter schläft nun tief und fest, den Kopf hat sie in der Ecke am Fenster angelehnt. So leise sie kann, reißt Anna eine der Blankoseiten, die für Notizen vorgesehen sind, von ganz hinten aus ihrem Kalender und zückt einen Kugelschreiber. Wenn die Top Drei ständig zu einer Top Fünf, Top Sieben oder Top Ten mutieren, hilft, wenn überhaupt, nur noch aufschreiben. Sie dreht Simons Musik lauter. »Heart skipped a beat«, singt eine Frau, abwechselnd mit einer Männerstimme.

Das Lied beruhigt Anna.

Jetzt, endlich, würde sie die roten Bläschen besiegen. Sie würde sie alle eliminieren. Eines nach dem anderen.

★

Der Zug hält. Markus und Anna schauen gleichzeitig auf. Kühle Luft zieht durch den Gang, in dem sich nur wenige Menschen zur Tür bewegen. Hier will keiner hin, alle nur weg, denkt Anna, als sie den Namen der Stadt auf dem Fahrplan liest, der auf dem Tisch liegt.

Ich will hier wieder hin, denkt Markus, als er die weißen Buchstaben auf dem blauen Untergrund draußen auf dem hässlichen Gleis sieht, dann das alte Gebäude des Bahnhofs und das Nichts, den leeren Parkplatz und die leeren Straßen dahinter. Eigentlich muss Markus gar nicht aus dem Fenster gucken, so genau hat sich die verlassene Szenerie dieses Ortes in sein Hirn eingebrannt. Hier war er vor einigen Wochen ausgestiegen und drei Tage später wieder losgefahren. Dieser Ort war der nächste Bahnhof gewesen, die nächste kleine Stadt, die man von dem Hotel, in dem sein Psychokurs stattgefunden hatte, aus erreichen konnte. Hier hatten Eva und er sich verabschiedet.

Markus lächelt bei dem Gedanken daran.

Zum ersten Mal, registriert Anna, benutzt der Julian-Mann von gegenüber seine Lachgrübchen. Sie wendet sich wieder ihrem Papier zu.

»Felix, Marie, Caro, Geburtstage, Hans, Simon, Presseheini«, schreibt Anna in einem Schwung auf ihre Menschen-To-Do-Liste. Sie überlegt, ob sie nicht irgendjemand Wichtiges vergessen hat, der heute irgendetwas Wichtiges vor oder hinter sich hat, für das sie viel Glück wünschen oder nach dessen Verlauf sie sich erkundigen müsste.

»Jörn«, schreibt Anna noch dazu. Es war bei ihnen im Büro so etwas wie ein Ritual geworden, dass derjenige, der einen auswärtigen Termin hatte, immer ein kleines Update aus der Welt da draußen durchfunkte, damit der alleine im Büro Zurückgelassene sich nicht allzu höllisch langweile.

Anna überlegt weiter. Obwohl es jedes Mal vor allem ihre absoluten Herzensmenschen sind, die sich auf den Listen versammeln, vergisst sie andauernd die wichtigsten. Nicht, weil sie sie wirklich vergisst, sondern weil sie einfach untergehen im Tagesgeschäft, im Strudel all des Hin und Hers mit all den anderen Menschen, denen Anna auch noch gerecht werden will. Sie springt von einem Namen zum anderen. Die Liste scheint vorerst komplett zu sein.

»Papaaaaa?!«

Mit der Frischluft ist ein kleiner Junge in den Zug geweht worden. Markus schaut zum Gang. Der Junge, der von der Tür durch den Wagen gepest kommt, ist in Timmis Alter.

»Papaaaa? Ist der Zug lang?«, schreit der kleine Junge seinem Vater über die Schulter zu, der ihm schnaufend folgt, er fuchtelt mit einem silbernen Plastikschwert in der Luft herum. »Ist er laaa-aang?«

»Siehst du doch, Lukas«, keucht der hagere Mann, der hinter dem Jungen herläuft. Auf seinem Arm trägt er noch ein Kind, ausgiebig betatscht das Baby seine Nase. »Er ist genau so lang, wie wir das eben von draußen gesehen haben.« Mühsam versucht der Vater, durch die Patschehändchen seiner Tochter hindurch die Sitznummern zu entziffern. Hinter ihm taucht ein pickeliger Jugendlicher auf.

Drei Kinder, dachte Markus, nicht schlecht. Und keine Mutter weit und breit.

»Kommando Stopp!«, ruft der Mann dem kleinen Jungen hinterher, der unbeirrt weiter läuft, »Lukas! Wir setzen uns hier hin!«

Der Mann dreht sich um. »Setzt du dich schon mal?«, fragt er den blassen Teeniejungen hinter sich. Der Junge antwortet nicht.

»Kannst du sie bitte mal kurz im Auge behalten?«, fragt der Mann den stummen ältesten Sohn. Er sammelt die Finger des Babys aus seinem Gesicht, wischt seiner kleinen Tochter den Schnodder von der Nase und lässt sie von seinem Arm hinunter auf den Gang gleiten, um seinem kleineren Sohn, der schon fast bis zum Ende des Waggons weitergelaufen ist, hinterherrennen zu können.

Unverhohlen beobachten Anna und Markus die Szene.

Der stumme Teenie schaut immer noch nicht auf. So wie er ist, lässt er sich auf dem Gangsitz links gegenüber von Anna nieder, abwesend nickt er mit dem Kopf zur Musik in seinen

Kopfhörern, die er professionell mit seinem Telefon steuert. Der Junge scheint gerade am Tiefpunkt der hormonellen Abgründe zu stehen. Seine Haut ist wirklich schlecht, unförmig wallt seine Sportkluft, die aussieht, als hätte er sie bei KIK oder Tchibo gekauft, um seinen dünnen Körper. Schwarz in schwarz hängt das Polyester an ihm, eine lila-braune Kappe schmückt als i-Tüpfelchen der pubertären Geschmacklosigkeit seinen Kopf. Seine Schwester auf dem Boden ignoriert der Junge komplett.

Fasziniert schaut Anna dem unbeobachteten Baby dabei zu, wie es auf dem Bauch liegend mit fröhlich wackelndem Köpfchen und euphorisch strampelnden Beinchen den Teppich zu studieren beginnt.

»Hey«, flüstert Anna und winkt. Zwei riesige braune Augen blicken sie an. Im Gegensatz zu dem garstigen kleinen Mädchen vom Klo vorhin war es einfach noch nicht alt genug, um schon gelernt zu haben, dass man Menschen, die einen anlächeln, entweder zurück anlächelt oder zumindest irgendeine Art der Reaktion zeigt, die über ein Starren hinausgeht.

Immer noch lächelnd wendet Anna sich ab. »Baby«, schreibt sie als letztes Wort auf die To-Do-Liste, sie schüttelt den Kopf über ihre eigene Vergesslichkeit. Wegen des blöden Babys hat sie die Liste doch überhaupt erst angefangen.

★

Kann man zu viele Freunde haben?

Wir glauben das eigentlich nicht. Es gibt einfach nur viel zu wenig Zeit! Denn auch, wenn wir schon den ganzen Tag kaum etwas anderes tun, als zu kommunizieren, eigentlich bräuchten wir dringend noch mehr Zeit dafür. Um uns um all diejenigen zu kümmern, die uns wichtig sind, um sie upzudaten und uns updaten zu lassen, um ihnen zu schreiben, dass wir an sie denken. Um sie anzurufen und sie zu treffen sowieso. Oder auch nur dafür, um all ihre Pinnwandeinträge verfolgen zu können.

Doch leider geht das nicht. Schon jetzt schaffen wir es ja kaum, all diejenigen unter einen Hut zu bekommen, die uns eigentlich wichtig sind. Was Sozialkontakte angeht, sind wir komplett ausgelastet.

Und trotzdem verknüpfen wir uns mit immer mehr neuen Menschen. Nicht, dass sie gleich in unseren innersten Kontaktkreis springen. Aber wir nehmen sie auf in unseren großen Freundeszirkel. Wenn schon nicht von Nahem, so wollen wir wenigstens von der Ferne aus mit ihnen in Kontakt bleiben. Wenigstens die ganz kleinen und die ganz großen Dinge wollen wir mit ihnen teilen.

Doch leider geht auch das kaum noch. Wir haben einfach keine Kapazitäten mehr. Mehr Menschenleben als wir verfolgen, wäre rein physisch unmöglich. Mehr geht einfach nicht in vierundzwanzig Stunden, sieben Tagen und zwölf Monaten.

Vielleicht wäre es deshalb am besten, wenn wir uns zu unserem eigenen Schutz Schilder um den Hals hängten. Damit alle potentiellen neuen Menschen, die sich mit uns verknüpfen wollen, es gleich schwarz auf weiß lesen könnten: »Wegen großer Nachfrage geschlossen!«

Genau genommen tun wir das ja sogar schon. Schon jetzt stöpseln wir uns, sobald wir auf die Straße gehen, ab. Wir stecken Knöpfe in unsere Ohren und senken unsere Blicke hinunter. Hinab, zu unseren Geräten, in denen die Menschen nur so toben.

Und schon jetzt benehmen wir uns da draußen so, als würde jeder, der uns sieht, diese Message verstehen. Sobald uns jemand anspricht, um nach der Uhrzeit oder dem Weg zu fragen, zucken wir zusammen. Unsere Kopfhörer lüften wir nur noch – wie früher die Menschen ihre Hüte –, wenn es die absolute Höflichkeit gebietet. Doch auch das kommt in letzter Zeit immer seltener vor. Die paar Sekunden, die wir an der Supermarktkasse brauchen, um das Geld hinüber zu reichen, müssen mittlerweile ja wohl genügen, um der Verkäuferin den nötigen Respekt zu zollen.

Schließlich haben wir, und das soll ruhig jeder, dem wir da draußen auf der Straße begegnen, gleich sehen, wirklich keine Kapazitäten mehr.

★

»Wer sind die fünf wichtigsten Menschen in Ihrem Leben?«, hatte Joachim, in Personalunion Leiter des Psychoseminars und Coach, wie er sich nannte, in die Runde gefragt.

In U-Form saßen die Gruppenteilnehmer des dreitägigen Kurses »Stress bewältigen durch Achtsamkeit« sich im Tagungsraum des Waldhotels, ein paar Kilometer außerhalb der verlassenen Kleinstadt, gegenüber. Der schlauchförmige Raum war in mattem Gelb gehalten, tief hing die Decke über den Köpfen der zehn Teilnehmer, vor denen je ein Grüppchen kleiner Orangensaft- und Mineralwasserflaschen aufgereiht stand.

»Schreiben Sie die Namen ganz spontan auf, ohne nachzudenken, teilen Sie ihnen – entweder gleich oder erst am Ende – Nummern in hierarchischer Reihenfolge zu.« Joachim, ein sportlicher Mittvierziger in Jeans und fliederfarbenem Polohemd, schaute aufmunternd in die Runde. Vor dem obligatorischen Flipchart stehend lächelte er seine neuen Teilnehmer freundlich an.

Markus wühlte sich durch die Haare. Er wollte das hier alles ernst nehmen. Die apokalyptisch-ohnmächtige Stimmung auf der Fahrt hierher hatte ihn darin nur noch bestärkt. Genauso wie das Herzrasen, das er am Abend zuvor während des ersten E-Mail-Checkens nach zwei Wochen Pause gehabt hatte. Und das noch stärkere Herzrasen, das sich eingestellt hatte, als er den Computer nach dem ersten groben Überfliegen der 1435 neuen E-Mails und Facebook-Benachrichtigungen wieder zuklappte.

Diese Veranstaltung hier musste einfach etwas bringen. Diese drei Tage mussten ihm zeigen, wie es gehen könnte, wie er etwas Drittes schaffen konnte, etwas, das zwischen dem auf die Dauer völlig utopischen, unrealistischen Hütten- und Inselgefühl und dem auf lange Sicht ebenso wenig lebbaren täglichen Wahnsinn lag. Etwas, das ihm als Brücke in einen neuen Alltag dienen könnte.

Markus musterte die anderen Teilnehmer. Außer ihm saßen da vier Frauen und fünf Männer mittleren Alters, die erstaunlicherweise überhaupt nicht psycho, sondern alle einigermaßen normal aussahen. Keine schlimmen Ausfälle, so schien es zumindest auf den ersten Blick.

Demütig hatten die Teilnehmer an Joachims Lippen gehangen und sich danach brav ihren leeren Zetteln zugewandt. Markus war froh, dass es bisher keine schlimmen Vorstellungsrunden gegeben hatte. Dass jeder der Anwesenden irgendeine Art Krise gehabt hatte und das Ganze hier nicht aus Gründen der Prophylaxe machte, sah man sowieso sofort. Einen Hauch von verzweifelter Gehetztheit, Erschöpfung oder Hilflosigkeit hatte hier jeder im Blick. Und auch wenn Markus ihn bei sich selbst im Spiegel nicht entdecken konnte – vermutlich war es bei ihm genauso.

Auch er senkte den Blick zum Papier. »Lena« schrieb er. Natürlich war sie die Nummer eins, das gehörte so. Obwohl Timmi ja eigentlich über allem stand. »Timmi«, quetschte er noch über Lena an den oberen Rand des Papiers. Es schien ihm merkwürdig, diese zwei vertrauten Namen mit einem Hotelstift mitten zwischen irgendwelchen fremden Leuten irgendwo im Wald in einem stickigen Raum auf ein leeres Blatt Papier zu schreiben. Irgendwie war es ein komplett anderes Gefühl, als wenn man sie in die vorgefertigten Kästchen von Versicherungen oder Steuerbögen eintrug, die ganz klar offiziellen Bürokratencharakter hatten, oder sie, umgekehrt, liebevoll auf eine Geburtstagskarte malte.

Markus hibbelte mit den Füßen. »Julian«, schrieb er unsicher an die dritte Stelle. War Julian wirklich die drittwichtigste Person in seinem Leben? Bedeutete ständiger Kontakt automatisch Gewichtigkeit?

Doch, entschied sich Markus. Allein, weil Julian gerade jetzt, wo Markus versuchte, sein Leben wieder zu ordnen, sein Beschützer war. Derjenige, der ihn gegen die Hektik seines eigenen Lebens abschirmte. Und nicht zuletzt auch deshalb, weil es andersherum mindestens genauso war: Für Julian, das wusste Markus, war er der wichtigste Vertraute. Die Kontaktgruppe, in die Julian Markus' Namen bei Facebook gesetzt hatte, trug den Namen »Nierenspender«. Auch wenn sie zunächst eine von Julians Spaßaktionen gewesen war, in dieser Gruppe befanden sich am Ende tatsächlich nur die Menschen, für die Julian sich, wie er beteuerte, jederzeit aufschneiden lassen würde. Außer Markus gab es nur drei Mitglieder: Julians Freund und seine Eltern, die allerdings nur als Name auf Facebook existierten, um ab und zu zu gucken, was Julian und Markus sich wieder für neue Seiten ausgedacht hatten.

Eltern!, dachte Markus. »Jutta« und »Uli« setzte er auf Platz vier und fünf. Fertig.

Markus legte den Stift nieder. Er blickte sich um. Alle anderen schrieben oder überlegten noch. Joachim saß auf der Tischkante vorne vor dem Flipchart. Erwartungsvoll klopfte er mit seinem Edding auf die Innenseite seiner Hand. »Wenn Sie ab Nummer Drei eine gewisse Ratlosigkeit überkommt, ist das ganz normal, schreiben Sie einfach aus dem Bauch heraus«, munterte er die Teilnehmer auf.

Joachim lächelte Markus zu und nickte. Eigentlich sah er ganz nett aus, fand Markus. Er schnappte sich eines der Orangensaftfläschchen. So wie er es früher in der Schule in der großen Pause mit den Kakaoflaschen getan hatte, schüttelte er sie wie ein Barkeeper und öffnete sie dann mit einem Klick. Während er trank, beobachtete er die Krähen in den kahlen hohen Bäumen vor dem Fenster.

Listen machen, dachte Markus, schien zwar nicht die allersinnvollste, aber auch nicht die allerbescheuertste Psychoübung der Welt zu sein.

Er blickte auf die Uhr. Halb elf. Eine damals noch neutrale Zeit.

★

Eva war erst zur zweiten Übung gekommen.

»Es gibt nur *einen* ersten Menschen«, hatte Joachim gerade seine Erklärung dazu angesetzt, warum die Kursteilnehmer die Übung mit den fünf wichtigsten Menschen allesamt komplett verfehlt hatten. »Dieser erste Mensch ...«, erklärte Joachim langsam. Er stockte. Sein Blick folgte dem der anderen. Verschüchtert steckte Eva ihren Kopf durch die Tür.

»Dieser erste Mensch kommt gerade *nicht* durch die Tür ...«, grinste Joachim, »... sondern ...«, zwinkernd winkte er Eva herein und setzte seinen Vortrag durch das Lachen der Teilnehmer fort. »... sondern dieser erste Mensch sind *Sie* selbst. *Sie selbst*«, wiederholte er langsam und eindringlich, »sind der *aller*wichtigste Mensch in Ihrem Leben. Und es hilft niemandem, ganz besonders den nachfolgenden Menschen auf Platz zwei bis fünf nicht, wenn *Sie selbst* nicht auf sich achten.«

Schweigend, wie um seine Worte nachhallen zu lassen,

blickte er in die Runde. Die Kursteilnehmer nickten betreten. Sie würden die Übung noch einmal in erweiterter Form am Nachmittag wiederholen, kündigte Joachim versöhnlich an.

»Willkommen«, sagte er dann fröhlich zu Eva, die mittlerweile direkt gegenüber von Markus auf dem einzig freien Stuhl Platz genommen hatte.

Eva lächelte. »Danke«, sagte sie leise.

Markus hatte sich sofort in sie verliebt.

Ihr erster Blickkontakt war ein Augenrollen gewesen. Ihre Blicke trafen sich über zwei Rosinen. Je drei der verschrumpelten kleinen Kügelchen hatte Joachim aus einer großen Schale vor jedem Teilnehmer auf dem Tisch drapiert. Minutenlang sollten sie die erste von ihnen einfach nur beobachten. Eine Übung zur »Bewusstseinserweiterung«, wie er erklärte. Bei diesem Wort lächelten Eva und Markus sich an. Es klang nach Drogentrip.

»Was uns die Rosine über unser Leben sagt«, kritzelte Joachim auf sein Poster. Der Edding quietschte. Sonst war es still im Raum. Markus grinste. Die Veranstaltung hätte Timmi gefallen: viele große Menschen, die auf kleine Rosinen starrten. Und dafür auch noch bezahlten. Im Kopf malte Markus sich die Antwort aus, die er Timmi geben würde, wenn er ihn nach dem Sinn von alledem hier gefragt hätte. Es war gar nicht so einfach.

»Die Menschen wollen nicht krank werden«, dachte er schließlich. »Deshalb tun die das.«

Von der Seite aus sah er, wie Eva auch nicht auf ihre Rosine guckte. Stattdessen schaute sie weiterhin zu ihm hinüber. Sie tauschten einen weiteren Blick, dieses Mal ohne verdrehte Augen. Ihre, so fand Markus, sahen unglaublich schön aus.

Lächelnd zeigte er mit seinem Zeigefinger auf die Rosine

vor ihm. Eva nickte. Sie würden später Zeit finden. Jetzt ging es erst einmal darum, nicht krank zu werden.

★

Anna wirft die endlich komplette Liste mit den Namen auf den Tisch.

Jenga, denkt sie.

Früher, in der Schulzeit, war das ihr Lieblingsspiel gewesen. Damals liebte Anna den Nervenkitzel, der dadurch entstand, einen nahezu einen Meter hohen, extrem wackeligen Turm aus hellen Holzklötzchen immer und immer wieder umzubauen, indem man Steine von unten wegnahm und sie ganz oben wieder auflegte. Abwechselnd mussten die Spieler je einen Stein nehmen, derjenige, bei dem der Turm zusammenbrach, hatte verloren.

Anna verlor nicht, sie verlor nie. Auch wenn es häufig richtig knapp war.

Und so ist es eigentlich auch heute noch. Nur, dass Anna jetzt keine Mitspieler mehr hat. Ihre Freunde sind nun nicht mehr ihre Spielgefährten. Sondern, jeder für sich, selbst zu einem der Holzklötzchen mutiert: Sobald einer von ihnen ganz unten ankommt, weil Anna sich lange nicht mehr um ihn gekümmert hat, muss sie ihn wieder nach ganz oben, in die Gegenwart, in das Zentrum ihrer Aufmerksamkeit verfrachten. Bis wieder ein anderer von ganz unten seinen Platz einnimmt, denn nur durch den ewigen Zyklus bleibt das Spiel fair.

Genau so wie früher geht es bei dem Spiel scheinbar heute auch noch vor allem darum, den Nervenkitzel auszuhalten. Denn wie damals wankt der Turm bei jedem Stein. Unablässig, bei jeder Person, droht er umzukippen.

Aber genau wie damals fällt er nicht. Anna verliert nicht,

sie verliert nie. Auch wenn es heute noch viel, viel knapper als damals ist.

Denn Anna kann nicht mehr nicht kommunizieren. Und verbaut sich dadurch permanent ihre eigene Welt. Wenn sie nicht gerade – aktiv – mit jemandem im selben Raum redet oder – meistens parallel dazu – eine Nachricht an irgendwen tippt, sendet, empfängt, kommentiert, postet oder ihn anstupst, dann kommuniziert sie passiv: Laufend verfolgt Anna das, was andere tun, sie fängt jede neue E-Mail ab, jede neue Benachrichtigung, jede SMS. Nicht etwa, um sofort zu antworten. Sondern einfach, um auf dem Laufenden zu sein.

Mit wem Anna alles zwischen dem ersten blauen Lichtsignal beim Aufwachen und dem letzten virtuellen Rundgang ihrer Briefkästen vor dem Einschlafen auf diese passiv-aktive Art Kontakt hatte, kriegt sie am Ende des Tages schon lange nicht mehr zusammen. Dafür sind es einfach zu viele Menschen. Höchstens noch an die Eckdaten dieses großen Kommunikationszirkus ihres Tages kann sie sich erinnern. Meistens sind es die großen Treffen oder Telefonate, die sie vorher geplant hat. Die Treffen und Telefonate, die sie planen *muss*. Um nicht die Kontrolle über alles zu verlieren. Um nicht auszufransen, sich in den tausend verschiedenen Verästelungen, Kommunikationssträngen und damit Verpflichtungen zu verlieren, denen sie gerecht werden muss, denen sie gerecht werden *will*.

Schließlich führen die meisten dieser Stränge nicht zu irgendwem. Sondern zu ihren Freunden.

★

Anna klickt auf die Profilseite ihrer Kollegin. Brav reiht sie sich in die Gratulanten ein. »Alles, alles Gute, ♥lichen Glückwunsch!! Hab einen wunderbaren Tag und feier schön!!«, schreibt Anna. Desinteressiert scrollt sie durch die Liste der anderen Gratulanten. »Alles Gude zum Burzeltach«, hat der Mensch vor ihr auf die Seite geschrieben. Angewidert verzieht Anna das Gesicht. Schnell wechselt sie die Seite.

Für die zweite Gratulation muss sie sich etwas anderes einfallen lassen, Annas Unifreundin Katja und die Arbeitskollegin sind miteinander befreundet, und es soll schließlich bloß nicht so klingen, als würde Anna nur unpersönlich vorgefertigte Standardgratulationen herumposten.

Anna kaut auf ihrer Lippe. Der Zug steht immer noch in der verlassenen Stadt. Auf Annas Display poppt ein eckiger Kasten mit all den am Bahnhof verfügbaren WLan-Netzen auf. »FRITZ!Box 02 DSL«, »TELEKOM«, »ALICE W-LAN 28«, »Susis World«, »WOLKE SIEBEN«. Anna klickt sie alle weg.

»Happy Birthday«, schreibt sie schließlich in kapitulierender Schlichtheit auf die Seite von Katja, »Lass dich feiern – Alles Liebe!!!« postet sie noch darunter. Ihr fällt spontan leider kein Insider ein, der sie mit Katja verbindet und der nicht viel zu veraltet dafür war, um ihn in einem schnellen Geburtstagsglückwunsch unterzubringen.

Endlich fährt der Zug wieder an. Anna nimmt noch schnell die Freundschaftsanfrage der unbekannten Corinna von vorhin an. »Kennen wir uns? LG, Anna«, schreibt sie normalerweise, wenn ihr, wie in Corinnas Fall, das Gesicht der Person nichts sagt und sie keine gemeinsamen Freunde mit ihr hat. Bevor sie allerdings dieses Mal dazu kommt, sieht sie an der Seite bei den neuesten Meldungen all die Gratulanten, die auf Felix' Profil schreiben. Inzwischen sind es siebzehn.

Anna klickt sich durch die Namen. Sie kennt sie alle: Felix' WG-Leute, alte Mitstudenten und seine Geschwister. Nur der Name der allererstern Gratulantin ist ihr unbekannt. »!!!«, lautet der erste Kommentar zu Felix' Urkunde, gesendet von einer gewissen María Del S. Anna runzelt die Stirn. Sie klickt auf das kleine Profilbild. Ein hübsches dunkelhaariges Mädchen, rauchend mit einem Hut auf dem Kopf vor einer Wand. Vergeblich versucht sie, Marías Chronik zu durchforsten. Die Seite ist gesperrt.

Anna runzelt die Stirn noch tiefer. Sie hätte *doch* als Erste gratulieren sollen. Sich im Nachhinein, als Achtzehnte, unter die dahergelaufenen Marías dieser Welt zu reihen fühlte sich in Felix' Fall absolut unangemessen an. Falls seine María Del S. überhaupt dahergelaufen war. Frustriert klickt Anna auf »Kommentieren«. Ratlos kaut sie an der Haut um ihren Daumen. Ihr fällt nichts ein. Und all das was ihr einfällt, irgendwelche Verweise auf die gemeinsame Vergangenheit, hat sie dann doch nicht nötig.

Sie seufzt.

Gegenüber brummt das Telefon.

»Julian, du Arschloch!«

Der Mann von gegenüber lacht in seine Nokia-Gurke. Anna legt das Handy auf ihrem Schoß ab. Angestrengt versucht sie zu verstehen, mit wem der Doch-nicht-Julian spricht.

»Menschenskinder, kann man euch nicht *ein Mal* allein lassen«, schimpft es laut vom Gang her. Der Vater von vorhin kommt zur Tischreihe zurück. Dieses Mal läuft er gebeugt, eine Hand liegt auf der Schulter seines kleinen Sohnes, der schmollend vor ihm hertrottet und lustlos mit seinem silbernen Plastikschwert die Sitzreihen entlang streift.

Anna blickt neben sich auf den Boden. Das Baby hat sich nicht vom Platz bewegt. Während sein durch die Kopfhörer immer noch abgeschotteter Bruder weiter auf sein Handy starrt, leckt es nun genüsslich den Gangteppich ab.

»Mensch, wirklich, Dennis! Ich hab dich doch gebeten, ein Auge auf sie zu haben!«, fährt der Vater seinen älteren Sohn an. »Hal-lo?«, winkt er vor dessen Gesicht. »Ich rede mit dir!«

Wie einen Haufen liegengelassener Wäsche sammelt er kopfschüttelnd seine Tochter vom Gang auf. Kreischend fängt das Kind an zu weinen, das Gesichtchen verzerrt, heult es dem Mann über die Schulter.

Anna seufzt. Sie dreht ihre Musik noch lauter. Langsam streicht sie »Geburtstage« von ihrer Liste. »Felix« lässt sie vorerst stehen. Sie malt einen Kringel unter den Namen. Felix, denkt sie. Nach wie vor ein schöner Name.

★

»Und?«, fragt Julian, das »Arschloch« ignorierend. Zischend zieht er Zigarettenrauch ein. »Viele Ikea-Seelen heute im Zug?«

Markus blickt auf die junge Frau gegenüber, die mit gerunzelter Stirn auf einem Zettel herumkritzelt.

»Hmm, nee«, sagt er leise, »geht eigentlich.«

Manche von Julians elitären Wortschöpfungen wie die über Lemmermann-artige Durchschnittslangweiler, die Julian in Zügen, Bussen, Bahnen oder Sitzungen nerven, nimmt Markus schon überhaupt nicht mehr wahr.

»Du, ich mach hier mal die Präsentation fertig, ja?«, versucht er das Gespräch abzuwenden, bevor Julian richtig loslegt. Er will Eva schreiben.

»Ökee«, ruft Julian in der sächsischen Version seiner Sprache und legt sofort auf.

Markus öffnet sein Telefonbuch. Evas Deckname in seinem Handy hat bislang noch nicht einmal Julian entdeckt. Die vom Telefonanbieter automatisch gespeicherten Standardnummern interessieren ihn bei seinen Anschlägen scheinbar nicht.

Markus überlegt. »Neue Nachricht an: Auslandsauskunft«, steht wie immer auf seinem Display. Er tippt, löscht wieder, tippt. »WOLKE SIEBEN!!«, schreibt Markus schließlich. »(Der

Bahnhof steht noch.) Guten Morgen, guten, guten Morgen, Du ERSTER Mensch.«

Lächelnd schaut er aus dem Fenster. Äußerlich hat sich Evas und sein gemeinsamer Bahnhof schon ein Stückchen entfernt.

★

In der Mittagspause waren sie als Erste aus dem Raum gelaufen. Als hätten Markus und Eva sich verabredet, hatten sie einander draußen in der Kälte vor dem Tagungshotel wiedergefunden. Abseits von den anderen Kursteilnehmern, die nach und nach zum Rauchen herauskamen, hatten sie sich vor einen unbetriebenen kleinen Brunnen gestellt. Fröstelnd hielten sie sich an ihren Kaffeebechern fest.

»Ich glaub, ich hab noch Rosinenreste zwischen den Zähnen«, hatte Eva gesagt und gelacht.

Nachdem die Gruppe die ersten fünf Minuten der Übung damit hatte verbringen müssen, die Farbe, die Oberfläche und das Gewicht der Rosine genauestens wahrzunehmen und sich die Reise, die die kleinen Trockenfrüchte von einem Traubenstock am Ende der Welt bis an ihren Tisch zurückgelegt hatten, vorzustellen. Um sich damit die absolute Einzigartigkeit der Rosine bewusst zu machen, hatte Joachim sie dazu animiert, sie genau so achtsam in den Mund zu nehmen. Endlos langsam hatten sie die Rosine mit geschlossenen Augen spüren, kauen und schließlich herunterschlucken müssen.

Markus lachte. »Ich hasse Rosinen eigentlich«, sagte er.

Eva hob ihren Kaffeebecher. »Runterspülen!« Sie stießen an.

Eva war eine kleine Person. Zierlich, gutaussehend, ein bisschen der Typ Winona Ryder. Jeans, blau-weiß gestreifter

Baumwollpulli und einen grob gestrickten grauen Schal, auf dem sich von beiden Seiten ihr mittellanges schwarzes Haar ergoss. Eva sah weitaus jünger aus als alle anderen Kursteilnehmer.

Sie schwiegen. Markus hätte sie gerne gefragt, warum sie hier war. Aber die Frage klang ihm zu sehr nach einem billigen Standarddialog einer x-beliebigen Knastserie.

»Bist du geschickt oder selber hier?«, kam Eva ihm zuvor.

»Wie, geschickt oder selber?«, fragte Markus.

»Na ja«, Eva folgte mit den Augen ihrem Atem in der eisigen Luft. »Bist du selbst auf die Idee gekommen herzufahren, oder wurdest du geschickt?« Sie blickte Markus wieder direkt an. »Ich zum Beispiel wurde geschickt.«

»Hm«, Markus lächelte. »Dann wurde ich wohl auch geschickt.«

»Zur Reha oder zur Vorbeugung?«, feuerte Eva die nächste Frage ab, diesmal schickte sie die Erklärung gleich mit. »Also, von der Betriebsärztin oder von deinem Chef?«

Markus lachte. »Irgendwie beides. Von einem Freund und meiner Frau«, sagte er und nickte. »Und du?«

»Von meinem Freund und meiner Mutter«, sagte Eva und zuckte mit den Achseln. »Also eher Reha als Prävention.« Sie lächelte schräg.

Markus nickte. Sie schwiegen wieder.

»Hast du auch Piepen im Ohr?«, fragte Eva nach einigen Sekunden in die Stille. Sie sagte es, als sei es eine lustige Frage. Überhaupt stellte sie alle Fragen in diesem ironischen Tonfall.

Markus schaute in den Himmel und schloss für einen Moment die Augen. Er schüttelte den Kopf. »Gerade nicht«, sagte er. »Aber vor ein paar Wochen.«

Eva nickte.

Die blasse Wintersonne schien durch die Waldbäume auf

den toten Springbrunnen. Markus hätte Eva gerne gefragt, warum sie zu spät gekommen war.

»Ich würde am liebsten sofort schlafen«, sagte Eva, zum ersten Mal ein bisschen ernster.

Markus nickte intuitiv. Eva sah müde aus.

»Aber ich kann immer nicht«, sie schüttelte den Kopf. »Weißt du, wenn, dann schlaf ich erst morgens, um fünf, halb sechs. Egal, wann ich ins Bett gehe.« Sie schaute Markus wieder so direkt an. »Und egal, wann ich schlafe, wache ich um Punkt halb elf auf, jeden Tag, nicht früher und nicht später. Also, außer ich muss irgendwo hin. Dann bin ich sowieso den ganzen Tag müde. Und werde erst, wenn die Sonne untergeht, wieder hellwach.« Sie schlug sich an die Stirn. »Bescheuert, oder?« Sie schüttelte wieder den Kopf. »Ein komplettes Eigentor von meinem Körper.«

Markus nickte. Eva sprach mit klarer Stimme, es hatte nichts Jammerndes. Markus konnte sich nicht ausmalen, wie jemand wie sie, die so ruhig sprach, so gestresst sein könnte, dass sie ein Achtsamkeitstraining nötig hatte. Geschweige denn, was sie überhaupt machte, wenn sie nicht gerade Rosinen beobachtete. Eigentlich sah Eva so aus wie eine Studentin. Vom Auftreten her wirkte sie allerdings sehr viel älter, reifer.

»Wie alt bist du?«, fragte Eva. Irgendwie schien sie immer in derselben Bahn wie Markus zu denken, nur ein kleines bisschen versetzt.

»Fünfunddreißig«, sagte er.

»Hast du Kinder?«

»Einen Sohn.«

Eva nickte. Sie strahlte, als würde sie Timmi kennen. Eine Welle von Stolz durchflutete Markus. Leicht beschämt schaute er zu Boden und von dort aus hoch zur Tür zur Terrasse des Tagungsraumes.

Heiter winkte Joachim zu ihnen hinüber.

»Es geht weiter!«, rief er fröhlich und deutete auf seine Uhr.

★

Bernd sieht Markus schon von weitem. Beschwingt läuft er den Gang des Zuges entlang und stoppt vor der elektrischen Glastür zum Großraumabteil. Hier drin ist es viel wärmer als eben auf dem Gleis, dafür ist die Luft schlechter. Bernd hebt die Hand zum Gruß, aber Markus sieht ihn nicht. Er tippt auf seinem Handy herum.

Bernd lächelt.

Obwohl sie noch nie richtig miteinander gesprochen haben – sogar Markus' Namen kennt Bernd nur von einem Blick auf dessen Bahncard 100 –, freut er sich jedes Mal riesig, wenn er Markus sieht. Er kann sich nicht erinnern, wie oft sie diese Strecke hier schon zusammen gefahren sind. Doch schon bei der ersten ihrer mittlerweile sicher Dutzenden gemeinsamer Fahrten war eigentlich klar, dass sich zwischen ihnen so etwas wie eine feste Pendlerfreundschaft entwickeln würde. Und obwohl sie bis zum heutigen Tag weder einen wirklichen Inhalt noch eine richtige Form hatte – sie beschränkte sich eher auf ein stilles Begleiten des Alltags, auf ein wortloses Zusammensein aus weiter Entfernung –, ist Bernd sich sicher, dass auch er Markus, zumindest als ein vertrautes Element in diesem sonst so anonymen Kosmos aus Zügen, Gleisen und Abfahrtszeiten, etwas bedeutet. Wobei Bernd erahnt, dass Markus diese Welt komplett anders erlebt als er.

Denn Bernd entspannt sich auf Zugfahrten. Im Gegensatz zu Markus arbeitet er nie, wenn er unterwegs ist. Er schaut einfach nur aus dem Fenster. Beobachtet die Landschaft, die Menschen, träumt, lässt seine Gedanken herumschweifen. Und genießt die Pause von den Orten, von denen er gerade kommt und zu denen er auf dem Weg ist.

»Ist hier noch frei?«, fragt er Markus, als er den Vierertisch erreicht hat. Markus lächelt. Bernd erwidert sein Lächeln. »Arbeiten Sie ruhig weiter«, sagt er milde und setzt sich leise neben ihn auf den Platz am Gang. Er sieht auf seine Armbanduhr. Eine Stunde freie Fahrt. Ganze sechzig Minuten Auszeit, zur freien Verfügung, nur für sich. Entspannt lehnt Bernd sich zurück und schließt die Augen.

★

Ob das Gefühl, zu viele Menschen in einem Leben miteinander abstimmen zu müssen, etwas ist, das es schon immer gab? Wann eigentlich alles so anstrengend geworden ist?

Wir wissen es nicht.

Wir glauben, uns an Zeiten erinnern zu können, in denen es nicht so krass war wie jetzt. Und wenn man unsere Eltern einmal fragt, bestätigt sich der Verdacht, dass es ein ruhigeres, idyllischeres Land vor unserer Zeit gab.

In dieser Zeit, als es nicht mehr als ein gemeinsames Telefon im Flur gab, so berichten sie, existierten Vokabeln wie »Sozialstress«, »Updaten«, »Abwürgen«, »Zeitfenster finden« gar nicht. Das Wort »Networken« stand noch nicht ganz oben auf der Anforderungsliste eines jeden Werdeganges, denn es war noch nicht einmal geboren. »Freundschaft« war damals einfach ein Wort und nicht der Name für den einzigen Fixpunkt in einem Meer an sonst sehr unübersichtlichen Sozialkontakten.

Überhaupt schien damals kaum jemand ein großartiges Problem damit zu haben, das eigene mit dem Leben der anderen um sich herum zu koordinieren. Zumindest wurde diese Aufgabe nicht regelmäßig zu einer der größten Herausforderungen des Lebens, zu einer Bedrohung der eigenen Alltagsbalance oder zu einem nie endenden, kräftezehrenden Abstimmungsprozess.

Irgendwie, so lässt der Rückblick ahnen, müssen damals die Zeit und die Menschen wohl einfach harmonischer miteinander zusammengeflossen sein. Und das scheint gar nicht mal nur an der Anzahl der Kontakte gelegen zu haben. Sondern vor allem daran, wie man sich begegnete.

Wenn man sich traf, verbrachte man damals scheinbar nämlich nicht zusätzlich noch ein paar Runden damit, dieses Treffen vor- und nachzubereiten. Die endlosen vorangehenden Versicherungen – »Wir telefonieren dann einfach später noch mal«, »Ich freu mich!«, »Juhu, bis dann!« – wurden offensichtlich als ebenso überflüssig erachtet wie die ewigen »War schön«-, »Müssen wir unbedingt bald wiederholen«-, »Bist du gut nach Hause gekommen?«-Nachträge. Und auch die Regeln darüber, wie man sein Interesse am Leben der anderen artikulierte, scheinen völlig andere gewesen zu sein. Man vertraute wohl darauf, dass man über wirklich wichtige Ereignisse im Leben anderer früher oder später informiert werden würde, ohne dass man, wie heute, sich andauernd gegenseitig dazu ermunterte. Es hagelte vermutlich nicht täglich und von allen Seiten »Schreib mal, wie's lief«-, »Erzähl mal, wie's war«-, »Du berichtest dann, ja?«-Anfragen, genauso wenig wie dauerhafte »Meld dich jederzeit«-, »Ich bin immer erreichbar«-, »Ich denk an dich«-, »Wenn was ist, ruf an«-Beteuerungen.

Irgendwie müssen die Menschen von damals es geschafft haben, sich einen Raum zu bewahren, der frei war und trotzdem nicht unverbindlich. Es muss Verabredungen gegeben haben, die darauf beruhen, sich *vielleicht* zu sehen, ohne dass das gleich unfreundlich, ablehnend oder gleichgültig wirkte. Oder man davor und danach noch fünfzehn Mal telefonieren musste, um die genaue Uhrzeit und den Treffpunkt abzusprechen.

Wir, die Metropolenbewohner und LG-Spieler, können

uns eine solche Welt nicht mehr vorstellen. Wir können uns auch nur schwer ausmalen, wie die Freundschaften in dieser Welt beschaffen waren. Denn was auch immer Freundschaft damals bedeutete: Heute bedeutet sie alles.

Nie wurde die Freundschaft so huldigend besungen wie in unserer Zeit. Nie haben wir so viel Zeit und Energie in sie investiert, nie hat sie uns glücklicher gemacht, und nie brauchten wir unsere Freunde dringender als heute. Denn Freundschaft heute bedeutet nichts weniger als Mitgehen.

Und in einer Welt, in einem Alltag, in dem das Leben so unübersichtlich und stressig geworden ist, dass wir selbst kaum noch mitkommen, ist das das Wertvollste, was es gibt. Sich trotz tausend anderer Ablenkungen, Reize und Stimmen die Zeit zu nehmen, um zuzuhören und sich mitzuteilen, sich zu melden, um immer auf dem Laufenden zu sein, um bloß nichts Wichtiges zu verpassen – all das ergibt dieses eine, kostbarste Zuhause-Gefühl, das wir kennen. Die enge Verknüpfung zweier Lebenslinien, wo auch immer sie gerade verlaufen, der dichte Kontakt zwischen ihnen und das wirkliche Mitfühlen angesichts dessen, was dort, im Chaos auf der anderen Linie so alles passiert – das ist der Kern dieses Gefühls. Das ist die Idee von Freundschaft heute. Das ist das Konzept von Freundschaft 2.0.

★

Anna scrollt die soeben eingetroffene SMS hinunter. »Anna! Du bist nachher in der Stadt?? Du + ich = Bier? HEUTE ist unser Abend!!!«

»Oh, nein«, flüstert Anna und lässt das Handy sinken.

Florian. Anna hat ihn total vergessen. Vor einer Woche, als sie noch nicht wusste, dass sie mit ihrer Mutter zusammen fahren würde, und deshalb dachte, dass sie den Abend vor dem Geburtstag ihrer Oma frei haben würde, hatte sie Florian euphorisch geschrieben, dass sie sich heute treffen könnten. Weil Florian darauf aber nicht reagiert hatte, war er komplett durch Annas Listen-Raster gefallen.

Hektisch überlegt Anna hin und her, ob und wann sie noch irgendwie Zeit für ihn frei schaufeln könnte. Sie sieht und hört Florian so gut wie nie. Seit Anna nach dem Studium aus der gemeinsamen WG gezogen und die Stadt gewechselt hatte, hatten sie kaum noch Kontakt. Florian war kein Facebook-Typ. Er hatte nur ein altes Handy, bei dem ständig der Akku ausging. Meistens rief er vom Festnetz an, er war aber generell auch kein wirklicher Telefoniertyp. Er rief nie zurück und antwortete nur selten und knapp auf Annas SMS, wenn sie sich danach erkundigte, wie es ihm ging. Die Abende allerdings, die sie dann alle paar Monate einmal miteinander verbrachten, waren immer grandios, vertraut und ganz wie früher, als sie noch zusammenwohnten.

»FLORIAN«, schreibt Anna in Großbuchstaben ganz oben auf ihre Liste. Immerhin hat sich damit vermutlich der bedrohliche Nummer-unterdrückt-Anruf von vorhin aufgeklärt. Trotzdem und umso mehr spürt sie ein sich anbahnendes Herzrasengefühl in ihrer Brust. Verzweifelt geht sie den Rest des Tages nach möglichen Zeitfenstern durch. Sie findet keine.

Unruhig verändert Ulla neben ihr die Schlafposition. Anna fühlt sich beengt. Hoffentlich wacht Ulla noch nicht auf. Hoffentlich ist Florian nicht böse, wenn Anna absagt. Hoffentlich steht in Caros E-Mail nichts, auf das sie sofort reagieren muss. Hoffentlich hat Felix keine neue Freundin. Hoffentlich läuft die Besprechung beim Kunden nachher gut, und sie muss nicht abends noch ellenlange Gespräche mit ihrer Chefin führen. Hoffentlich verschwinden die Bläschen, bis sie den Zug wieder verlässt. Hoffentlich rast ihr Herz nicht noch mehr, als es jetzt schon rast.

Anna schnappt nach Luft, dreht die Musik noch lauter. Es

hilft nichts. Nur weiter abarbeiten. Anna öffnet ihr E-Mail-Programm. Immerhin zum Baby will sie noch gratulieren. Es brummt zwei Mal. Zwei neue E-Mails mit Punkt daneben: Simon, der ihr eine gute Fahrt wünscht, und noch eine E-Mail von Caro, ohne Betreffzeile. Automatisch zeigt das E-Mailprogramm Anna den ersten Satz der Mail an. Offensichtlich ist es gleichzeitig auch der letzte:

»Wir haben uns getrennt«, steht dort.

»Oh nein«, sagt Anna, dieses Mal lauter.

Ihr Herz rast. Es fühlt sich so an, als hätte ihr jemand in den Bauch geboxt. Auch wenn Anna die Trennung hatte kommen sehen, plötzlich schockt sie sie doch. Aber das ist noch nicht einmal ihr erster Gedanke. Ihr erster Impuls ist viel panischer: Wieso ausgerechnet heute?, rast es in Anna verzweifelt. Ihr Bauch tut weh. Sie hat überhaupt keinen Raum, sich um ein Ereignis in dieser Größenordnung zu kümmern.

Anna notiert Caros Namen gar nicht erst auf der Liste. Eine Trennung einer ihrer engsten Freundinnen sprengt sowieso alles. Und eine derartige Sprengung, das weiß Anna, würde der Jenga-Turm ihres Soziallebens unmöglich verkraften. Sie würde ihn sofort zum Kippen bringen. Den Turm, der sowieso schon wackelt. Und der auf keinen Fall zusammenbrechen darf. Weil sonst Anna, die einzige Spielerin, es ihm augenblicklich gleich tun würde.

★

Markus beobachtete Eva. Versunken blickte sie auf ihr Blatt Papier, mit der linken Hand hatte sie ihre Stirn so abgestützt, dass die Haare nach oben standen wie bei einem Stirnband. Sie schrieb und schrieb.

»Ich bitte Sie, dieses Mal eine Liste von *allen* Menschen, die Ihr Leben begleiten, zu erstellen«, hatte Joachim sie aufgefordert. »Schreiben Sie einfach alle Namen auf, die Ihnen einfallen.«

Markus starrte auf sein Blatt Papier. Was hieß schon begleiten?

Waren seine Begleiter-Menschen dieselben wie die fünf Wichtigsten? Oder waren es all seine 1000 Facebook-Freunde und dazu noch die Fans von all den Seiten, die er beruflich betreute? Immerhin stand er ständig mit ihnen allen in Kontakt, und sie verfolgten jeden seiner Schritte. Oder handelte es sich nur um seine wahren Freunde? Also die, die er zu seiner Hochzeit eingeladen hatte, seine Cousins, seinen Patenonkel, seine alten Schulfreunde – all die, die er zwar nur ein, zwei Mal im Jahr sah, die ihm aber mehr bedeuteten als alle Facebook-Menschen zusammen? Andererseits: Konnten sie überhaupt seine wahren Freunde sein, wenn er sie nie hörte? Was hieß schon begleiten? Wo sollte er anfangen?

Er blickte nach Gegenüber.

»Eva«, sah Markus seine Hand schreiben.

Ihre Blicke trafen sich. Markus lächelte. Eva schrieb weiter.

»Wer soll mein Leben in welcher Form begleiten?«, schrieb Joachim an sein Flipchart. »Wer gibt mir Energie, wer raubt mir Energie?«

Markus sah, wie Eva eine Pause machte und die Stirn runzelte. Er malte einen Kringel unter ihren Namen. »Energiebringer«, schrieb Markus über die Spalte. In welche Kategorie die anderen tausend Namen gehören würden, wusste er nicht. Nur bei diesem einen war er sich – absurderweise – schon jetzt ganz sicher.

★

Bernd schmunzelt. Er zwinkert dem Baby am Nebentisch zu. Das Mädchen hat aufgehört zu weinen und starrt ihn nun mit offenem Mund an. Bernd beobachtet, wie sich von hinten ein großer Zeigefinger dem kleinen Mund nähert und in ihm herumzurühren beginnt. Es sieht lustig aus.

»Echt, Dennis«, schimpft der Vater der Kleinen, während er überprüft, ob sie außer Fusseln noch etwas anderes vom Boden aufgeleckt hat. »Lea hätte sonstwas verschlucken können! Nur weil du jede Sekunde deines Lebens auf dein Gerät starren musst, um mit …«, aufgebracht fuchtelt der Mann mit der freien Hand in der Luft herum, »um mit *Schweinen* auf *Vögel* zu werfen! Also, das geht doch so nicht!«

Unbeeindruckt starrt der Junge weiter auf sein Handy. Genervt zieht er kurz seine Kopfhörer hinunter. »Mit *Vögeln* auf *Schweine*«, korrigiert er seinen Vater, bevor er sich wieder seinem Handyspiel zuwendet.

»Noch maaaal«, quengelt sein kleiner Bruder neben ihm, der immer noch im Gang steht und ihm mit dem Plastikschwert in den Oberschenkel piekt.

»Gleich«, murmelt der Ältere. »Ich spiel das hier nur schnell zu Ende.«

»Lea, Lea, wieso hast du nur bloß so viele Fusseln gegessen?«, murmelt der Vater besorgt und wischt dem Baby den Mund mit einem Taschentuch ab.

»Sie ist ein Fusselmonster, Papa, ein kleines Mons-taaaarrr!«, ruft der kleine Junge im Gang, er legt den Kopf in den Nacken und lacht martialisch.

Markus und Bernd lächeln sich an. Auch, wenn Markus Bernd erst seit einigen Wochen kennt und sie nie viel mehr getan haben, als einander höflich zuzunicken: Er mag Bernd. Er mag die Ruhe, die diesen fremden Menschen umgibt. Und manchmal, so wie heute, hat er sogar das Gefühl, dass sie ansteckend war.

★

Ulla öffnet die Augen. Sie blinzelt. Obwohl sie nur kurz eingenickt ist, war sie gerade ganz weit weg. Irgendwo bei Margarete.

Wenn Ulla träumt, dann immer plastisch, ganz direkt. Sie träumt Dinge, die ganz nah mit dem wirklichen Geschehen zu tun haben. Meistens sind es irgendwelche Angstträume. Ulla schließt die Augen, sie versucht, die Bilder zu vertreiben. Sie hat geträumt, dass sie im Heim angekommen ist und ihre Mutter nicht in ihrem Zimmer finden konnte. Panisch hat Ulla die im Traum grellweißen und menschenleeren Gänge abgesucht. Eine Schwester hat sie begleitet. »Rufen Sie meine Tochter an«, hat Ulla ihr zugerufen. »Und meinen Mann und meine Geschwister, schnell!« Die Schwester ist einfach stehengeblieben. Sie hat nur den Kopf geschüttelt. Ulla ist alleine weiter gerannt. Bis hier hin, in die wache Welt, hört sie ihre eigenen Schritte in den Klinikfluren nachhallen.

Ulla blickt zur Uhr. Nur noch eine Stunde. Sie hat länger geschlafen als vermutet. Ulla sieht zu Anna hinüber. Unverändert sitzt ihre Tochter da, den Blick auf ihr Handy gerichtet, herumtippend, stirnrunzelnd. Alles ist so wie vor einer halben Stunde. Nur die Falte auf Annas Stirn ist tiefer geworden und sie hat sich Kopfhörerknöpfe eingesetzt. Hinter ihr, im Profil, sieht Ulla einen Jungen. Er sieht wie eine Kopie von Annas Haltung aus. Auch er sitzt gebeugt, mit gesenktem Blick und ist durch Kopfhörer abgestöpselt.

Noch einmal schließt Ulla die Augen. Sie versucht, das schlechte Gewissen abzuschütteln. Ich hätte da sein müssen, war es im Traum durch ihren Kopf gerast. Ich hätte besser auf sie aufpassen müssen. Ich weiß doch, dass sie den Weg nicht mehr alleine findet. Ulla schluckt. Sie muss dringend mit Anna sprechen, bevor sie ankommen. Anna muss vorgewarnt sein, falls Margarete wirklich verwirrt durch die Flure läuft. Sie muss ihr helfen, sie zu suchen, falls es wirklich so sein sollte.

Vorsichtig tippt Ulla ihrer Tochter auf die Schulter.

Anna zuckt zusammen. Gehetzt schaut sie zu Ulla auf. Die Falte in ihrer Stirn wird für einen Moment noch tiefer. Verkrampft lächelt sie Ulla an.

»Rufen Sie meine Tochter an!«, hört Ulla ihre eigene verzweifelte Stimme. Kein Wunder, dass die Schwester im Traum den Kopf geschüttelt hat, denkt Ulla. Anna will nicht mit mir sprechen. Oder eher, so verrät es ihr Blick: Sie kann nicht.

Und genau das macht Anna ein schlechtes Gewissen.

★

Das schlechte Gewissen begleitet Anna auf Schritt und Tritt. Sie kann sich nicht erinnern, seit wann das so ist. Auf jeden Fall schon viel zu lange. Und es wird partout nicht kleiner.

Anna wünscht sich, dass es eine Instanz gäbe, die ihr sagt, dass alles okay ist. Dass niemand auf sie böse ist, wenn sie einmal nicht zurückschreibt oder jemandem absagt. Dass alle wissen, dass sie tut, was sie kann, und dass sie, egal, ob sie es schafft, alle Punkte auf ihren To-Do-Listen abzuarbeiten, eine gute Freundin, eine gute Kollegin, eine gute Tochter ist.

»Wovor haben Sie Angst?«, hatte Herr G., Annas Therapeut sie in einer der letzten Sitzungen gefragt, als Anna ihm von ihrem Jenga-Turm-Stressgefühl erzählte.

»Vor meinem Telefon«, hatte Anna sofort gesagt. »Also vor irgendetwas, das aus dem Nichts kommt«, hatte sie Herrn G. erklärt. »Irgendwem, der wieder was von mir will, der mir schreibt oder mich anruft und damit meinen Ablauf, so wie ich ihn mir gerade zurechtgebaut hatte, zerstört, und ich dann alles wieder umbauen muss, obwohl dafür gar keine Zeit ist.«

»Aber Sie allein bestimmen doch über Ihre Zeit?«, hatte Herr G. behutsam nachgehakt.

Anna hatte mit den Schultern gezuckt. Sie hatte nicht das

Gefühl, dass sie es war, die über ihre Zeit bestimmte. Zeit, das war etwas, das sich von selbst füllte und überfüllte, ganz egal, was sie tat. Anna war nur die Verwalterin. Und zwar eine hoffnungslos überarbeitete.

»Wissen Sie, *Sie* sitzen doch am Hebel«, hatte Herr G. weiter auf sie eingeredet. Es war ein sehr untypisches Verhalten für ihn, normalerweise fragte er eher, als dass er sprach. Er hatte mit dem Zeigefinger auf Anna gedeutet. »*Sie* entscheiden, wofür Sie Ihre Zeit benutzen, *Sie* allein. Und jeder der Sie kennt, weiß, dass Sie eine gute Freundin sind, selbst wenn Sie sich eine Weile nicht melden. Und diejenigen, die das nicht wissen, sind schlicht und einfach keine guten Freunde.«

Anna nickte.

Herr G. hatte recht, das wusste sie. In der Theorie wusste sie sowieso alles. Aber das Problem lag bei ihr in der Umsetzung. Denn Anna konnte keine Grenzen setzen. Sie konnte nicht nein sagen. Zu Menschen, Angeboten, Aufträgen, Einladungen. Das hatte sie noch nie gekonnt.

Und außerdem war es am Ende dann doch nicht so einfach. Ihr Stress bestand ja nicht nur darin, dass sie nicht nein sagen konnte. Schließlich meldeten sich ja nicht nur die anderen permanent bei ihr. *Sie selbst* konnte ja nicht mehr aufhören, permanent neue Kommunikationsstränge anzuhäufen. *Sie selbst* war es ja, die, sobald sie Ruhe hatte, also irgendetwas Nebensächliches tat, wenn sie kochte oder aufräumte oder auch einfach nur mehr als ein paar Meter draußen alleine lief oder länger als eine Station U-Bahn fuhr, sofort jemanden anschrieb, anrief oder sich durch die Aktivitäten all ihrer Freunde klickte. Anna tat das ganz automatisch. Um die Zeit zu nutzen. Und um wenigstens eines der tausend parallel geöffneten Kommunikationsfenster, die parallel zu ihren tausend geöffneten Tätigkeitsfenstern liefen, zu schließen. Oder auch einfach nur: um sie fortzuführen. Weil die ganze Hektik ja irgendwie auch doch immer wieder

Spaß machte. Weil es immer etwas Kleines zu berichten gab. Und sich Anna über jede neue Nachricht freute.

Meistens zumindest.

Im Kopf versucht Anna die Absage-SMS an Florian vorzuformulieren. Wenn sie sich jetzt auch noch um Caros Trennung kümmern muss, dazu noch um Ulla und ihre Verwandten und den ganzen Rest, muss sie Florian definitiv streichen. Obwohl ihr ein Treffen mit ihm sicher gerade wegen all der anderen Verpflichtungen gut tun würde. Florian ist immer extrem entspannt. Und er bringt Anna jedes Mal zum Lachen. Eigentlich kann er überhaupt nicht ernst sein.

Gerade als Anna den ersten Satz tippen will, kommt eine neue SMS.

»… wahrscheinlich hast du aber sowieso schon was besseres vor, wie ich dich kenne? ;-) LG Florian«

Matt lässt Anna das Telefon sinken. Ihr Herz rast.

Das schlechte Gewissen hat sie umzingelt.

★

Fragen wir uns doch einmal ehrlich: Sind es wirklich noch wir selbst, die über unsere Zeit bestimmen? Sind es wirklich noch wir allein, die am Hebel sitzen?

»Ich kriege Panik, wenn mein Handy klingelt«, sagte ein speckiger Schlipsmensch im Gruppengespräch, in dem Markus und Eva nach der Pause saßen. »Jedes Klingeln fühlt sich an wie ein Anschlag auf meine persönliche Freiheit.«

Die Gruppe nickte. Markus und Eva warfen sich einen kurzen Seitenblick zu. Markus fand den Mann auf merkwürdige Art und Weise rührend: ein kugeliger Alphamensch, auf der Spitze seines Erfolges, am Ende seines Lateins. Jemand, der seit langem mal wieder ehrlich zu sich war. Und mit dem Ergebnis seiner Inspektion überhaupt nicht klarkam.

»Und noch schlimmer ist es, wenn ich dann endlich nach Hause komme«, berichtete der Schlipsmensch ratlos. »Wenn ich nach Hause komme, geht der Horror ja erst los.« Während er seine Liste runterratterte, tippte er mit dem linken Daumen an die Finger seiner rechten Hand: »Dann stehen sie alle da wie aufgereiht: meine Freundin, meine Kinder, meine Ex-Frau, meine Freunde, meine Nachbarn, meine Kollegen, die in derselben Stadt wohnen, meine Eltern, meine Geschwister.« Hilflos zuckte er mit den Schultern. »Dann heißt das Handypiepen halt nicht mehr ›Meeting‹, › Termin‹, ›Mitarbeitergespräch‹ oder ›Deadline‹. Sondern ›Kaffeetrinken‹, ›auf ein Bier treffen‹, ›Geburtstag feiern‹, ›mit den Kindern vorbeikommen‹, ›gemeinsam Kochen‹, ›mal in Ruhe einen Wein trinken‹, ›spazieren gehen‹, ›frühstücken‹, ›ins Kino gehen‹, ›neues Restaurant ausprobieren‹, ›Fußball gucken‹«. Der Schlipsmensch schnappte nach Luft. Er schwitzte. »Wissen Sie, *das* macht mich fertig, eigentlich noch viel fertiger als die Arbeit. Dieses Gefühl, dass es nie ein Ende hat, das dauernde Verplantsein, diese ewige Taktung.«

Fassungslos, als würde er sich über seine eigenen Worte wundern, schüttelte er den Kopf.

»Ich mein', ich *freue* mich, wenn mir meine besten Freunde absagen!«, der Mann blickte auf seine Hände. »Also ist *das* wirklich noch mein Leben?«

Die Sitzgruppe schwieg betreten.

»Eigentlich müsste die ganze Gesellschaft hier sitzen«, sagte eine Frau mit dunkelrot gefärbter Pudelfrisur, die schon seit Beginn des Gruppengesprächs in eruptiven Schüben wie eine Stimme aus dem Off jede Wortmeldung des Gruppengesprächs ungefragt kommentierte. »Mittlerweile sind ja alle krank!«, rief sie erbost. Die Frau blickte Eva, die jüngste Teilnehmerin an. »Wir hier sind ja schon plemplem genug, aber bei den Jüngeren ist es ja noch schlimmer, ne? Oder? Oder?«

Eva schaute beschämt weg. Sie massierte mit der Hand ihre Stirn. »Da hat jemand mal richtig was verstanden«, flüsterte sie Markus durch die geschlossenen Zähne zu, der neben ihr im Stuhlkreis saß. Mitleidig lächelte Markus zu ihr herüber. Einen Ausfall gab es dann eben doch immer.

»Wollten Sie noch etwas sagen?«, fragte Joachim die Pudelfrau höflich.

»Nein, nein«, sagte sie laut. »Ich meinte nur: Eigentlich sollte die ganze Gesellschaft hier sitzen!« Sie lachte hysterisch, bitter.

Beifall erheischend schaute sie in die Runde.

Keiner lachte mit.

★

Vielleicht stimmt es ja sogar: Vielleicht sollten wir mit unserer Aufmerksamkeit und unserem Mitgefühl erst einmal ganz oben auf der Liste anfangen. Dort, wo – idealerweise – unser eigener Name steht. Vielleicht wären wir dann ruhiger. Vielleicht wären wir entspannter, weniger anfällig dafür, uns hemmungslos zu überfordern. Vielleicht hätten wir mehr Energie für uns und deshalb auch für alle und alles andere um uns herum.

Was wäre zum Beispiel, wenn wir all die Zeit, die wir aus unserem Facebook-Fenster gucken, all die Zeit, in der wir unsere E-Mails abrufen, all die Zeit, in der wir uns nach außen, zu anderen hin orientieren, erst an die zweite Stelle stellen würden? Was, wenn wir das, was wir permanent den anderen versichern, erst einmal uns selbst sagen würden? Wenn wir zur Abwechslung einmal nicht nur ihnen sondern einfach mal uns selbst zuriefen: »Wir müssen das jetzt *unbedingt* mal hinkriegen«, »Wir schaffen das, nächste Woche, auf jeeeeden Fall – garantiert!!!«

Was, wenn wir ausnahmsweise einmal einsame, statt gemeinsame Zeit anpeilten?

Vielleicht wäre so ein »ganz entspanntes« Treffen, endlich einmal so ein Abend »ganz in Ruhe« in dem Gefühl, »Open End« nicht zusammen, sondern allein sein zu können, wirklich einmal ganz schön? »Wir freuen uns riiiiesig!« könnten wir uns dann selbst zurufen. Oder, falls das alles wegen der ganzen anderen Verpflichtungen und Menschen nicht drin ist, auch etwas bescheidener, realistischer sagen: »Meld dich doch einfach mal wieder, wenn du Zeit hast.«

★

Anna lächelt Ulla hilflos an. Sie legt ihr Handy zur Seite. Sie kann jetzt unmöglich schon wieder nicht mit ihrer Mutter reden.

Ich muss mit ihr sprechen, denkt Anna. Ich *will* mit ihr sprechen. *Ich sitze am Hebel*, wiederholt sie innerlich, wenig überzeugt, Herrn G.s Satz. Sie zupft sich einen Kopfhörerknopf aus dem Ohr.

»Hast du gut geschlafen?«, fragt sie Ulla.

»Ja«, lügt Ulla. Die Traumreste schwirren durch ihren Kopf wie ungesteuerter Weltraumschrott.

»Haha«, brüllt der kleine Junge gegenüber seinem Vater zu. »Guck mal!« Er hat das iPhone von seinem Bruder ergattert, der Bildschirm ist nun mit einer Bierglasoptik gefüllt, die wackelt, je nachdem wie schräg man das Gerät hält. Mit Schlürfgeräuschen untermalt tut der Junge so, als würde er trinken. Das Bier auf dem Display wird weniger.

»Lass das, komm, Lukas, Bier ist nichts für Kinder«, ruft der Vater über seine Schulter. Er ist damit beschäftigt, seiner Tochter ein Lätzchen umzubinden. »Dennis, nimm ihm das Gerät weg, wie oft denn noch?!«

Ulla schüttelt fasziniert den Kopf. »Ts«, macht sie. »Das ist ja wie in der Schule hier ... Habt ihr nicht auch solche Geräte bei euch im Büro?«, fragt sie Anna beiläufig.

Anna dreht sich zu dem Jungen.

»iPhones?«, fragt sie Ulla ungläubig. Als hätte sie in eine Zitrone gebissen, verzieht das Gesicht in Unverständnis. Sie hebt ihr Telefon und wedelt damit vor ihrem Kopf herum. »Mama, das ist doch das, was ich auch hab.«

Besorgt blickt Anna nach gegenüber. Der Doch-nicht-Julian-Mann tippt in seinen Computer. Normalerweise findet Anna es ja süß, wenn Ulla wieder einmal alles verwechselt – Anna selbst macht sich regelmäßig einen Spaß daraus, ihr abwechselnd iPad, iPod und iPhone vor die Nase zu halten und zu fragen: »Und was ist das?« – aber heute findet sie Ullas Weltfremdheit einfach nur peinlich.

»Die da drüben haben einfach die alte Version davon«, murmelt sie Ulla zu. Ihre Schroffheit tut ihr sofort wieder leid. Demonstrativ dreht Anna der Familie gegenüber den Rücken zu.

»Wer kommt da jetzt eigentlich alles hin morgen?«, fragt sie um das Thema zu wechseln und irgendwie voranzukommen. Ulla antwortet nicht sofort. Anna ist sich nicht ganz sicher, wer ihr das plötzliche Interesse an einem Gespräch weniger abnimmt, sie sich selbst oder Ulla. Ihre Mutter nimmt den Ball trotzdem auf.

»Aaaalso. Onkel Wilfried.« Ulla überlegt.

Anna nickt.

»... na ja, und dann kommt Tante Gerda ... die wollten, glaub ich, schon heute mit dem Auto fahren, aber die ist ja auch schon so klapprig, die werden ganz sicher erst morgen früh da auftauchen, und ich hab ihnen auch gesagt, dass das Oma zu viel wird heute Abend. Wir müssen sowieso sehen, wie sie das dann verkraftet.«

Anna nickt. Sie kann sich überhaupt gar nicht auf Ullas Worte konzentrieren.

»Und wie geht's Papa?«, fragt Anna automatenhaft.

»Och«, Ulla unterbricht ihre Auflistung. Sie zuckt mit den Schultern, »Gut, alles wie immer –« Sie überlegt. »Er hat letztens beim Joggen so eine Zerrung am Knöchel gehabt, das geht nicht so ganz weg. Der Arzt hat ihm so 'ne Tube Voltaren verschrieben, aber das ist ja blöd, das Zeug. Ich hab ihm jetzt so was zum Durchbluten gekauft, was Pflanzliches, das hat auch Evelyn letztens genommen, wie hieß das noch, als sie das mit dem Handgelenk hatte …«

Anna nickt. Ihr ist schwindelig. Sie hat gar nicht gewusst, dass einem im Sitzen schwindelig sein kann. Ein ekelhaftes Gefühl.

»Sag gute Besserung von mir«, hört Anna ihre Automatenstimme sagen.

»Wem?«, fragt Ulla.

»Na, Papa«, sagt Anna fahrig. Sie runzelt die Stirn. »Also, und Evelyn natürlich auch«, beeilt sie sich.

Ulla nickt. »Ja, nee, wie gesagt, bei der ist das schon viel besser durch diese Creme geworden.«

Anna nickt.

Ihr Handy brummt. Sie dreht es nur kurz um. Simon. »Ist alles ok??? Hoffe, du hast eine schöne Zugfahrt mit deiner Mama!«

Anna seufzt. Es kommt noch eine SMS hinterher. Florian. »… schon okay, du hast also wirklich keine Lust, mich zu sehen …«

Anna wird immer schwindeliger. Sie spürt Ullas Blick auf sich.

»Du, ich bin noch ganz bedüselt vom Schlafen eben, hast du Lust, einen Kaffee zu trinken, Anna?«

»Ja«, sagt Anna abwesend. »Gute Idee.«

»Wollen wir in den Speisewagen?« Ulla sucht nach ihrem Portemonnaie. »Da ist mehr Ruhe, und ich wollte sowieso noch was mit dir besprechen.«

Anna schüttelt den Kopf.

»Ich regel das«, murmelt sie und flüchtet auf den Gang. Die Klappsitzreihe hinter den Raumschiffklos ist ein Glück noch frei.

★

Marie meldet sich sofort.

»Ich bin grad eben in die Tür gekommen, ich war noch kurz einkaufen, also nur kurz hier um die Ecke bei dem Gemüsehöker, weißt du noch, wo wir letztens auch dieses Zeug für den Auflauf gekauft haben.« Als hätte Anna sich in einen Redefluss eingeklinkt, der ganz unabhängig von ihrem Anruf läuft, quasselt Marie vor sich hin.

Anna schluckt.

»Ist alles okay bei dir, Süße?«, fragt Marie besorgt.

Anna schüttelt den Kopf. »Mir wird hier alles zu viel«, sagt sie mit brüchiger Stimme.

»Was ist denn los?«, fragt Marie noch besorgter.

»Alle zerren an mir«, sagt Anna verzweifelt. »Und meine Mutter will die ganze Zeit mit mir reden, aber ich merk, ich hab da grad gar nicht den Kopf zu …«

»Mmm, das kenn ich«, sagt Marie sanft. Im Hintergrund klappert es. Marie räumt ihren Kühlschrank ein.

»Und weißt du, dann schreibt nir jetzt Florian plötzlich und macht mir so 'n schlechtes Gewissen, dass man sich gar nicht mehr traut zu schreiben, dass man keine Zeit hat …«

»Der Florian von früher?«

»Mhm, … also weil ich *kann* den einfach nicht treffen, ich *schaff* das einfach nicht, weißt du? Ich *schaff* das einfach nicht.«

»Dann musst du das auch nicht«, sagt Marie entschlossen. »Der meint das sicher nicht böse.«

»Ja, aber das ist doch so *unfair*!« Plötzlich stürzen die Wörter nur so aus Anna heraus. Wie immer, wenn sie mit Marie spricht, entlädt sich auf einmal der ganze Druck. »*Er*, der nie ans Telefon geht, der noch nicht mal bei Facebook ist, erwartet plötzlich, dass ich alles stehen und liegen lasse! So ganz spontan! Wenn er davor *monatelang* einfach nicht richtig erreichbar ist! Was erwarten denn die Leute? Also, wenn das *jeder* so machen würde!«

»Ja, wie bei Meike, ich kenn das«, sagt Marie nüchtern.

»Und dann noch Simon«, schimpft Anna. »*Ständig* schreibt er mir, *immer wieder* dasselbe. Dass er hofft, dass es mir gut geht, dass er mir eine schöne Fahrt wünscht, in Endlosschleife! Weißt du, der soll einfach mal *aufhören*, sich bei mir zu melden, *dann* ginge es mir gut! Ich melde mich dann schon von selbst. Und überhaupt, dieses ständige ›Ich hoffe es geht dir gut‹! Also tut der eigentlich noch *irgend*was anderes als hoffen und wünschen und an mich denken?«

Böse starrt Anna auf den schmutzigen Teppich. Ihr Herz rast. Dieses Mal aus Wut.

»Ignorier ihn, Süße«, sagt Marie beschwichtigend. »Der hatte seine Chance, und jetzt ist sie vorbei, das muss der aber scheinbar erst mal akzeptieren.«

»Ja, aber es macht mir trotzdem Stress«, sagt Anna trotzig. Hypnotisch versinkt ihr Blick in den kleinen getrockneten Matschflecken auf dem Boden. Dreckig weiß haben sich die Salzränder vom geschmolzenen Schnee in die Fasern gefressen.

»Versteh ich«, sagt Marie mitfühlend, »aber das darf es nicht, weißt du?«

Anna seufzt. »Danke, dass du da bist, Marie.«

»Immer, Süße, immer.«

Anna schließt die Augen. Die Worte kommen jetzt wieder ruhiger. »Weißt du, und dann meine Mutter, ich *will* ja mit ihr reden, aber ich konnte mich einfach nicht konzentrieren, ich hatte viel zu viel im Kopf …« Ihre Stimme wird wieder brüchig.

Marie antwortet nicht.

»Hmmm«, sagt sie erst nach einigen Sekunden. Dann schweigt sie wieder. Marie denkt, dass Anna es nicht merkt, wenn sie nebenbei ihre E-Mails checkt. Dabei merkt sie es sofort. Maries Stimme verschiebt sich dann immer ein bisschen, die »Hmmms« werden seltener.

»Marie, bist du da?«, fragt Anna kühl.

»Ja … ja, klar«, sagt Marie und bemüht sich, den Moment zu überspielen. »Süße, das ist ja aber auch alles zu *viel*!«

Im Hintergrund hört Anna das merkwürdige Geräusch das ihr E-Mail Programm auch immer macht, wenn es eine neue ungelesene E-Mail mit Punkt davor anzeigt. Sie schweigt.

»Waaaaaaas?«, ruft Marie. »Caro und Christoph haben sich getrennt?!«

»Ja, eben, das halt auch noch«, sagt Anna müde.

»Oh Gott, oh Gott«, sagt Marie. »Nach so vielen Jahren, echt …«

Anna nickt. »…und weißt du, Caro war immer da für mich, *immer*. Gerade auch als das mit Felix war.«

Annas Stimme bricht. Sofort wendet sich Marie wieder voll und ganz ihr zu. Wenn es Anna richtig schlecht geht, ist sie immer sofort da.

»Anna, beruhig dich. Mach eins nach dem anderen. Schreib Caro, dass du dich meldest, dass es dir leid tut, dass du grad nicht sprechen kannst, aber dass du da bist. Ich mach das auch gleich. Ich kann die jetzt auch nicht sofort anrufen, weißt du.«

»Ja«, Anna schluckt. »Aber was ist mit allen anderen?

Irgendwie denken ja alle, dass sie so einen Zugriff auf mich haben, alle!«

»Das haben sie aber nicht, Anna«, ruft Marie jetzt energischer. »*Du* antwortest, wenn *du* Zeit hast!«

Anna schweigt.

»Ich hab das doch auch ständig«, textet Marie aufgebracht. »Weißt du, Meike ruft hier jeden Tag an und denkt, sie könnte einfach mit mir reden, nur, weil ich gerade in der Bewerbungsphase bin. Dann labert die mich mit ihren Strukturproblemen zu, dass ihr zu Hause die Decke auf den Kopf fällt und sie sich nicht konzentrieren kann, blabla. Aber die Uni kann sie auch nicht mehr sehen, ein Gemeinschaftsbüro ist ihr aber auch zu teuer und und und. Ich kann da auch nur sagen, dass sie mal um den Block gehen muss und sich sonst 'ne Liste machen soll, ganz klar einteilen und so weiter, so wie ich das auch mache. Also ich hab ja auch Mitleid mit ihr, das ist ja auch nicht einfach, frei zu arbeiten und das noch von zu Hause aus. Aber mehr kann ich ja nicht machen. Also weißt du, du kannst den Leuten ja auch nur Tipps geben, ansonsten müssen die sich um ihre Probleme selbst kümmern, das ist nicht deine Verantwortung, Anna. *Du* bist *nicht* verantwortl...«

Es tutet in der Leitung.

»Mist«, Anna hält ihr Handy ins Licht. Die Verbindungsklötzchen schwanken hektisch zwischen null und fünf. Als es wieder zwei sind, ruft sie zurück.

Bei Marie ist besetzt.

Anna wartet einige Sekunden.

Marie hat recht: Sie ist nicht verantwortlich.

Wieder tippt Anna auf Maries Namen. Es ist immer noch besetzt. Marie versucht anscheinend genau so wie sie, zurückzurufen.

Anna entscheidet sich, zu warten. Sie starrt wieder auf den

Teppich. Marie wartet scheinbar auch. Nach einer Minute versuchen sie es beide wieder. Erst nach drei weiteren Anläufen klappt es endlich.

Marie lacht. »Also, wenn es wieder abbricht, ruf *ich dich* an, ja?«

»Ja«, sagte Anna. »Mir geht's aber auch schon viel besser, danke, Marie.«

»Na ja, ich sag dir ja auch nur, was du mir immer sagst.« Im Hintergrund klappern Teller. »Du kannst dich nicht um alles gleichzeitig kümmern. Die Leute sollen dich mal alle in Ruhe lassen! Und zur Not schaltest du dein Telefon einfach mal ab. Zack!«

»Ja«, sagt Anna dankbar. Sie lächelt. »Du, ich glaub, ich geh jetzt auch mal zu meiner Mutter, die wollte was mit mir besprechen.«

»Ja ja, mach das mal«, Marie poltert nun mit Töpfen und Pfannen. »Aber sag mal, Süße, eine Sache hab ich noch, ich hab dir grad was weitergeleitet, ich hab so 'nen Typen am Gate kennengelernt, und wir haben jetzt schon allein in der letzten Stunde vier Mal hin und her geschrieben, sag mal, was du davon hältst. Also, der war echt richtig cool, also nicht so auf den ersten Blick total heiß, aber richtig, richtig nett, also wahrscheinlich hat das nichts zu bedeuten, aber das war richtig witzig, wir haben so über das Lufthansa-Essen geredet und über seinen Job und über mein Vorstellungsgespräch, also der meinte auch, dass er die letzte E-Mail von denen eher positiv bewerten würde, also …«

»Anna?«

Anna zuckt zusammen. Sie dreht sich um. Ulla steht vor der Klappstuhlreihe.

»Marie, warte mal«, sagt Anna. »Merk dir, was du sagen wolltest, ja?«

Marie antwortet nicht.

»Mama, ich komm sofort«, flüstert Anna. »Ich bring den Kaffee mit, wie ich gesagt hab, ja?«

Ulla reagiert nicht. Sie sieht Anna unentschlossen an. Sie zeigt mit dem Finger in Richtung Zugende, wo der Speisewagen ist.

»Was will sie denn?«, fragt Marie beiläufig.

Ulla tritt zur Seite. Sie lässt den Snackmenschen, der auch Kaffee verkauft, an ihr vorbeiziehen.

Anna schüttelt ungläubig den Kopf. »Choo, Mama, warum kaufen wir nicht bei dem? Das dauert doch sonst viel länger«, zischt sie Ulla zu.

Ulla sieht Anna mitleidig an.

»Weil ich gerne mit dir sprechen würde«, sagt Ulla ruhig, aber bestimmt.

Sie sagt es in einem Tonfall, den Anna nicht kennt. Er klingt viel zu ernst für Ulla.

»Anna, bist du noch da?«, fragt Marie. »Ich kann dich auch gleich noch mal anrufen, ich wollte dir das nur ganz schnell noch mal erzählen und fragen, was du davon hältst.«

»Wann kannst du denn später?«, murmelt Anna in ihr Telefon, sie dreht den Kopf zum Fenster. »Ich muss mich hier jetzt echt um meine Mutter kümmern, die ist, glaub ich, jetzt echt genervt.«

»Gleich irgendwann?«, krachend stapelt Marie Geschirr aufeinander. »Ich bin noch so zwanzig Minuten hier, dann geh ich zum Sport.«

»Hmm, vielleicht danach, auf dem Rückweg?«

»Nee, da hab ich jetzt Caro versprochen, sie anzurufen. Danach?«

»Da bin ich beim Meeting.«

»Danach?«

»Bei meiner Oma. Danach?«

»Okay, dann bin ich da wahrscheinlich noch nicht wieder

raus. Danach? Ich versuch's einfach auf der Busfahrt zurück, falls das nicht zu spät wird. Sonst morgen? Auf dem Weg zur Arbeit?«

Innerlich springt Anna mit Marie durch die Stunden. Ulla steht direkt vor ihr. Sie hat ihre Tasche mit dabei.

»Morgen früh ist auch schlecht, da ist Verwandtenalarm«, flüstert Anna.

»Okay. Sonst ruf ich dich vom Kopierraum bei der Arbeit an, wie letztens, dann können wir wenigstens kurz sprechen? Ist ja nur ein Aushilfsjob, ich kündige da ja eh bald.«

»Okay, prima«, sagt Anna, sie hält Ullas Blick nur schwer stand. »Wir kriegen das hin – ganz sicher. Und sonst danach!«

»Super«, sagt Marie. »Und wie gesagt: Guck mal, wenn du kurz Zeit hast, wie der Typ mir immer schreibt, weil, ich find das schon krass, ich meine, wir haben ja nur zwanzig Minuten miteinander am Gate gewartet, und jetzt geht es da so hin und her, ich weiß nämlich auch nicht, was ich antworten soll, vielleicht hast du da einen Tipp, kannst du ja auch sonst schnell schreiben, also ich bin ja noch zwanzig Minuten hier.«

»Okay, mach ich«, verspricht Anna. Sie steht auf. Sie rollt mit den Augen, vielleicht hat Ulla ja Verständnis. Aber ihr Gesichtsausdruck ändert sich nicht. »Ich meld mich, ja?«, sagt sie.

»Ja, mach das! Unbedingt! Weißt du, mit dem Typ, das war so crazy, ich weiß gar nicht, wie ich da jetzt reagieren soll, da musst du mir dann helfen.«

»Mach ich!«, sagt Anna so knapp und freundlich, wie sie kann.

»Gut, danke, grüß deine Mutter, bisdanngleichspäter, ja? Alles wird gut! Tschüß!«

»Bisdanntschüß«, ruft Anna und legt sofort auf.

»Tut mir leid«, murmelt sie betreten in Ullas Richtung, demonstrativ verstaut sie das Telefon in der Jeanstasche und traut sich nicht, aufzuschauen. »Das war grad wirklich wichtig«, sagt sie leise. Ihr Blick verharrt auf dem Schmutzfleck.

★

»Ganz ehrlich?« Eva nahm einen großen Schluck aus ihrem Weinglas. »Eigentlich waren in den letzten Monaten fast alle Leute um mich herum Energieräuber.« Schulterzuckend stellte sie das Glas vor sich und blickte Markus wieder direkt an.

Markus nickte.

Seit zwei Stunden saßen sie schon an der Hotelbar und sprachen über den Nachmittag und die Übungen, die Joachim mit ihnen gemacht hatte. Es fühlte sich an wie ein paar Minuten. Markus war hellwach.

Seit er am Mittag das erste Mal mit Eva gesprochen hatte, hatte er seit langem plötzlich wieder das Gefühl, komplett im Hier und Jetzt zu sein. Mit so viel Energie, Aufmerksamkeit und Kraft, dass er sogar das Gefühl hatte, noch ganz viel davon abgeben zu können. Vielleicht war es auch weniger Evas Wirkung als die der Übungen, dachte er sich. Aber auf jeden Fall hatte sich irgendetwas grundlegend verändert.

Noch immer hatte Markus Eva nicht viel gefragt. Sie sprangen von Thema zu Thema, bisher hatten sie keines zu Ende geführt. Eva erzählte immer nur Fetzen, Ausschnitte aus ihrem Leben, die sich allerdings langsam, aber sicher zu einem Bild zusammensetzten. Ein Architekturstudium mit dem dazugehörigen Leistungsdruck, den Eva nur »Mein innerer Diktator« nannte. Eine Fernbeziehung, ein anstrengender Nebenjob, ihre Familie. »Das mit meinem Bruder«, sagte Eva und blickte in ihr Weinglas. Markus fragte auch an dieser Stelle nicht nach. Nicht weil es ihn nicht interessierte. Sondern weil er das Gefühl hatte, dass sie ab jetzt endlos viel Zeit hatten, um einander kennenzulernen.

In einer Gesprächspause legte Markus seine Hand auf Evas Arm. »Entschuldige bitte«, sagte er. »Ich muss kurz telefonieren, mein Sohn hat morgen früh seinen ersten Kita-Tag«. Er lächelte.

Eva lächelte zurück.

»Grüß ihn«, schien ihr Blick zu sagen.

»Endlich meldest du dich!«, rief Lena, als Markus draußen am toten Springbrunnen zu Hause anrief. »Wie ist es? Timmi ist hier ganz irre vor Aufregung gewesen. Ich dachte schon, er hätte Fieber«, lacht sie. »Aber jetzt schläft er.«

»Gut«, sagte Markus ruhig. Er dachte an Timmis kleinen Körper, an sein Gesicht im Schein der Lampe, wenn er nach stundenlangem Herumgerenne und Gehibbel ganz plötzlich einschlief. Markus konnte ihn ganz genau vor sich sehen.

»Wie ist es denn dort?«, fragte Lena vorsichtig.

»Gut«, sagte Markus. Er stellte ein Bein auf dem Springbrunnenrand auf. Der Himmel über den kahlen Bäumen war immer noch leicht bedeckt, aber ein paar Sterne kamen durch. »Wir sitzen hier noch zusammen. Ich erzähl dir morgen alles in Ruhe, Lena, ja?«

»Okay«, sagte Lena.

Normalerweise hätte sie nachgebohrt. Aber auch sie schien Markus' neuen Zustand sofort wahrzunehmen.

»Schlaf gut«, sagte Markus weich.

Lächelnd legte er auf. Alles würde gut werden.

Denn hier, gerade in diesem Moment, kam langsam, aber sicher all sein Gefühl, all seine Aufmerksamkeit, die in den letzten Monaten so diffus verstreut und verlorengegangen waren, plötzlich wieder zu ihm zurück. Nicht nur als kurzer Geschmack wie auf der Insel. Sondern ganz realistisch, um zu bleiben. Alles schien zurückzufließen, dort wo es hingehörte: hier hin, wo es in diesem Moment nur ihn selbst gab.

Ihn – und Eva.

Obwohl das für den Augenblick eigentlich ein und dasselbe zu sein schien.

★

Wer also sind die wichtigsten Menschen in unserem Leben? Wie viele Menschenleben, wie viele Lebenslinien kann man nebeneinander legen und miteinander abstimmen? Wie viele Alltagsmomente, wie viele kleine Probleme, große Sorgen, wie viele nichtige, lustige, merkwürdige, schöne, schlimme Situationen, wie viele glückliche und unglückliche Ereignisse kann man verfolgen? In wie vielen Menschen kann man das eigene Leben spiegeln? Wie viele Stunden hat ein Tag? Wie viele Kontakte passen in eine Stunde? Was bedeutet Freundschaft, was Mitgefühl 2.0?

Eines bedeutet es auf jeden Fall: Immer da zu sein.

Um sich auszutauschen, um sich begleiten zu können. Um sich mitzuteilen.

Und dazu gehören schließlich immer mindestens zwei. Weshalb es auch nicht mehr nur wir sind, die alleine auf Platz eins stehen – nicht umsonst heißt es 2.0.

Denn uns gibt es jetzt nur noch im Plural. Und nie mehr allein.

Der Moment
und der Terror des Teilens

Nein, die riesige tolle Dauerpartie, in der wir alle miteinander verstrickt sind, könnten wir beim besten Willen nicht alleine am Laufen halten. LG ist definitiv ein Gesellschaftsspiel.

Doch obwohl es deshalb immer mindestens ein oder optimalerweise gleich einige Hundert Gegenüber braucht, um gemeinsam von einer Runde in die nächste, von einem Moment in den darauffolgenden zu gelangen, geht es im Kern merkwürdigerweise gar nicht so sehr um die anderen.

Strenggenommen hängen wir ja gar nicht nur wegen ihnen – wegen dem, was *sie* erleben, was *sie* erzählen und abbilden – den ganzen Tag an unseren Kabeln, Strippen und Geräten. Letztendlich tun wir das alles ja vor allem für uns selbst. Denn nur, wenn die anderen uns zuhören, nur wenn sie uns wahrnehmen und wir gegenseitig aufeinander reagieren, spüren wir – so richtig – dass wir existieren. Erst, wenn wir uns gegenseitig dabei zusehen und begleiten, wissen wir wirklich, dass wir – so richtig – leben. Dass wir etwas *er*leben.

Und dass wir all diese tollen Momente, die aneinandergereiht unser Leben ausmachen, dadurch dass wir mit ihnen nicht alleine geblieben sind, sondern andere mit dabei waren, nicht verpasst haben.

★

Tapfer hielt sich Eva neben Markus auf ihrem Stuhl. Die Müdigkeit war ihr ins Gesicht geschrieben.

»Es ist mitten in der Nacht«, hatte sie ihn um halb neun beim Frühstück, von dem sie nichts anrührte, knapp begrüßt. Markus konnte Evas Müdigkeit kein Stück teilen. Die Frische, mit der er um zwei Uhr nachts, nachdem die Hotelbar sie herausgeschmissen hatte, ins Bett gegangen war, hatte ihn sofort, nachdem er die Augen geöffnet hatte, wieder erfüllt. Der Wecker, den er sich gestellt hatte, um Timmi viel Glück für seinen ersten Kita-Tag zu wünschen, war überflüssig gewesen. Markus war eine Stunde früher von alleine aufgewacht und, statt sich noch einmal umzudrehen, Schwimmen gegangen. Eine halbe Stunde lang hatte er seine Bahnen unten im Hotelpool gezogen, ganz ohne Gedanken, wie er erst nach einigen hundert Metern merkte. Tief hatte Markus danach auf dem Beckenrand sitzend den Chlorgeruch inhaliert und in das helle Blau des Wassers geschaut. Der Pool war leer gewesen, genau so wie die Duschen, genau so wie der Wald draußen vor dem Fenster, genau so wie sein Kopf und der Himmel über den knorrigen Ästen. Bis Markus auf Eva traf, war er niemandem begegnet.

»War es wieder halb fünf, fünf?«, hatte er Eva mitleidig gefragt, als sie an seinen Tisch geschlurft kam. Markus hatte sie mit grünem Tee versorgt und ihr ungefragt seine Jacke umgehängt, weil sie so aussah, als ob sie fror.

Eva hatte genickt. Widerspruchs- und kommentarlos hatte sie Markus' Betreuung angenommen. Schweigend hatte sie ihren Tee genommen, die weißen Schnüre ihres hellblauen Kapuzenpullis unter seiner Jacke enger gezogen und war ihm wie ferngesteuert in den Konferenzraum gefolgt, um sich brav auf einen der zwei Stühle, die er für sie ausgesucht hatte – die, die dem Platz der Pudelfrau am fernsten waren –, zu setzen.

Joachim hielt an diesem Morgen eine Stoppuhr in der Hand. Aufmunternd nickte er in die Runde. »Schließen Sie bitte für ein paar Momente die Augen«, raunte er verheißungsvoll. »Öffnen Sie erst nach jeweils einer Minute kurz die Augen, wir wiederholen das Ganze dann drei Mal«, wies er seine Kursteilnehmer an.

Langsam hob Joachim einen Zeigefinger in die Luft. Wie um zu überprüfen, ob auch alle Läufer an der Startlinie standen, warf er einen letzten Kontrollblick in die Runde, erst dann fanden seine in die Höhe gestreckten Finger den Knopf an seiner Uhr.

»Ab ... *jetzt!*«, rief Joachim, drückte demonstrativ den Knopf und ließ seinen Arm fallen.

Markus sah zu Eva hinüber.

Sie schloss die Augen. Genau so willenlos, wie sie sich eben von ihm hatte steuern lassen, folgte sie nun ihrem Kursleiter. Aufmerksam studierte Markus ihr feines, blasses Gesicht. Eva sah aus, als wäre sie in einen Tiefschlaf gefallen. Es sah süß aus. Markus hätte sie am liebsten in den Arm genommen und zurück ins Bett getragen. *Ich habe dich noch nie in den Arm genommen*, dachte er.

Gestern Nacht zum Abschied hatte Eva ihm nur kurz zugewunken. Lachend war sie vor Markus durch die Hotelflure davongelaufen, nachdem sie die Hände wie zum Beten aneinandergelegt, sich wie ein kleiner Buddha vor ihm verbeugt und mit ihrer ironischen Stimme »Danke für den Abend« gesagt hatte. Dann war sie plötzlich verschwunden, weggesprintet durch die Gänge, hellwach, als müsste sie noch irgendwo hin, weiter, Marathons laufen, Gewichte stemmen oder einfach nur rennen.

Markus lächelte.

Auch er schloss die Augen. Orange-gelbe Farbfelder erschienen auf seiner Netzhaut, wie beim Schwanken eines

Schiffes verfärbten und verformten sie sich, je länger er die Augen geschlossen hielt.

Wahllos öffnete Markus nach einigen Sekunden wieder die Augen. Ein paar Teilnehmer blinzelten ebenfalls in die Runde. Die meisten jedoch hielten ihren angestrengten Gesichtsausdruck mit zusammengepressten Lidern. Nur Eva sah entspannt aus. Markus zwang sich, sie nicht weiter anzustarren.

Das Sekundenzählen gab er auch während der zweiten Runde sofort wieder auf. Wenn Markus mit Timmi Verstecken spielte, zählte er immer extra langsam, damit Timmi Zeit hatte, sich ein gutes Versteck auszusuchen. Hier brachte Markus nur die Zahlen durcheinander, er zählte viel zu schnell und sprang dann hektisch eine Zehnerreihe nach vorne, nur um sich sofort wieder zu verzählen. Das Bild von Eva, die neben ihm schlief, zusammen mit den herumirrenden Gedanken darüber, was diese Übung bezwecken sollte, lenkten ihn ab. Ein Mal noch wiederholte Markus das fahrige Abtauchen ins Farbenmeer, dann, nach dem dritten Mal, saß er wieder mit offenen Augen da, wie alle anderen.

Alle, außer Eva.

Erwartungsvoll schauten die Teilnehmer abwechselnd von ihr zu Joachim und wieder zurück. Die Pudelfrau lachte ihr hysterisches Lachen. »Drei Minuten oder eine halbe Stunde?«, rief sie aggressiv.

Schweigend sah Joachim auf die Stoppuhr. Er lächelte wissend. Die Zeit zog sich hin. Markus konzentrierte sich auf Evas Hände. Er hatte Angst, dass sie wirklich eingeschlafen war und sich den heißen Tee über den Schoß gießen würde.

»*Stop*«, rief Joachim schließlich, wie zum Beweis hob er seine Stoppuhr in die Luft. »So lang«, triumphierend lächelte er und zeigte das Ziffernblatt in die Runde, »sind drei Minuten.«

Eva öffnete die Augen.

Verwirrt blickte sie sich um. Sie wurde rot. Markus lächelte. »Pass auf, der Tee ist heiß«, flüsterte er ihr zu.

Neugierig blickte Joachim von einem Teilnehmer zum nächsten. »Wie fühlen Sie sich jetzt?«, fragte er bedeutungsschwer in den Sitzkreis.

Die Gruppe schwieg. Die Pudelfrau zuckte mit den Achseln. Sie sah beleidigt aus.

Behutsam legte Joachim die Uhr zur Seite, erwartungsvoll baute er sich vor seinem Flipchart auf. »Wie haben Sie diese letzten Momente erlebt?«, setzte er seinen Fragenkatalog fort und zückte einen Stift der in seiner hinteren Hosentasche gesteckt hatte. »Fühlen sich sechzig Sekunden normalerweise genau so an?«

Niemand sagte etwas.

»Ich hatte Angst, dass alle anderen schon wieder hingucken«, meldete sich schließlich der speckige Schlipsmensch vom anderen Ende des Raumes. Wie gestern schaute er beim Reden betreten hinunter auf seine Hände. »Ich hatte Angst, dass ich die Minute verpasse, weil ich mich in irgendwelchen Gedanken verliere.«

Joachim nickte bedächtig.

»Verpassensangst«, schrieb er langsam in Großbuchstaben auf sein Flipchart. »Womit haben Sie die freien Minuten denn dann gefüllt?«, fragte er einfühlsam. »Mit ihren Gedanken – oder mit der Angst?«

Der Schlipsmensch lächelte traurig. Er hatte schon wieder verloren. »Wohl eher mit der Angst«, kapitulierte er kleinlaut.

★

Als Bernd die Augen öffnet, sind die zwei ihm gegenübersitzenden Frauen verschwunden. Unverändert tippt Markus neben ihm auf seinem Computer herum. Der Streit der Familie am Nebentisch ist verebbt. Eingeschnappt sitzen der ältere und der jüngere Sohn auf ihren Plätzen und halten schweigend ihre Blicke auf die Tischplatte gerichtet. Nur das Baby scheint zufrieden. Fröhlich wackelt es mit den Beinchen, während sein erschöpft aussehender Vater mit einem kleinen roten Plastiklöffeln geduldig Bananenbrei in seinen kleinen Mund balanciert.

Bernd lächelt. Er sieht auf seine Uhr. Es sind erst drei Minuten vergangen. Drei Mal sechzig Sekunden lang hat er sich entspannt. Drei Momente lang hat er an nichts gedacht, nichts gewollt, nichts geplant, sich um nichts gesorgt. Er hat einfach nur dort gesessen, im Hier und Jetzt, auf der Reise mit diesem Zug, auf der Reise durch den neuen Tag. Und zwar ganz genau in dem Geisteszustand, in dem er es am allerliebsten tat: *bewusst*.

Denn Bernd will keinen einzigen Moment seines Tages verpassen. Er will sein Leben nicht in Hetze leben, im rasenden Zustand des Multitaskings mit einem Kopf, in dem es permanent zugeht wie auf einer zehnspurigen Autobahn. Bernd will sein Leben spüren, will jeden einzigartigen Moment, der, genauso, wie er ist, niemals wiederkehren wird, wahrnehmen.

Schon morgens im Bett achtet Bernd deshalb darauf, alles *bewusst* wahrzunehmen. Nach dem Aufwachen bleibt er immer noch ein paar Minuten liegen. Nicht, um voller Unmut den Wecker zu verdammen und den Tag mit all seinen Anforderungen auf seine noch müden Sinne einpreschen zu lassen. Sondern, um ihn mit Freude zu begrüßen.

Sanft lockert Bernd erst einmal seine Zehen und Finger, stretcht sich und seine Beine, so lang er kann, macht ein ganz kleines, zusammengezerrtes Gesicht, gähnt, streckt die Zunge heraus und atmet dann laut mit weit geöffneten Augen aus.

Wenn sich trotz dieser Übungen ausnahmsweise einmal – was nur selten passiert – ein Gedanke zu lange hält oder ein

Traum partout nicht verfliegen will, greift Bernd zu einem Bleistift, der eigens zu diesem Zweck neben einem leeren Blatt Papier immer auf seinem aufgeräumten Nachtzimmerschränkchen bereitliegt, und schreibt ihn auf. »Ich nehme das Gefühl, das ich wegen dieses Gedankens oder Traumes habe, an«, schreibt Bernd dann darunter und wartet einen Moment. So lange, bis er fühlt, wie der Satz in ihm nachhallt, wie er im unebenen Boden seines Geistes seine Wurzeln schlägt, sich entfaltet, bis sich alles wieder geglättet hat, und es Bernd wieder bessergeht. Bernd lächelt, wenn er spürt, wie er auf diese Weise die Müdigkeit und all die Träume und die Sorgen, die der Tag mit sich bringt, wieder einmal erfolgreich weggepustet hat und ihnen dabei zusehen kann, wie sie vorbeiziehen, noch bevor sie ihn belasten können.

Erst, wenn sie ganz vom Horizont verschwunden sind, steht Bernd auf und geht in die Küche. Auf seinem achtsamen, konzentrierten Weg von einer Tagesstation zur nächsten spricht er mit niemandem. Er hört in der Küche kein Radio, checkt keine E-Mails, liest keine Zeitung, weder auf Papier noch online, und er schaut nicht auf die Uhr. Er nimmt nur das Licht des neuen Tages im Raum wahr, hört auf die Geräusche von der Straße, aus dem Hinterhof, den Nachbarwohnungen und lauscht den regelmäßigen Bewegungen seines eigenen Kiefers beim Kauen.

Nachdem er geduscht und sich angezogen hat, zieht Bernd ein elektronisches Armband an sein rechtes Handgelenk. Wie jeden Morgen stellt er den kleinen Schrittmesser auf Null. Fünfundvierzig Minuten Spazierengehen – so hält Bernd es, seit er denken kann – sind das Gesündeste, was man an einem Tag machen kann. Fünfundvierzig Minuten, das ergab manchmal 3000 Schritte, manchmal auch mehr. Früher hat Bernd sie gezählt, seit einigen Jahren begleitet ihn nun sein kleiner Pedometer dabei. Bernd mag es, wenn er auf der blau leuchtenden Anzeige ab und zu sehen kann, wie viele Schritte er schon getan hat. Nicht, um sich zu kontrollieren oder anzutreiben – der Leistungsgedanke ist Bernd fremd –, sondern um die Schritte noch *bewusster* wahrzunehmen. Denn Bernd zählt sie nur, um den Augenblick, in dem er geht, voll auszukosten. Um das Gefühl ganz wahrzunehmen und sich selbst beim Spüren zu spüren. Schließlich will Bernd jeden Augenblick seines Lebens *bewusst* leben. Und keinen einzigen Moment verpassen.

★

Mutlos trottet Anna hinter Ulla her. Entschlossen stampft ihre Mutter vor Anna durch den Gang, vorbei an den Abteilen, durch alle Menschen hindurch, zielsicher, fast rücksichtslos und vor allem, ohne sich auch nur einmal nach Anna umzudrehen.

Wankend vor ihrem Schwindel und dem wackelnden Zug stolpert Anna durch die Gänge. Dass ihr im Stehen und Gehen schwindelig sein konnte, war nichts, was sie erst heute lernte.

»Mama?«, fragt sie zaghaft. Doch Ulla hört es nicht. Oder sie will es nicht hören. Als sei es ihr total egal, ob Anna mitkommen würde oder nicht, läuft sie einfach weiter.

Früher, als Anna klein war, hatte ihre Mutter regelmäßig diesen alten Spielplatztrick rausgekramt. Sobald Ulla damals – nach dem gefühlt hundertsten gescheiterten Überredungsversuch, endlich nach Hause zu gehen – heiter über die Schulter rufend verkündet hatte, liebend gerne alleine loszuziehen und Anna einfach zurückzulassen, war bei Anna jedes Mal wieder schlagartig der Trotz in Verlassenspanik umgeschlagen. Heulend war sie hinter ihrer spielzeugbehangenen, ihr Schreien ignorierenden Mutter hergelaufen, sobald diese sich auch nur einen Meter weit von ihr entfernt hatte.

»Mama?«, fragt Anna erneut. Je näher sie dem Bordrestaurant kommen, desto schneller läuft Ulla vor ihr weg.

»Mama, jetzt warte doch mal«, jammert Anna, dieses Mal noch leiser, nur für sich.

Das Brummen ihres Telefons in der Hosentasche ignoriert sie. Der alte Spielplatztrick funktioniert offensichtlich auch noch nach dreißig Jahren genau gleich.

★

Eigentlich geht es Anna genau so wie Bernd. Auch sie will ihr Leben so bewusst wie möglich spüren, auch sie will eigentlich um Himmels willen keinen einzigen Moment ihres Tages verpassen. Weshalb sie so viele von ihnen wie möglich versucht festzuhalten.

Nicht etwa, indem sie ihre eigenen Schritte zählt oder ihre Erlebnisse am Ende eines Tages akribisch in ein kleines Büchlein notiert. Sondern indem sie sie – direkt in dem Moment, in dem sie geschehen – so intensiv wie möglich mit anderen teilt.

Den ganzen Tag lang spiegelt Anna sich in anderen Menschen. Von morgens bis abends wissen mindestens immer ihre allerwichtigsten Freunde ganz genau, wo sie ist, was sie tut, wie es ihr geht, welche Stimmung über ihrem Tag liegt, wie sie sich verändert, wer sie genervt hat, wovor sie Angst, was sie erreicht, worüber sie gelacht hat, welche Bilder sie sich anschaut, welche Musik sie hört, was sie gelesen hat, wen sie per Zufall oder verabredet getroffen hat, wie dieses Treffen abgelaufen ist, und was sie danach als Nächstes vorhat.

Je nachdem, womit Annas Zeit gefüllt ist, teilt sie sie alternativ in Direktübertragung, in Nacherzählungen oder Vorankündigungen. Sie erzählt in kurzen Telefonaten oder langen E-Mails über ihre Erlebnisse, presst kleine oder große Neuigkeiten in schnelle Zusammenfassungen per SMS, breitet Nichtiges oder Wichtiges in ausführlichen Chats aus, verschlüsselt Geheimes in andeutenden Statusmeldungen oder fotografiert etwas Außergewöhnliches so ab, dass immer mindestens ein, manchmal aber auch 400 fremde Augenpaare etwas von ihm mitbekommen haben.

Denn nur so – dadurch, dass er gesehen wird – bekommt ein Moment von Annas Leben, der gerade in all seiner Leichtigkeit drauf und dran ist, einfach so vorbei zu fliegen, das, was er verdient hat: Gewicht.

Nur so gibt es am Ende Spuren von ihm. Spuren und Zeugen, die beweisen können, dass es ihn gab, dass Anna und die anderen ihn nicht einfach verpasst, sondern bewusst wahrgenommen haben. Nicht etwa, weil sie alleine mit ihm waren. Sondern weil sie ihn im entscheidenden Augenblick geteilt und ihm damit ihre volle Aufmerksamkeit geschenkt haben.

★

Doch wohin mit all den Momentaufnahmen? Was sollen all die anderen mit unseren Bildern? Und wir mit ihren? Erinnern wir uns wirklich alle besser an sie, wenn wir sie ständig übermitteln? Halten diese Aufzeichnungen denn überhaupt je länger als ein paar Minuten? Sind sie eine Stunde, einen Tag, nachdem wir sie verschickt haben, denn wirklich noch interessant?

Und was wird später aus all diesen Screenshots unserer eigenen Leben? Werden wir uns all diese Standbilder unserer selbst je wieder ansehen, sie je noch einmal durchlesen? Werden wir an ihrer Masse eines Tages implodieren? Werden all diese Informationen plötzlich, mit einem lauten Knall, unsere Köpfe sprengen? Oder werden sie, noch schlimmer, ganz still und unbemerkt, in der Bedeutungslosigkeit verpuffen?

Eines ist auf jeden Fall schon jetzt klar: Das große Abo auf Gemütszustände, Aufenthaltsorte, Witze, Texte, Bilder und Informationen, das wir alle miteinander abgeschlossen haben, kann kein Mensch mehr länger als in dem kurzen Moment, an dem einen Tag, an dem es bei ihm eintrifft, bewältigen.

Schon jetzt wandert all dieses veröffentlichte Material immer schneller, nachdem wir es flüchtig nach den wichtigsten Meldungen überflogen haben, direkt ins vergessene Archiv der alten Neuigkeiten oder, noch pragmatischer, dorthin, wo ungelesene Abos immer landen: im Altpapier. Dort wühlen dann höchstens noch irgendwelche Konzerne nach brauchbaren Informationen herum, uns interessieren all diese eben noch so unglaublich interessanten Daten dann rein gar nicht mehr.

Klingt nach einer himmelschreienden Verschwendung von Zeit, Strom und Energie? Das ist es aber nicht.

Seinen Zweck hat das ganze Dokumentieren ja schließlich erfüllt. In der Minute, in der Sekunde ihrer Übertragung haben all unsere Zeugnisse sie schließlich gehabt: ihre große Stunde. Denn durch sie hindurch zelebrierten wir schließlich nichts Geringeres als den uralten, schlichten Triumph: »Ich war hier« – diese wunderbare Markierung im Jetzt, irgendwo in der Unendlichkeit von Zeit und Raum, konnten wir nur durch sie feiern. Und zwar nicht mehr so dilettantisch wie früher – dahingekritzelt mit Edding an einen Ausguckspunkt oder eingeritzt mit einem stumpfen Taschenmesser auf knorriger Baumrinde – sondern mehrdimensional, in gesprochener Sprache, in Ton-, Bild- und Textdokumenten gleichzeitig, laufend, doppelt und dreifach, direkt, umsonst, als Flatrate, mit einer unschlagbaren Übertragungszeit von Null bis einer Sekunde.

All die Wörter und Gespräche, all unser Senden und Empfangen, Bimmeln und Piepen kann allein deshalb schon gar nicht so überflüssig sein, wie manche glauben. In all diesen Telefonaten, SMS, Chats, Tweets, Statusmeldungen und Fotos, in denen wir uns selbst ausflaggen, *leben* wir schließlich. Wir *denken* ja, während wir telefonieren. Wir *spüren* uns ja, während wir schreiben. Wir sind voll *da* – nicht obwohl, sondern gerade *weil* wir dabei auf einen Bildschirm starren.

Klingt schon wieder unlogisch? Für uns ist es das nicht.

Für uns ergibt sie nämlich total viel Sinn, diese neueste philosophische Errungenschaft unserer Zeit, die wir als allererste leben: Wir posten, also sind wir.

Und je mehr Leute unsere Abos lesen, je mehr Augenpaare uns beim Leben zusehen, desto genauer wissen wir, dass sie stimmt. Weil wir uns nur dann, wenn sie alle auf uns gerichtet sind, endlich so richtig spüren.

★

Morgens war Eva also schlecht gelaunt. Wie alles andere an ihr speicherte Markus diese Information sofort ab. Wie ein Süchtiger seinen Stoff sog er sie auf, spürte ihre Wirkung – und sicherte die Erinnerung daran dann sofort wie eine seltene Kostbarkeit in einer eigens dafür angeschafften inneren Schatztruhe, die sich, seit er sie gestern zum ersten Mal geöffnet hatte, stetig füllte.

Markus störte es nicht, wie düster Eva – ganz anders als gestern um diese Zeit – in der Mittagspause am Springbrunnen herumlungerte. Er schwieg einfach mit ihr. Und beobachtete nur aus den Augenwinkeln, wie sie da stand. Seit Joachim sie erneut aus dem Schlaf gerissen hatte, blickte Eva noch zerknitterter und noch griesgrämiger, vor allem aber: noch niedlicher in den Tag.

Krampfhaft versuchte Markus nicht zu schmunzeln. Ohne Eva gut zu kennen ahnte er, dass, wenn er sie jetzt nicht todernst nahm, sich ihre schlechte Stimmung sonst sofort gegen ihn richten würde.

Wortlos blickte er einige Minuten lang in den Wald.

»Vielleicht können wir nachher ja ein bisschen spazieren gehen?«, schlug er ihr nach einer Weile aufmunternd vor. Eva hatte gestern Nacht erzählt, dass sie am Waldrand ein Trimm-Dich-Pfad-Schild entdeckt hatte, dem sie heute unbedingt folgen wollte.

»Hm«, grummelte Eva desinteressiert.

Sie schwiegen wieder. Gefühlte Ewigkeiten lang standen sie einfach nur da. Um Eva nicht wieder so zu beglotzen wie vorhin blickte Markus jetzt in den grauweißen Himmel, ganz weit, so wie Timmi beim Drachensteigen, legte er den Kopf in den Nacken.

»Weißt du, was *so* zum Kotzen ist?«

Plötzlich schien Eva so etwas wie einen Energieschub zu haben. Einen negativen, aber immerhin. Sie wartete Markus' Antwort nicht ab. »Wenn ich aufwache, dann sind alle anderen schon vor mir aufgewacht!«

Markus nickte langsam. Er war nicht sicher, über wen sie sprach.

Wütend zog Eva seinen Schal enger um ihren Hals. Mit dem Kopf deutete sie zum Hotel. »Also nicht nur die Menschen da. Sondern vor allem all meine eigenen blöden Gedanken.«

Die Worte sprudelten nun plötzlich aus Eva heraus, dass sie sich dabei fast überschlugen: »So ganz hübsch nebeneinander stehen die morgens schon da, weißt du?« Energisch verfolgten Evas Finger nun eine imaginäre Aufreihung. »Das fiese Gedankenmonster, das für die Selbstzweifel zuständig ist – das die ganze Zeit nur ›Du kannst das nicht, Du kannst das nicht‹ ruft und mich auslacht, wenn ich mir irgendwas vornehme. Dann das andere, das ganz flexibel einfach immer nur so an mir herummäkelt – dass alle anderen alles besser und schneller und toller können als ich. Und das dritte«, Evas Gesicht verdüsterte sich noch mehr, »das Dritte ist so eine Art Schicksalsmonster, das die ganze Zeit nur sagt, dass sowieso alles falsch ist. Dass ich alles anders hätte machen sollen, dass ich hätte weggehen sollen, in eine andere Stadt, zu einem ganz anderen Studium, einem ganz anderen Alltag, einem, der mich nicht krank macht.«

Markus nickte. Jetzt waren es schon mehrere innere Diktatoren, speicherte er ab.

Sie schwiegen wieder. So abrupt, wie er gekommen war, war Evas Redeschwall auch wieder vorbei. Ein Mann in beiger Barbour-Jacke, der seinen Hund ausführte, kam aus dem Wald heraus am Hotel vorbeigelaufen. Markus nickte ihm zu. Eva schaute zu Boden. Ihre Energie war plötzlich wieder völlig weg.

Erst nach weiteren langen, wortlosen Minuten fuhr sie ihren Satz leise fort. Sie nuschelte jetzt nur noch in ihren Schal, so dass es sich fast so anhörte, als würde sie mit sich selbst sprechen und als seien ihre Worte gar nicht mehr für ihn bestimmt. »Und das Dümmste ist ja, dass ich allerspätestens seit einem Jahr weiß, dass all diese Monster eigentlich total lächerlich sind. Dass das alles noch nicht einmal die wahren Probleme sind ...« Eva schaute immer noch zu Boden. »Als mein Bruder krank geworden ist, waren sie auch einfach kurz völlig weg«, murmelte sie leise. »Aber jetzt, wo das Ganze schon ein Jahr geht, weiß ich, dass sie sich einfach nur abwechseln, die dummen, lächerlichen Monster – und diese andere, neue, große, *wirkliche* Angst, diese reale Panik vor Untersuchungsergebnissen, vor schlechten Blutwerten, vor neuen kranken Zellen, vor all dem Gift in seinem Körper ...«

Plötzlich blickte Eva Markus ganz direkt an. Ihre Augen sahen nun gar nicht mehr trotzig aus, sondern nur noch traurig und verzweifelt.

»Ich hab einfach solche Angst, weißt du? Vor *allem*.«

Einen langen Moment hielt Eva den Blickkontakt. Markus schluckte. Bei Tageslicht sind ihre Augen grau-blau, registrierte er wie mechanisch. Er wusste nicht, was er sagen sollte. Hilflos nickte er in die Stille, in der Evas Worte herumschwebten. Ganz anders als vorhin, aber genau so intensiv überkam ihn plötzlich der Wunsch, sie einfach in den Arm zu nehmen.

»Na ja«, sagte Eva plötzlich wieder in normaler Lautstärke und ihrem typischen Tonfall. Sie lächelte schräg. Ihr Gesicht hatte sich schon wieder völlig verändert. Eva zog den Schal tiefer, so dass sie wieder frei sprechen konnte. Die Schwere des Momentes schien wie weggeblasen.

»Wir müssen wieder, oder?«, mit dem Kopf nickte Eva in Richtung Terrasse, entschlossen drehte sie sich auf dem Fleck um.

Automatisch tat Markus es ihr gleich. Nun war er der Ferngesteuerte. Während er versuchte, ihrem Stimmungswechsel nachzukommen, sprudelte Eva nun wieder vor sich hin. Als würde sie mit einem Vollidioten sprechen, dehnte sie dabei die Wörter. »Wir müssen schließlich *lernen*«, hörte er ihre Stimme über ihre Schulter hinweg, »wie viele *Sekunden* eine *Minute* hat.« Wie Joachim es vorhin mit seiner Stoppuhr getan hatte, hob Eva beim Gehen belehrend ihren Zeigefinger in die Luft. »Aber nur Sekunden zählen reicht nicht! Wir müssen *lernen*, wie man *richtig* dabei *denkt*!«, rief sie in sarkastischer Freude. »*Denken* haben wir nämlich *auch* verlernt! Weißt du?«, schlagartig drehte sie sich zu Markus um, so dass er fast in sie hineingerannt wäre. »Wir können ja *nix* mehr selber!« Aufgebracht fuchtelte Eva um sich, während sie ihre Aufzählung begann, wie vorhin drehte sich dabei ihre eigene Energiespirale nun Wort für Wort höher, »*Arbeiten* macht uns krank! *Freizeit* macht uns krank! *Schlafen* können wir nicht mehr, *Atmen* machen wir falsch, richtig *Sitzen*, *Stehen* und *Liegen* müssen die uns wieder beibringen, weil wir sonst *Verspannungen* kriegen«, wütend schüttelte Eva den Kopf, sie drehte sich um und stampfte weiter. »Also, langsam frag ich mich echt: Haben wir eigentlich *irgendwas* gelernt, seit wir auf der Welt sind?«, rief sie ungestüm über ihre Schulter.

Markus antwortete nicht.

Mit der Hand griff er zur Tür über ihrem Kopf und hielt sie für Eva auf. Energisch trampelte sie vor ihm ins Foyer, in dem Joachim gerade ein Schild aufbaute, das ein anderes Seminar anpries. *Workshop: Basisch Fasten*, stand auf dem Plakat.

»*Essen*!«, rief Eva und schlug sich an den Kopf, »na klar! Richtig *Essen* haben wir ja auch verlernt!«

Sie lachte irre. »Weißt du, Markus«, sagte sie belustigt, sie ignorierte Joachim und fuhr mit der Hand rigoros durch die Luft, als würde sie etwas von einer großen Fläche wischen, »am besten lernen wir einfach noch mal *alles* neu! Wie im Kindergarten! Wir sind hier im *Kindergarten*!«, rief sie begeistert und klatschte in die Hände.

Markus lachte. Ohne irgendetwas zu entgegnen, folgte er Eva in den Tagungsraum. Ganz kurz dachte er an Timmi und daran, wie es ihm in seinem Kindergarten wohl erging. »Markus«, hallte es durch seinen Kopf. Eva sprach ihn jetzt genau so direkt an, wie sie ihn immer anschaute. Freudig archivierte Markus diese neue, besondere Kostbarkeit in seinem Erinnerungsspeicher. Behutsam legte er sie zu allem anderen, das er bisher von Eva bekommen hatte, zu all den anderen Sachen, die sie zu ihm gesagt hatte, zu all den anderen, wenigen Dingen, die er seit heute von ihr wusste, und zu all den anderen Gefühlen, die sie bei ihm ausgelöst und die er aufgesogen hatte – wie ein Süchtiger.

★

Zum ersten Mal seit ihrem Kraftmarsch durch den halben Zug sieht Ulla Anna wieder direkt an.

»Was möchtest du trinken?«, fragte sie und schaut durch die kleinen ovalen Gläser ihrer Lesebrille zu ihrer Tochter hinüber.

Anna ist erleichtert. Ihre Mutter spricht nun immerhin wieder mit ihr. Die ganz akute Spielplatz Verlassensangst lässt ein wenig nach.

»Lieber Tee«, sagt sie vorsichtig, ihr Bauchgrummeln hat sich zwar ein bisschen beruhigt, aber ihr war immer noch etwas mulmig.

Ulla wendet ihren Blick wieder von ihr ab. »Also«, beginnt sie und schaut auf ihre zusammengefalteten Hände. »Bevor dein Telefon gleich wieder klingelt«, sagt sie kühl, nur um sich sofort wieder zu unterbrechen. In genau dem gleichen für sie untypisch abgeklärten Tonfall bestellt sie bei einem vorbeihuschenden Kellner zwei Darjeelings.

Anna setzt sich auf. Die komischen Lederbänke im Bordrestaurant sind rutschig. Nur, wenn sie sich nicht anlehnt, schafft sie es, richtig aufrecht zu sitzen. Zum ersten Mal schaut Anna Ulla heute länger als ein paar flüchtige Sekunden ins Gesicht. Ihre Mutter sieht besorgt aus.

»Ich wollte dir nur erzählen, wie der Stand bei Oma ist«, sagt Ulla nüchtern zu ihren Händen. Schlagartig wird Anna wieder übel.

»Was ist mit ihr?«, fragt sie verunsichert.

Ulla runzelt die Stirn. Dieselbe kleine senkrechte Falte, die Anna häufig entdeckt, wenn sie in ihren eigenen Spiegel schaut, erscheint zwischen Ullas Augenbrauen.

»Sie wird nicht mehr so sein wie das letzte Mal, als du sie besucht hast«, sagt Ulla nun wieder in einer anderen Tonlage, die Anna allerdings genauso fremd vorkommt.

Anna nickt automatenhaft. Nicht mehr ganz so unkonzentriert wie vorhin, sondern eher betäubt.

»Sie wird nie mehr so sein.« Anna erkennt nun den Tonfall. Ulla spricht jetzt wie ein Fernsehserienarzt, der eine schlechte Botschaft zu überbringen hat. »Besser wird es jedenfalls nicht mehr, vielleicht erkennt sie uns noch nicht einmal. Oder wenn, dann nur für kurze helle Momente.«

Anna starrt auf die weiße Tischdecke.

»Es tut mir leid«, hört Anna Ullas Stimme wie von weitem. Sie nickt. »Kurze helle Momente«, rauscht es durch ihren Kopf.

»Zwei Mal den schwarzen Tee?« Eine mehrfach gepiercte Kellnerin mit lila-schwarz spitzgegelten Haaren stellt grob die Becher vor Anna und Ulla ab. Anna nimmt es kaum wahr. Neben den Bechern schiebt sich ein Arm zu ihr herüber. Offen, auf dem Rücken, liegt Ullas Hand einfach da wie eine Einladung. Anna nimmt sie an.

»*Mir* tut es leid«, murmelt sie.

Ulla schüttelt den Kopf.

»Das muss es nicht, Linchen«, sie drückt Annas Hand. Langsam und bedacht wählt Ulla ihre Worte aus, die nun wieder normaler und viel milder klingen. »Aber es wäre gut, wenn ... wenn du ein bisschen ... *da* sein würdest, heute und morgen. Also, wenn wir das ein bisschen ... *zusammen* machen könnten.«

Anna nickt. Als sie aufschaut, sieht sie, wie Ullas Augen glasig werden.

»Ich weiß ja auch nicht, was mich erwartet, weißt du?« Ullas Stimme wird brüchig. Anna kann sich nicht erinnern, wann sie ihre Mutter das letzte Mal hatte weinen sehen. Dieses Mal nimmt sie Ullas Hand und drückt sie fest.

»Natürlich bin ich da, jederzeit!«, ruft sie energisch und blickt auf die vor ihr ineinander verschlungenen Hände. Wie um ihre Worte zu unterstreichen oder eine Abmachung zu festigen, drückt Anna sie noch fester und rüttelt sie leicht.

Beschämt lächelnd blinzelt ihre Mutter die Tränen weg.

Eine Welle von schlechtem Gewissen überkommt Anna. Ulla nickt langsam. Es sieht fast schüchtern aus.

»Kurze helle Momente«, rauscht es ununterbrochen durch Annas Kopf, während sie versucht, zu lächeln. »Kurze helle Momente.«

★

Gerade erst vor ein paar Wochen wieder hatte Anna es versucht. Um nicht nur ein paar kurze, sondern einige längere, am besten dauerhafte helle Momente mit sich selbst zu erwischen, die sie brauchen würde um die erste wichtige Präsentation für den neuen Kunden fertigzustellen, hatte sie sich nicht nur für ein paar Minuten, sondern für einen ganzen Tag lang von sich selbst abgemeldet. Einen ganzen Tag lang hatte Anna sich befreit und ihn losgelöst von ihrer eigenen Verpassensangst verbracht, fernab von ihren ewigen Listen, ihrem Jenga-Top-Drei-Sozialstressgefühl und ihrem Wahn, alle paar Sekunden lang sämtliche Nachrichtendienste und Accounts zu checken. Einen ganzen Tag lang war sie ungebunden gewesen von allem, mit dem sie sich sonst selbst verrückt machte.

Fast zumindest.

Mit vor Panik flatternden Händen hatte Anna in der S-Bahn auf dem Weg zu ihren Eltern, die ihr während des Vietnam-Urlaubs ihre Wohnung zur freien Verfügung gestellt hatten, eine Abwesenheitsnotiz für ihre drei E-Mail-Adressen eingerichtet. »Bis Sonntag von der Bildschirmfläche #Arbeitsklausur« hatte sie bei Facebook gepostet. »Nicht wundern, ich lebe noch ➔ Flugmodus!« an all ihre engsten Freunde gesimst und nur an ihre Chefin, an Simon, Caro, Hans, Tom und Jörn noch ein separates PS angehängt, in dem sie offen lügend versprach, in den Arbeitspausen selbstverständlich gerne doch ihre Nachrichten empfangen und lesen zu können.

Als Allerletztes, sobald die Bahn am Rande der Stadt immer leerer wurde, hatte sie Marie angerufen.

»Richtig so, Süße! Schotte dich ab! Schalte alles aus!«, hatte Marie wie ein Motivationstrainer auf Speed durchs Telefon gerufen, noch bevor Anna etwas sagen konnte. »Und wenn mir hier die Decke auf den Kopf fällt, komm ich einfach mit ins Eltern-Offline-Exil und schreib dort meine Bewerbungen! Ha!«, quasselte Marie in ihrem üblichen Redefluss weiter.

»Mach das«, sagte Anna in halbherzigem Automatismus. Auf ihrem Schoß balancierte sie ihre To-Do-Liste. Noch während Marie mit ihr sprach, strich Anna ihren Namen durch und zerknüllte danach mit der freien Hand die gesamte Liste zu einer festen kleinen Kugel. So stark sie konnte presste Anna sie für den Rest der Fahrt mit ihrer in der rechten Jackentasche zur Faust geformten Hand immer kompakter zusammen. Erst als sie an der Station ihrer Eltern angekommen war, warf sie die Papierkugel im hohen Bogen in einen Müllcontainer am Straßenrand.

Anna fühlte sich frei.

★

Während er sprach, schritt Joachim nun vor seinem Schreibtisch am Ende des U-förmigen Sitzkreises auf und ab.

Sein langsamer, erklärender Tonfall erinnerte Markus jetzt nicht mehr nur an einen Lehrer beim Diktat, vor allem schien er nun dem Singsang, den Eva eben am Anfang ihres Ausbruches angeschlagen hatte, zu gleichen. Markus schmunzelte.

»Die Zeit«, sprach Joachim eindringlich und wiederholte dabei wie immer bei seinen wichtigen Sätzen die ersten zwei Worte noch einmal, »die *Zeit* ist für alle von uns gleich ...«

Aus den Augenwinkeln sah Markus, wie Eva den Kopf schüttelte. Ihr Blick hatte sich wieder verdüstert. Markus konnte förmlich spüren, wie sie langsam, aber stetig innerlich ausrastete. Wettrennen, dachte er. Oder Boxen. Das würde ihr jetzt helfen. Das würde *uns* jetzt helfen. Er lächelte erneut.

»Jemand, der sagt, er *habe* keine Zeit, *entscheidet* sich dafür«, predigte Joachim unbeirrt weiter. »Er *entscheidet* sich dafür, keine Zeit *für etwas* zu haben.« Beschwichtigend hob Joachim an dieser Stelle die Hände. Bei seinen letzten Worten waren nicht nur Eva und Markus, sondern auch andere Gruppenteilnehmer unruhig geworden, demonstrierend murmelten sie durcheinander.

»Moooment«, verteidigte Joachim sich. »Schschschsch«, machte er und legte eine Hand an seine Lippen. Wie eine unsichtbare Wand schob er die andere genau in die Richtung der Pudelfrau, die ausnahmsweise aber einmal gar nichts gesagt hatte. »Ich meine nur: Wer sagt, er habe keine Zeit für gewisse Dinge, entscheidet sich dafür, seine Zeit in etwas anderes zu investieren. Ich sage nur: Es ist *alles* ein *freiwilliger* Prozess.« Stoisch behielt Joachim beim Reden die Hände in der Luft. Für seine letzten Sätze erntete er nur noch genervte Blicke. »Ich weiß, was Sie jetzt denken«, sagte er und lächelte verständnisvoll. »Man *möchte* ja gar nicht hören, dass man selbst für den Stress verantwortlich ist. Aber es ist doch so: *Sie* bestimmen, was Sie mit Ihrer Lebenszeit anfangen«, triumphierend schloss er die Hände vor der Brust. »Sie bestimmen die Situation – und nicht die Situation Sie.«

Als hätte ihr jemand auf den Kopf geschlagen, ließ Eva ihr Kinn auf die Brust fallen. Sie seufzte. Vorsichtig beugte Markus sich zu ihr hinüber.

»Das war's«, flüsterte Eva, noch bevor er etwas sagen konnte. »In der nächsten Pause hauen wir ab.«

★

Es gab keine nächste Pause. Ihren Fluchtplan hatten Markus und Eva deshalb schon nachmittags umsetzen können. Ihr Verschwinden blieb sogar halb-legal, da Joachim die zweite Hälfte des Tages als flexible Stunden für Zweiergruppenarbeit zum Thema Zeitmanagement oder persönliche Einzelgespräche mit ihm im Frühstücksraum des Hotels angekündigt hatte.

»Wohin fahren wir?«, fragte Eva mit einem Hauch Abenteuerlust in der Stimme. Ihr Groll schien wie weggeblasen, vergnügt ließ sie sich auf die leere Bank des Wartehäuschens fallen. Die Bushaltestelle war nur ein paar hundert Meter vom Hotel entfernt gewesen.

»In die große Stadt«, verkündete Markus, der die merkwürdige Matrix der auf dem Busplan aufgelisteten Haltestellennamen zu verstehen versuchte. Er trat einen Schritt vor das Wartehäuschen in die blasse Sonne. Zappelig verlagerte er sein Gewicht von einem Bein aufs andere, während er nach dem Bus Ausschau hielt. Trotz des Schwimmens heute Morgen war er irgendwie aufgekratzt. Seit Stunden schon war er in diesem Zustand, von dem er schon seit Jahren vergessen hatte, dass es ihn überhaupt gab: Er hatte viel zu viel Energie.

★

Vorsichtig nimmt Ulla einen Schluck Tee. Er schmeckt bitter. Ihr Kopf ist wie betäubt.

Sie weiß nicht, ob sie sich freuen soll oder doch eher traurig ist. Irgendwie ist nun, dadurch, dass sie Anna von Margarete erzählt hat, der Damm zur Angst um ihre Mutter plötzlich komplett gebrochen, sie fühlt die Sorge nun ganz direkt und schonungslos. Aber auch zu ihrer Tochter ist jetzt der Weg endlich wieder frei. Anna ist, ganz plötzlich, einfach da. Zwar immer noch mit Sorgenfalte auf der Stirn, doch diesmal weiß Ulla, warum. Anna hat Margarete als Kind abgöttisch geliebt.

Und Margarete ist die letzte in der Großelterngeneration, die Anna noch hat.

»Vielleicht ist es auch gar nicht so schlimm«, sagt Ulla aufmunternd. »Beim letzten Telefonat hat Oma mich ja auch nach einer Weile erkannt.«

Anna nickt. Sie schaut in ihren milchigen Tee. Neben ihr auf der Ledersitzbank vibriert ihr Handy. Anna ignoriert es nun schon zum zweiten Mal.

»Hallo, Anna«, würde Ulla am liebsten sagen. Könnte sie es, würde sie die ganze Fahrt noch einmal von vorne beginnen lassen. Sie lächelt ihre Tochter an.

»Hallo«, denkt Ulla.

Anna lächelt zurück. »Hallo«, antwortet ihr Blick. Ulla hört es. Ganz klar und deutlich.

Ruckartig kommt der Zug zum Stehen. Der Tee schwappt über.

»Huch?«, sagt Ulla und schaut zur Uhr.

»Na, klasse«, ruft eine Frau vom Nebentisch.

Anna starrt in die Milchplörre. »Außerplanmäßiger Halt«, denkt sie langsam durch die »Kurze-helle-Moment«-Dauerschleife. Zum allerersten Mal an diesem Tag hebt Anna den Kopf, um aus dem Zugfenster zu sehen. Sie stehen mitten im freien Feld.

★

»Krass«, murmelte Eva. »Hier gibt es ja einfach mal *gar nichts.*«

Die Hauptstraße des verlassenen Ortes, an dem der Bus sie ausgespuckt hatte, hatten Markus und Eva innerhalb von einer Viertelstunde komplett abgelaufen. Genauso wie auf der Busfahrt waren sie dabei niemandem begegnet. Nur einmal, irgendwo auf halber Strecke, war grußlos ein alter Mann auf einem Fahrrad an ihnen vorbeigefahren, seitdem stand die Stille in den Straßen, in denen vor allem die vielen frisch renovierten Häuser menschenleer und unbewohnt aussahen.

Langsam begann es zu dämmern.

»Ist dir kalt?«, fragte Markus Eva.

Eva linste gerade durch einen beigen Vorhang hinter einem Fenster auf Straßenhöhe. »Meinst du, da sind Menschen hinter?«

Markus zuckte mit den Achseln. Am Ende der Straße ging die Sonne langsam hinter den Dächern unter. Von irgendwoher ertönte Glockenleuten.

»Oh mein Gott, ein Geräusch!«, flüsterte Eva und lachte. Wie selbstverständlich hakte sie sich bei Markus ein. »Komm, wir gehen mal 'ne Seitenstraße, irgendwas *muss* es hier doch geben.«

Markus ließ sich von ihr mitziehen. Skeptisch schaute er in die Dämmerung. Die Straße schien absolut tot. Das einzige Licht, das auf den Weg fiel, flackerte neonfarben auf der anderen Seite aus dem Schaufenster eines Pediküresalons, in dem medizinische Schaubilder, Stützstrümpfe und Plastikblumen nebeneinander drapiert waren.

»Hallo?«, schrie Eva plötzlich neben ihm. Sie riss sich los und rannte die Straße hinunter. Von weitem sah Markus eine alte Frau an der nächsten Kreuzung an einem Zebrastreifen stehen, die wartete, obwohl kein Auto zu sehen war.

Als Markus die Kreuzung erreicht hatte, war Eva schon wieder alleine, die Frau war wie vom Erdboden verschluckt. Es war eine Geisterstadt.

Entschlossen zog Eva weiter. »Irgendwo da hinten soll es was geben«, rief sie und rannte durch das Hallen ihrer eigenen Stimme hindurch wieder los.

★

Am Ende hatte Anna die Präsentation tatsächlich wie geplant an einem Tag fertiggestellt. Genauer gesagt sogar in nur einer Stunde. Es war die einzige gewesen – die neunte von zehn –, in der sie nicht damit beschäftigt war, sich selbst ab- und wieder anzumelden.

Denn Anna konnte es nicht lassen, immer wieder von ihrer eigenen Flucht vor sich selbst zurückzukehren. Wie ein Stalker ihrer selbst, der sich im Geheimen verbarg, landete sie immer wieder aus dem Flugmodus, um die neuen Kommentare bei Facebook anzusehen, das neueste Feedback auf ihre Abmeldung zu begutachten, all die Likes und Kommentare dazu zu zählen und die SMS mit den Wünschen für gute Konzentration, viel Erfolg und ein starkes Durchhaltevermögen einzusammeln. Jedes Mal, wenn sie ihr Handy anstellte, poppten neue rote Blasen auf, die sie sofort lesen musste, um sie danach, erst nachdem sie sie gelesen hatte, ignorieren zu können.

Nur ein paar Mal passierte gar nichts.

Dann schaltete Anna aus Ärger über den Aufwand, das Handy umsonst wieder angestellt zu haben, nicht wieder zurück in den Flugmodus, sondern völlig aus. Und ärgerte sich dann wiederum im Zwei-Minuten-Takt über ihre ins Leere wischenden Geisterfinger, die statt des weißen Facebook-f's nur einen stumpfen schwarzen Bildschirm vorfanden. Frustriert schrubbte sie die Fettschicht von der Touchscreen-Oberfläche ihres Telefons, trank ihren Tee aus, tigerte nervös in der Wohnung ihrer Eltern umher, durchschritt die Zimmer, in denen sie groß geworden war, die Küche, das Arbeitszimmer ihres Vaters, das alte Kinderzimmer, in dem ihre Mutter nun malte. Fahrig beguckte Anna sich die neuen Aquarelle und die alten Kinderfotos, spazierte wieder durch den Flur, setzte sich wieder an den Tisch, stand wieder auf, rief Marie an, jammerte über die Stille, diese plötzliche Ruhe, die ja eigentlich genau das Richtige war, aber mit der sie nicht mehr umgehen konnte.

»Hm, kenn ich«, sagte Marie jedes Mal, weshalb Anna sich danach immerhin kurz wieder so normal fühlte, dass sie nach den Telefonaten ein paar Zeilen ihres Präsentationstextes zustande bekam – bis sie sich wieder dabei ertappte, ins Leere zu wischen. Nervös kaute Anna an den Fingern. Ein paar Sekunden starrte sie an die Wand und stellte das Telefon unter dem Vorwand, eine Jahreszahl googeln zu müssen, doch wieder an.

»Ausnahmsweise durch die Abwesenheitsnotiz hindurch«, mailte sie an Tom. Ausgiebig berichtete Anna ihm über den ausbleibenden Fortschritt ihres Exil-Projektes, regte sich wieder über ihre eigenen Ablenkungsmanöver auf, checkte zwischendurch wie immer alle paar Sekunden, ob sich die Headnews von SpiegelOnline geändert hatten, las aus Langeweile zum tausendsten Mal sämtliche Überschriften, ohne richtig zu registrieren, was sie bedeuteten, beglotzte zum ebenso tausendsten Mal die dazugehörigen Fotos von Politikern, deren Namen sie nicht kannte und scrollte sich zum aberhundertsten Mal ganz hinunter bis zum UniSpiegel und, was sie sonst nie tat, sogar noch weiter nach unten, bis es einfach nicht mehr weiterging.

»Husch, raus aus dem Netz«, schreckte Tom Anna, die sich schon wieder in einer Fotogalerie der World-Press-Ausstellung verirrt hatte, mit seiner Antwort-SMS auf. »In einer Stunde mach ich einen Kontrollanruf, und wenn dann nicht sofort die Automatenstimme kommt, gibt es Ärger«, kündigte Tom an.

Energisch klickte Anna die Soldatenhelme, die zerschossenen Kriegsschauplätze, die lehmig vertrockneten Dürrewüsten, überschwemmten Städte und weinenden Kindergesichter weg. Sie passte es so ab, dass sie tatsächlich in der Minute, in der Tom anrief, das Handy aushatte. Sobald der Hinweis auf die Mailboxnachricht eintraf, hörte sie sie ab.

»Glückwunsch, du fliegst ja wirklich!«, ertönte Toms seltene, gut gelaunte Stimme auf dem Band.

Die Nachricht ging fünf Minuten lang. Tom erzählte, was er vom Taxi aus in London sah, an was für Menschen er gerade vorbeifuhr, welche Musik im Radio lief und wie der Taxifahrer angezogen war.

Erst eine halbe Stunde später schrieb Anna zurück. Ein erneuter SMS-Dialog entspann sich. Bis Marie wieder anrief, um Anna von den letzten zwei Stunden Bewerbungschreiben zu berichten. Gemeinsam mit Marie am Ohr kochte Anna die Reste in der Küche ihrer Eltern auf, aß die gesamten Schokoladenreserven ihres Vaters leer, klickte sich durch jeden der wieder einmal aufgestauten Clips von Simons Musik-Abo durch und begann, als Marie dabei mehrfach eingenickt war und Anna sie nach weiteren zwanzig Minuten dazu überredet hatte, keine Bewerbungen mehr zu schreiben, sondern einfach ins Bett zu gehen, alleine weiter ihre Modeblogs zu lesen. Nachdem ihre Geisterhände sich danach in einem selten perfiden Übersprungshandlungsmarathon erst durch die gesamten Urlaubsfotoalben einer alten Klassenkameradin, mit der Anna damals schon in der Schule kein Wort gesprochen hatte und die jetzt in Australien wohnte, geklickt hatte und zunächst zwei Mal sich selbst, dann Tom, dann Hans, Simon und ihren Vater sowohl mit der Web- als auch mit der Bildersuche gegoogelt hatte, fiel ihr Blick zufällig auf die Uhr.

Erst als Anna sorgenvoll die Zeiger der Wanduhr mit der Anzeige ihres iPhones verglichen und realisiert hatte, dass theoretisch bereits der nächste Tag war, an dem ihre Deadline endete, bekam sie die nötige Panikspritze und schaltete ihr Handy wirklich aus. Zielsicher durchquerte sie die Wohnung und legte es zusammen mit dem Festnetz in ihr altes Kinderzimmer, unter das Kissen und die Wolldecke auf dem Sessel. Energisch schloss Anna die drei Türen dazwischen und setzte sich sofort an den Computer.

Nach einer Stunde Tunnelblick war die Präsentation geschafft.

1:20 Uhr zeigte die Uhr in der Küche an, als Anna aus ihrem Arbeitsflash wieder auftauchte. Betäubt torkelte sie zum Sofa im Wohnzimmer. Ihr Rücken tat weh vom zehnstündigen Sitzen, die Augen brannten vom ununterbrochenen Computerlicht und ihr Kopf dröhnte, weil sie außer den drei Minuten auf dem Weg zur S-Bahn den ganzen Tag nicht an der Luft gewesen war.

Erst nach ein paar ewigen Momenten, die Anna alleine auf dem Sofa herumlag und an die Decke starrte, schaltete sie ihr aus dem Kissenversteck befreites Telefon wieder an. 1:22 Uhr zeigte das Gerät. Niemand hatte ihr geschrieben. Ein paar Sekunden lang blieb Anna ganz alleine. Einen kurzen Moment berichtete sie niemandem über ihren Erfolg.

Bis sie Tom schrieb. Um ihn endlich mit jemandem zu teilen.

*

Geübt schwang Eva sich an die Bar. »Ist hier jemand?«, rief sie in die Leere hinter dem Tresen und schmiss blind wie ein Stammgast ihre Jacke neben sich über einen freien Haken.

Nur langsam gewöhnten sich Markus' Augen an die Dunkelheit. Das *Klimbim* war ein dämmeriges Kneipenloch. Der düstere Raum mit rosa Tapete, in dem kalter Rauch stand, war völlig verlassen. Nur in der Ecke am Glücksautomaten zeichnete sich sie Silhouette eines zusammengesunkenen Menschen ab, der stumpf auf die Lichter glotzte.

Markus folgte Eva, die sich gerade auf dem Barhocker aufstellte und über den Tresen lehnte, um den Wirt zu suchen, an die Theke.

»Du leuchtest«, sagte er zu ihr.

Eva hörte es nicht. Markus schaute auf seine eigenen Hände und drehte sie von einer Seite zur anderen. Das Licht, das von der Lampe direkt über ihren Köpfen auf die Theke herunterleuchtete, verfälschte alle Farben. Es ließ die Zähne und Fingernägel weiß strahlen und machte jeden Fussel auf der Kleidung sichtbar.

»Waldmeister?«, rief Eva Markus über ihre Schulter durch die plötzlich einsetzende Musik, die der heranschlurfende Wirt offensichtlich als Bespaßung angeschaltet hatte, hindurch. Über der Bar hängend erkundigte sie sich nach weiteren Sirupsorten, die die Karte als Spezialmischung des Hauses gemixt mit Rotkäppchensekt ausflaggte.

It's the final countdown, donnerte es von irgendwo schräg über Markus' Kopf. Er verzog das Gesicht.

»Du leuchtest«, rief er noch einmal durch die Musik, als er sah, dass Eva erfolgreich ihre Bestellung beendet hatte. Schweigend stellte der Wirt zwei Gläser, eines mit quietschgrüner, eines mit beiger Flüssigkeit vor sie auf zwei kleine Servietten.

»Und du erst!«, lachte Eva und deutete auf Markus' weißes Hemd, das strahlte, als sei es mit irgendwelchen giftigen chemischen Strahlen aufgeladen. Sie hob ihr Glas mit der in diesem psychedelischen Licht noch irrer scheinenden giftgrünen Flüssigkeit.

»Prost«, sagte sie und exte den Sekt. Sie prustete. »Ui«, kicherte sie mit einem Gesicht, als müsste sie gleich niesen. Eva versuchte, einen heranziehenden Schluckauf zu bewältigen, und winkte den Wirt heran.

»Doch lieber beide pur, bitte«, rief sie.

Markus lehnte sich zu ihr herüber.

»Und du?«, fragte er jovial. »Machste in Pediküre?«

Eva lachte. Sie nickte. »Ich bin noch in der Ausbildung«, erklärte sie und schob sich schüchtern eine Haarsträhne zurück hinter ihr Ohr.

Markus nickte.

»Ich bin Händler«, sagte er gönnerhaft. Großspurig winkte er ab. »Nur Rosinen und so Zeug, ich beliefer' das Hotel im Wald.«

Eva grinste.

Auch Markus kippte sein Glas in einem Schluck hinunter. Der Sekt schmeckte sauer, er stieg ihm sofort in den Kopf. Fasziniert beobachtete Markus, wie der Wirt ihnen hinter der Theke sofort nachschenkte. Langsam wippte er zur Musik. Er war schon jetzt völlig betrunken. Aber das machte nichts, dachte Markus lächelnd.

Denn Eva leuchtete.

*

Seufzend schließt Bernd die Augen. Langsam massiert er sich mit den Zeige- und Mittelfingern seine Schläfen.

Diese Menschen, denkt er bestürzt. Rasen, schimpfen, hyperventilieren, nur wegen ein paar Minuten Planänderung. Nur wegen einigen kurzen Augenblicken der Kontrolllosigkeit, wegen ein paar Augenblicken, die sie als leer empfinden, weil es nicht vorangeht.

»Lecker Verspätung«, »Zum Kotzen«, »Wie immer«, hört Bernd die ernüchterten, gehetzten und sarkastischen Stimmen um ihn herum in einem stetigen, zwischen Aggression und Häme changierenden Kanon in ihre dazugehörigen Geräte keifen.

Als Bernds Mitfahrende, noch während die Durchsage läuft, anfangen, reihenweise zu ihren Handys zu greifen, um der Außenwelt wie eine Armee von Klonen augenblicklich die schlechte Nachricht zu überbringen, klinkt Bernd sich aus.

Doch die Stimmen tönen sogar noch durch seine Ohropax hindurch.

»Zum Kotzen«, ruft es erneut vom Sitz hinter ihm. »Anschlusszug«, »Technischer Schaden«, »Geht schon mal vor«, »Ich meld mich, wenn ich mehr weiß«, »Tschö mit ö«, quasselt der schizophrene Stimmenchor.

Bernd atmet tief ein und aus. »Alles fließt«, wiederholt er sein Demutsmantra, das ihm in hetzigen Alltagsmomenten wie diesem hier immer hilft. Wobei meist – wie auch heute – nicht Bernd selbst sie hetzig macht, sondern die Menschen um ihn herum. Denn für Bernd kann die Zeit gar nicht entwertet werden, nichts kann ihr ihre Bedeutung stehlen, schon gar nicht eine lächerliche kleine Verspätung. Schließlich ist jede Minute, ganz so, wie sie ist, ganz egal, was während ihres Verstreichens passiert, voll. Selbst, wenn Bernd nichts tut, selbst und gerade dann, wenn er nicht die Kontrolle über seine Zeit hat oder einfach ganz alleine, ohne Beschäftigung und Ablenkung ist, spürt er das ganz genau.

Langsam senkt Bernd seine Massage-Finger. Er spürt hektische Schwingungen von seinem Nebenplatz.

Markus ist nervös.

Nicht wegen der ausgesprochen ärgerlichen Verspätung, sondern weil Eva noch nicht geantwortet hat. Es ist mittlerweile schon elf, normalerweise antwortet sie immer innerhalb von Minuten, wenn sie noch im Bett liegt.

Markus wühlt in seinen Haaren. Er macht sich Sorgen. Vielleicht ist etwas Schlimmes passiert, vielleicht geht es Eva nicht gut. Kurz denkt er darüber nach, sie anzurufen, doch er will sich nicht aufdrängen. Vielleicht hat er auch irgendetwas falsch gemacht? Vielleicht hat er sich gestern auch zu oft gemeldet? Vielleicht will sie ihn gar nicht an ihrem Morgen teilhaben lassen?

Markus weiß, dass diese Gedanken Quatsch sind.

Für Eva, das hat sie ihm in den letzten Wochen immer und immer wieder gesagt, stehe er ganz nah am Mittelpunkt ihres Lebens. Bei niemandem sei sie so ehrlich, bei niemandem so offen. Niemanden lasse sie so nah an sich heran, niemand sei ihr näher. Niemand außer Markus, der immer in der Ferne war.

★

Ihre erste Berührung nach dem Einhaken draußen auf der Straße war ebenso selbstverständlich gewesen wie die vorherige.

»Ich komm gleich wieder«, hatte Eva gesagt, war lässig vom Barhocker gerutscht, hatte den letzten Schluck des dritten Glases Sekt hinuntergekippt und Markus beim Weggehen wie beiläufig durch die Haare gestrichen. Als würde sie das seit Jahren jeden Tag tun, wenn sie den Raum verließ, ließ Eva ihre Hand von hinten über Markus Nacken und seine Schulter gleiten. Bevor sie die steile Treppe zu den Toiletten hinunterkrakselte, drehte sie sich noch einmal kurz um und lächelte.

Markus strahlte zurück. Im Hintergrund dröhnte nun Roxette. Lächelnd versank sein Blick in der neonweiß strahlenden Serviette vor ihm auf der Theke.

Erst als Eva schon einige Zeit lang verschwunden war, sah Markus wieder auf die Uhr – zum ersten Mal seit Stunden. Timmi musste längst von seinem ersten Kindergartentag wieder zu Hause sein. Mühevoll fummelte Markus sein ebenso wie die Uhrzeit lange vergessenes Telefon aus dem Mantel unter ihm auf dem Barhocker. Er hatte das Gefühl, es wochenlang nicht mehr in der Hand gehabt zu haben. Drei verpasste

Anrufe von Lena. Markus wippte im Takt der Musik. Das Hinunter- und Wiederhochbeugen hatte ihn den Alkohol spüren lassen. Er konnte unmöglich so telefonieren, vorher brauchte er Luft. Obwohl er eigentlich am liebsten sofort mit Lena gesprochen hätte. Denn plötzlich vermisste er Timmi und Lena sehr. Allerdings auf eine gar nicht wehmütige oder sorgenvolle Art wie noch vorgestern. Sondern auf eine sehr glückliche, euphorisierte.

»Hey!«, fing Markus überschwänglich eine SMS an Lena an, mit der freien linken Hand klopfte er im Takt zur Musik auf seinen Oberschenkel, »Melde mich so schnell es geht!«, schrieb er. »Hab sehr an Timmi gedacht heute!« Er lächelte. »Ich liebe dich!!«, fügte er noch hinzu und schickte die SMS, ohne sie wie gewöhnlich noch einmal Korrektur zu lesen, ab.

Zum dritten Mal trank Markus sein Glas leer, um auch noch den allerletzten Tropfen des Sektes zu erwischen, der immer erträglicher schmeckte, je mehr man davon trank, legte er den Kopf weit nach hinten.

The night is so pretty and so young, donnerte es aus den Boxen. *So very young*, dachte Markus und zupfte an seiner Leuchtserviette.

Er dachte an Timmi. Er hätte ihn jetzt gerne durch die Luft gewirbelt und ihn mit Lena zusammen gekitzelt, bis sie auf dem Teppich in einem Knäuel aus drei Menschen durcheinanderwuselten, so wie sie es früher immer getan hatten. Und er wollte Wettrennen, mit Eva, hier, hier in der leeren Straße. Und wieder Schwimmen gehen, alleine, ohne etwas zu denken. Und noch mehr Sekt trinken, viel mehr, jetzt sofort, und wenn es sein musste auch mit dem Mann vom Flipper-Automaten. Zu Roxette tanzen wollte er, dachte Markus, jetzt gleich, am liebsten mit Julian. Und am allerliebsten wollte er all das gleichzeitig, sofort, jetzt, in dieser Sekunde. Markus lachte. Die Musik wurde noch lauter.

Nur am Licht des kleinen Bildschirms sah er, dass das Telefon auf dem Tresen brummte. Julian. »Hamse dich eingewiesen??!?!! :D« – sofort brummte es noch einmal – »Hast du dein Handy weggeworfen?« – und schließlich ein drittes Mal – »Wo bist du was machst du wo bist du wo bist du was machst du????«
Markus klickte die Nachricht weg.

Er schob das Telefon tief in die Manteltasche zurück. Julian wäre jetzt nur zum Tanzen gut, dachte er. Ansonsten ging es ihn nichts an, was hier gerade passierte. Überhaupt ging es niemanden etwas an, was hier gerade geschah. Jedenfalls niemanden, der nicht in diesem Raum war.

Markus tauchte wieder von seiner Jacke auf. Sogar der Barmann war nun verschwunden.

Als Eva vom Klo zurückkam und Markus sie zu sich heranzog um sie endlich, endlich zu umarmen, gab es deshalb keine Zeugen. Niemand war ihr Zuschauer, als Eva ihn zum ersten Mal küsste. Niemand wusste, wo sie waren, und es ging auch niemanden etwas an. Denn dieser Moment geschah nur hier. Im toten Winkel vom Rest der Welt, an einem verborgenen Ort fernab von allem, fernab von allen, zwischen rosa Tapeten, im gleißenden weißen Scheinwerferlicht, in dem alles leuchtete. Aber niemand sie sah.

★

Was also ist es, das einen Augenblick intensiv macht? Das Herzeigen oder das Verbergen? Das Blitzlicht oder das Dunkle? Die große Bühne oder der blickdichte Vorhang?

Was gibt unseren Momenten Gewicht? Und was lässt sie, andersherum, leicht werden, so leicht, dass sie nur flüchtig an uns vorbeiziehen, obwohl wir sie doch eigentlich gerade erleben?

Wann verpassen wir einen Augenblick? Rinnt er uns durch

die Finger, wenn wir ihn tatenlos vergehen lassen? Oder entwischt er uns, gerade weil wir krampfhaft versuchen, ihn festzuhalten? Wird unser aller Leben gelebter, bedeutender, einzigartiger und erfüllter, wenn wir pausenlos darüber sprechen, es kommentieren, es abfotografieren, beschreiben, hochladen, markieren und für immer irgendwo speichern? Oder ist das wahre, das wirkliche, richtige, wichtige Leben das, was passiert, wenn wir schweigen und gar keiner hinguckt?

Leben wir bewusst genug, wenn wir all die Momente, die, aneinandergereiht, unser Leben ausmachen, nicht ganz fest packen und miteinander teilen? Oder leben wir sie gerade deshalb nicht bewusst genug, sondern immer nur unkonzentriert, weil wir andauernd so busy damit sind, sie zu packen und miteinander zu teilen?

Ist das Foto von einem Ereignis am Ende mehr oder weniger wert als die paar Sekunden, die wir nicht hingeguckt haben, um die richtige Schärfe der Kamera einzustellen? Und was ist eigentlich überhaupt noch das wirkliche Geschehen: Das Ereignis oder das Foto?

Ist es vielleicht auch eine Illusion, dass man gleichzeitig durch die Linse schauen, ablichten und dazu noch hinsehen kann? Kann man überhaupt gleichzeitig leben und übertragen? Könnte irgendwer von uns noch leben, ohne zu übertragen?

Und wenn nicht: Worauf soll sich unsere Verpassensangst richten? Darauf, dass wir selbst den Moment verpassen, oder darauf, dass andere nichts von ihm mitbekommen? Wem sollen wir unsere Energie und unsere Aufmerksamkeit mehr widmen? Dem Moment oder seiner Verdoppelung? Und gibt es uns, wenn wir ihn verdoppeln, nicht irgendwann auch doppelt? Oder sind wir etwa schon jetzt in zwei Teile aufgebrochen? Und wenn ja: Welcher Teil ist der wichtigere? Und wem gehören überhaupt all diese Augenpaare, die uns ständig beobachten? Wer sind all diese Gesichter in unserem Spiegellabyrinth? Gehören sie vielleicht uns selbst? Oder den anderen? Sind wir vielleicht längst miteinander verschmolzen? Ist unser Schatten ein und derselbe? Oder ist diese ganze Wirklichkeit, die wir da sehen, als Ganzes womöglich nur noch eine optische Täuschung?

Fragen über Fragen.

Vielleicht sollten wir sie ja einmal miteinander teilen. Sie in die große Runde stellen. Nicht nur, um ein paar bewundernde »Gefällt Mir«'s und blöde Kommentare einzuholen. Sondern, damit wir sie festhalten. Damit sie uns nicht sofort wieder entgleiten. Nachher fliegen sie uns noch einfach davon. Nicht, weil wir sie vergessen hätten. Sondern, weil wir schon wieder abgelenkt waren.

Abgelenkt, von uns selbst. Und den anderen. Abgelenkt, vom nächsten Moment ihres und unseres gemeinsamen Lebens. Abgelenkt, wie immer, von all den neuen Momenten. Und deren Übertragung.

Natur
oder das Ende der Offline-Romantik

Vielleicht ist es ja mittlerweile naiv, so zu denken. Aber irgendwie meldet sie sich eben trotzdem immer wieder in uns, diese kleine Stimme, die manchmal, wenn sich unser Karussell wieder einmal ganz schlimm überdreht hat, danach fragt, wo zwischen all dieser Verwirrung eigentlich die tatsächliche, tiefere, quasi *natürliche* Ordnung der Dinge geblieben ist.

Vermutlich gibt es so etwas ja gar nicht mehr. Und vielleicht gab es sie ja auch nie wirklich, diese ursprüngliche, von Grund auf gegebene, *eigentliche* Übersichtlichkeit der Verhältnisse. Heute jedenfalls scheint sie für immer verloren zu sein.

Denn wir können uns einfach nicht mehr entscheiden. Wir können einfach nicht mehr sagen, welche von unseren Erlebnissen in die erste Welt – die Schublade »Realität« – und welche in die zweite – die Ablage »Kopien« – gehören. Wir wissen einfach nicht mehr, was genau von all dem, das wir tun, denn jetzt nun die wirklich wichtige und was nur die flüchtig vertelefonierte, verdaddelte, verklickte, verspielte oder versurfte Lebenszeit war. Wir können es einfach nicht mehr trennen.

Aber vielleicht ist das ja auch ganz okay so.

Schließlich sind das ja alles wir. Und so etwas Hochkomplexes wie das Leben lässt sich nun einmal nicht in erste und zweite Welten oder eckige Behältnisse wie Schubladen pressen. Unser Leben ist schließlich etwas fließendes, geschmeidiges, das ganz ohne künstliche Grenzziehungen funktioniert. Und ganz ohne Bewertungen klarkommen muss.

Genau so wie wir.

Und diese letzte, ständig nach Ordnung verlangende, aber leider doch etwas sehr naive kleine Stimme in uns.

★

Als Anna und Ulla zu ihrem Vierertisch zurückkehren, ist die Stimmung am Nebentisch gerade wieder am Hochkochen.

»Droooo Choonoosoon mooot doom Kooontrooboooss«, grölt der kleine Junge mit dem Plastikschwert. Mit einem zur kämpferischen Grimasse verzogenen Gesicht piekt er dabei mit seiner Spielzeugwaffe durch die Luft um sich herum.

»Wir sind hier nicht alleine, Lukas!«, schimpft sein Vater mit wenig überzeugender Strenge über den Tisch zu ihm hinüber, schützend hält er die Hand über das Köpfchen seiner Tochter, die ihr Mittagessen mittlerweile beendet hat und ungeduldig an ihrem Lätzchen zerrt. Genervt dreht sich der ältere der zwei Brüder die Kopfhörerstöpsel tiefer in die Ohren.

Nur Markus bekommt von dem Lärm kaum etwas mit. Besorgt schaut er aus dem Fenster. Eva hat noch immer nicht geantwortet. Alle paar Sekunden wandert Markus' Blick zum Stand der Verbindungsbalken auf seinem Telefon, um zu überprüfen, ob es trotz des Stillstandes im Zug überhaupt genug Empfang gibt, damit Evas SMS theoretisch zu ihm durchkommen könnten.

Sie könnte es.

Wieder und wieder checkt Markus die Uhrzeit, er blickt von seinem Telefon zurück auf seinen Computer und wieder zum Fenster, um festzustellen, ob der Zug noch immer steht. Er steht noch immer.

Seufzend klickt Markus seine Datei wieder auf. Die letzte Ansage über die Verspätung ist schon ewig her und die Präsentation noch immer nicht fertig. Nervös wühlt Markus durch seine Haare.

Der Junge nebenan kommt mittlerweile wieder beim »i« an.

»Und wo muss ich jetzt machen, damit ich Mama anrufen kann?«, ruft der Vater durch den Gesang zu seinem älteren Sohn hinüber, während er hilflos auf dessen Handy herumwischt, um zu telefonieren, und gleichzeitig versucht, das Baby auf seinem Schoß in Schach zu halten.

»... siiiießien ieeeef diiiie Striiiießie ind irziiiiiehltien sich wiiiiies ...«

»Dennis, jetzt hilf mir doch bitte mal!«

Doch der Teenie beachtet immer noch niemanden.

Wie ein Pfeil schießt Markus Hand zum Telefon das endlich brummt.

Lena.

Es ist bloß Lena, die sich nur noch einmal versöhnlich für den Kontakt für ihre Freundin bedanken und ihm eine gute Präsentation wünschen will. Frustriert schmeißt Markus das Telefon zur Seite. Genervt blickt er hinüber zum Nebentisch. Der Lärm erreicht ihn nun doch und umso mehr, seit der Junge mit dem Schwert sein Lied als schräges Pfeifen fortsetzt.

Um Besonnenheit bemüht schließt Markus die Augen. Doch es ist zu spät. Die alte flirrende Aggression, die er aus den Monaten vor seinem Zusammenbruch so gut kennt und die sich anfangs, vor seiner allgemeinen Betäubung immer schneller mit den gefühllosen Phasen abgewechselt hatte, kommt ganz plötzlich wieder zurück zu ihm.

Damals, in den Wochen vor seiner Zwangspause, waren es auch immer verhältnismäßig lapidare Dinge gewesen – der eine verschobene Termin zu viel, der eine ausgefallene Zug zur unpassenden Zeit, die auf den vollen Gleisen sich drängelnden Menschen, der unfähige Schaffner oder auch einfach nur der nervige Sat.1-artige Wartesymbol-Ball auf seinem Computer –, die Markus von Null auf Hundert zum Ausrasten gebracht hatten und ihn schlagartig so fühlen ließen, als müsste er jede Sekunde aus Ungeduld und Gereiztheit platzen und alles kurz und klein schlagen.

Heute ist es allein Eva, die den Auslöser für solch einen Anfall geben kann. Es ist allein ihr Schweigen, das Markus verrückt werden lässt. Es ist diese ungewisse Zeit, bis sie antwortet, diese langen Minuten, diese schieren Ewigkeiten, bis Markus endlich weiß, ob es ihr gut geht oder eben auch nicht – eigentlich ist das fast egal, die Hauptsache ist, *dass* sie sich bei ihm meldet.

Denn sonst, das weiß Markus – und heute wird es ihm noch einmal ganz besonders klar –, kann er sein Leben in diesen Zugwelten nicht auch nur einen Tag, nicht auch nur eine Stunde länger ertragen. Und zwar noch viel, viel weniger als früher.

*

Früher, also noch lange Zeit bevor Markus auf Eva getroffen war, hatte er nie so wirklich an das Konzept plötzlicher Seelenverwandtschaft geglaubt. Zumindest nicht in der Version, in der Julian ständig davon sprach, wenn er Markus wieder einmal von seinen nie gekannten, außergewöhnlich tiefsinnigen und absolut einmaligen Zufallsbekanntschaften erzählte, die ihm laufend widerfuhren.

»Du bist *so fies*«, hatte Julian gejammert, als Markus und er in einem der ersten hektischen Monate nach ihrer Firmengründung spätabends nach einem Kongress zusammen an einem Shuttlebusbahnhof zum Londoner Flughafen saßen und Markus nur genervt mit den Augen rollte, als Julian ihm zum tausendsten Mal davon vorschwärmte, wie er seine neue

Affäre in einem Flughafencafé kennengelernt hatte, als sie beide rein zufällig – dieses Wort setzte er in Anführungszeichen – Verspätung hatten.

Gereizt war Markus damals aufgesprungen. »Jetzt tu doch gar nicht erst so, als ob es dir um irgendwas geht!«, hatte er geschimpft und, wie um sich abzuregen, damit begonnen mit der Süßigkeitenmaschine an der Haltestelle zu kämpfen. Eigentlich regte er sich nur so über Julian auf, weil er ihn im Verdacht hatte, den absolut unnötigen Kongress, der das ganze Wochenende gefressen hatte, nur als Vorwand genommen zu haben, um einen Tag länger von zu Hause wegbleiben zu können.

»Deine ganzen tollen Geschichten *sind* einfach nicht andauernd so wie bei *Lost in Translation*«, fuhr Markus Julian an. »Das *geht* gar nicht, rein *statistisch* kann es doch nicht andauernd Einmaligkeiten hageln!« Markus warf Julian einen verachtenden Blick zu, bevor er sich hinabbeugte, um das durchgefallene Geld aus dem Auffangkästchen zu sammeln. »Und deshalb *ist* da einfach auch nix mit krass tiefsinnig herumfliegender Plastiktüte wie in *American Beauty* und diesem so wahnsinnig irren einzigartigen Verständnis und so.«

Beleidigt hatte Julian sich auf der Reihe von Plastikstühlen zurückgelehnt. »Banause«, sagte er bitter und schniefte theatralisch vor sich hin, während er die Augen schloss, um Markus' Standpauke in seiner gesamten Länge entspannt über sich ergehen zu lassen.

»Nee, ernsthaft, Julian«, brauste Markus angesichts dessen Ironie nur noch mehr auf, so fest er konnte rüttelte er an der störrischen Maschine. »Das *eine*«, schimpfte er, »das sind schöne Bilder und Geschichten, an die Leute wie ich, Lena oder dein lieber Freund zu Hause denken können, wenn sie an regnerischen Wochenenden mal wieder ihre REM-Platten herauskramen. Das *andere*, das, was *du* da ständig machst«, mit dem endlich richtigen Schokoriegel, der aus der Maschine polterte, zeigte er auf Julian, der von der plötzlichen Ernsthaftigkeit in Markus' Stimme nun doch überrascht mit großen Augen aufsah, »was *du* machst, das ist nichts anderes als die billige Entschuldigung dafür, unbedingt wieder einmal mit jemand anderem schlafen zu müssen, *mehr nicht.*«

Dieses Mal gar nicht theatralisch, sondern nun ernsthaft eingeschnappt blickte Julian auf seine Schuhe. Er schwieg.

»Aber *wir* beide wären ja wohl auch nicht schon seit Jahren zusammen, wenn das alles so wäre, wie du sagst«, murmelte er nach einer Weile trotzig. »*Wir* haben doch immerhin auch als Zufallsliebe angefangen?«, verteidigte er sich kleinlaut.

»Hm«, hatte Markus damals geschnaubt. »Ja, nee, ist richtig«, sagte er trocken. Ohne weiter auf Julian einzugehen, warf er ihm seinen Schokoriegel zu, klappte die Schutzhülle seines Blackberry auf und ließ ihn alleine auf den Plastikstühlen sitzen, um endlich in Ruhe mit Lena zu telefonieren.

Jetzt, eineinhalb Jahre später, draußen vor dem *Klimbim* hielt Markus noch einen Moment inne, bevor er wieder ihre Nummer wählte. Von weitem schaute er auf Evas Silhouette in der Dunkelheit. Plötzlich, als würde er schon seit Jahren jeden ihrer Schritte begleiten, kam sie ihm furchtbar vertraut vor.

Warum weiß ich, wer du bist?, durchfuhr Markus diese bestürzende Klarheit, die sich irgendwo an der Grenze zwischen Glück und tiefer Beunruhigung verortete. *Woher kennst du mich? Warum verstehst du alles?*

Kopfschüttelnd zwang er sich zum Abwenden und klickte auf seiner alten Gurke auf Lenas Nummer. »Zu Hause« wählte das Telefon.

Es klingelte nur ein einziges Mal.

»Ich dachte, euer Programm geht immer nur bis 18 Uhr?«, schoss Lena ihn genervt an, noch bevor Markus etwas sagen konnte.

Tief atmete er die kühle Abendluft ein. »Wir haben noch ... Partnerübungen gemacht«, sagte Markus.

»Aha«, hörte er Lena sagen.

Markus wusste, dass sie ihm nicht wirklich glaubte. Normalerweise hätte er es nie zugelassen, dass sich drei verpasste Anrufe von ihr bei ihm stauten, nur um danach mit einem euphorischen »Ich liebe dich!!« zu antworten. Es war nicht etwa so, dass Markus das nie schrieb. Es passte nur einfach nicht so, aus heiterem Himmel, mitten in den Tag hinein.

Jetzt, ein paar nüchternere Minuten später, wurde Markus das ebenso klar wie Lena. Und trotzdem, anders als für Lena, ergab die Situation für ihn eben immer noch Sinn. Allerdings auch nur, weil ihm im Gegensatz zu ihr nicht die Information fehlte, dass er seine Nachricht unter dem Einfluss von drei Gläsern Rotkäppchensekt geschrieben und zuvor wegen kitschiger Schrottmusik in einer dämmerigen Kneipe am Ende der Welt einen plötzlichen Gefühlsausbruch gehabt hatte.

Erst als Markus den Kopf neigte, um sich das Telefon zwischen seine Schläfe und die Schulter zu klemmen, damit er sich den Reißverschluss seines Pullovers zumachen konnte, merkte er, wie angesäuselt er noch immer war.

»Wie lief es denn heute?«, fragte er Lena mild. So konzentriert er konnte, lauschte er ihrem nur widerwillig folgenden Bericht von Timmis erstem Tag.

»Schön«, sagte Markus mehrmals in ihre Erzählungen hinein und lächelte. Er freute sich wirklich, Lena zu hören. Und am Ende klang ihre Stimme auch schon wieder etwas sanfter.

Immer noch lächelnd beobachtete Markus Eva, ununterbrochen behielt er sie im Auge, wie sie dort, ein Stück weiter hinten die Straßen hinunter, stand und sich, genau in dem Abstand, in dem sie sich gegenseitig nicht mehr hören konnten, ebenfalls ihr Telefon ans Ohr hielt. Vermutlich spricht sie mit ihrem Freund, dachte Markus, als er sah, dass Eva wie so oft beim Sprechen mit beiden Füßen vor und zurück wippte.

»Welchen Zug nimmst du denn jetzt eigentlich, wenn das Ganze da vorbei ist?«, hörte er Lena schroff fragen. Wie um sich selbst zu disziplinieren, weil ihre Stimme zu weich wurde, schien sie wieder auf schlechte Laune geschaltet zu haben.

»Kommt drauf an«, antwortete Markus. In der Dunkelheit sah er, wie Eva nun auf einmal fiebrig auf ihrem Telefon herumtippte, bevor sie es wieder an ihr Ohr hielt. *Kommt drauf an*, dachte er, kommt drauf an.

»Das hängt davon ab, wann ich mein Einzelgespräch habe«, erklärte er Lena und versuchte, dabei so neutral wie möglich zu klingen. »Weißt du, dieser Coach-Typie macht hier mit jedem noch mal so einen Abschlusstermin.«

»Verstehe«, unterbrach ihn Lena knapp. »Na ja, dann sag einfach Bescheid, wenn du es weißt, nimm dir ruhig die Zeit«, versicherte sie ihm, wobei es so klang, als würde sie das Gegenteil meinen.

»Ja«, versprach Markus ihr, »ja, das mach ich.«

Mit dem sicheren Gefühl, dass Lena die Schieflage dieses Mal ganz sicher nicht wie gestern verständnisvoll akzeptieren, sondern gleich noch einmal anrufen würde, legte er auf.

Bald, so beruhigte Markus sich selbst, als er ihre Nummer zehn Sekunden später wie erwartet noch einmal auf seinem Display aufleuchten sah. Bald, vielleicht am kommenden Wochenende, wenn Timmi bei seinen Großeltern war, würden sie mehr Ruhe haben, und er würde Lena von hier erzählen können. Nur vorher, jetzt, in diesem Moment, ging es eben einfach nicht. Und zwar nicht nur, weil er das meiste in den letzten achtundvierzig Stunden mit Eva zusammen erlebt hatte und gerade noch dabei war, es zu erleben. Sondern auch, weil er alles, was ihm in der Zeit an Gedanken und Eindrücken durch den Kopf gegangen war – auch die Dinge, die rein gar nichts mit ihr oder dem Kurs hier zu tun hatten –, bereits mit Eva geteilt hatte. Sie jetzt sofort noch einmal in freundlich abgeschwächter Version Lena zu erzählen kam Markus absurd vor. Es erschien ihm wie ein Abklatsch, den Lena nicht verdient hatte, den ihre Beziehung nicht verdient hatte.

Nur widerwillig, aber dann doch mit dem Gefühl, genau das Richtige zu tun, ließ Markus das hartnäckig lange Klingeln ihres Anrufes ins Nichts brummen.

★

»Huch, hab ich mich grad erschrocken«, lacht Ulla. Gerade als sie sich hingesetzt und unter den Sitz gebeugt hat, um ihre Tasche wieder zu verstauen, hat Anna ihr beim Hochkommen auf die Schulter getippt.

»Entschuldige«, sagt Anna verlegen. »Aber darf ich jetzt vielleicht doch noch ans Fenster?«, fragt sie ihre Mutter schüchtern.

Ulla nickt. Lächelnd lässt sie Anna durchrücken.

»Wann sind wir da?«, brüllt der Junge von nebenan mitten in das Telefonat seines Vaters hinein. »Wann sind wir da, wann fahr'n wir weiter, wann sind wir daaaaa?«

»...aaaaaaaa«, stimmt das Baby begeistert mit in das Geschrei ein.

Genervt hält Markus sich die Ohren zu. Aus den Augenwinkeln beobachtet er, wie sein Sitznachbar, der sich vom Geschehen gegenüber demonstrativ unbeeindruckt zeigt, zu einer seiner gestörten Zeremonien ansetzt, von denen Markus nun schon öfter Zeuge hatte werden dürfen: Als würde er etwas ausrechnen, sieht Bernd auf seine Uhr an seinem linken Arm und vergleicht die Ziffern mehrmals mit denen auf dem albernen Gerät an seinem anderen Handgelenk. Als müsse sein merkwürdiger Mitreisender sich die beiden Zahlen genauestens einprägen, schnallt er seine Geräte, von denen Markus noch nie begriffen hatte, warum er sie immer mit sich trug, ab und verstaut sie sorgfältig in einem Rucksack. Kaum sind sie aus seinem Blickfeld entfernt, gähnt er erst einmal genüsslich, sieht mit seligem Gesichtsausdruck aus dem Fenster und packt danach in Zeitlupentempo, so als würde er ein Geschenk auswickeln und die Vorfreude dabei so lange wie möglich strecken wollen, seinen Proviant aus, den er aus einer separaten Plastiktüte gefischt hat. Andächtig legt Bernd seine Mahlzeit – ein selbstgeschmiertes Körnerbrötchen mit Käse und Sprossen, das in einem mit Paketband liebevoll zusammengehaltenen Butterbrotpapierpäckchen verschnürt war – schließlich auf die freie Tischplatte vor sich und beobachtet es einige Sekunden lang ausgiebig.

»Puh«, entfährt es Markus. Nur mühsam unterdrückt er den Wunsch, sofort alles stehen und liegen zu lassen und den Zug gleich hier, mitten in der Pampa, einfach fluchtartig zu verlassen.

Als hätte Bernd geheime Antennen, mit denen er illegale Gedankenströme messen konnte, stiert er nun prompt nicht mehr auf sein Essen hinunter, sondern sieht Markus in ungebrochener Freundlichkeit und zunehmender Sorge von der Seite an, als ob er ihn einladen wollte, seine seltsamen Rituale mitzufeiern.

Markus ignoriert ihn.

Wie bei allen anderen Verrückten der Welt – außer bei Julian – würde er nun auch bei seinem Mitfahrer in Zukunft jeglichen Blickkontakt vermeiden, denkt er sich und versucht, seine flirrende Stimmung unter Kontrolle zu kriegen.

Schließlich, so weiß Markus – und heute wird es ihm noch einmal ganz besonders klar –, darf er auf keinen Fall wieder in seine Serie von Tobsuchtsanfällen zurückfallen. Die Nervosität darf ihn nicht schon wieder besiegen. Zumindest nicht wegen einer solchen Kleinigkeit. Denn immerhin, so versucht er sich durch eine neue Ladung rasender Ruhelosigkeit hindurch zu erinnern, hat sein stiller Freund neben ihm eigentlich rein gar nichts verbrochen. Eigentlich hat er ihm rein gar nichts getan – außer mit einer Tiefenentspanntheit um sich zu strahlen, die Markus gerade einfach nur bis in die Hölle verdammt. Zumindest so lange, bis Eva ihm antwortet.

★

Verstohlen blickt Ulla auf Annas vergessene To-Do-Liste mit den Namen. Nun, da sie doch noch Plätze getauscht haben, liegt sie direkt vor ihr. Ohne das Blatt Papier anzurühren mustert Ulla die nach außen hin wirre, in sich aber sicher sehr stimmige Aufreihung von Menschen. Alles, was Anna sich notiert, hat eine eigene Ordnung, sonst würde sie restlos untergehen, hatte ihre Tochter Ulla einmal versucht, das System zu erklären.

Als Ulla ihren eigenen Namen ganz oben, neben dem Wort »Baby« entdeckt, hebt sie trotzdem besorgt ihre Augenbraue. Plötzlich weiß sie, woher sie diese Listen kennt. Außer Annas geschwungener Schrift und ihren an den Rand gemalten Kugelschreibermustern, die ihre Tochter seit Jahren auf alles krickelte, was vor ihr lag, glich dieses Blatt Papier nämlich exakt den Gedächtnisstützen von Margarete, wenn diese sich auf ihren Briefumschlagrückseiten Tag für Tag wieder notierte, wem ihrer Bekannten oder Heimnachbarn sie noch eine Postkarte zum Geburtstag, zum Beileid oder zur Konfirmation der Enkelkinder schicken musste. Das System war genau gleich. Nur dass Margarete fast neunzig Jahre alt und dement war und Anna eigentlich in der geistigen und körperlichen Blüte ihres Lebens stand.

Kopfschüttelnd wendet Ulla sich von all den Namen ab. In

einem Anflug von unbestimmter Hilflosigkeit sieht sie Anna dabei zu, wie diese sich zum ersten Mal seit einer halben Stunde wieder ihr Telefon schnappt.

Gleich ist sie wieder weg, denkt Ulla, als sie ihre Tochter dabei beobachtet, wie sie sich statt weiter die Wolken, die draußen über den gefrorenen Feldern und Hügeln stehen, zu studieren, wieder über ihr Gerät beugt.

★

Matt klickt Anna sich durch all die neuen Handybläschen. Wie heute morgen bilden die Meldungen über die Anzahl ihrer neuen Nachrichten, Mails, Posts und Kommentare, die sich in der letzten halben Stunde, die sie nicht auf ihr Telefon geschaut hat, angesammelt haben, nun wieder eine richtige Reihe. Alle grünen Symbole sind wieder rot besetzt: mit zwei Anrufen ohne Mailboxnachricht von Caro, der Anna immer noch nicht geschrieben hat. Mit einer weitergeleiteten endlos langen E-Mail von Marie, die den kompletten Dialog mit ihrer neuen Flughafenbekanntschaft beinhaltet und den Titel »Wrt.: AW: AW: AW: Flughansa-Klopse« trägt, sowie einer zweiten, fast ebenso langen, mit dem Betreff »Erläuterungen ;)«, in der Marie all die Insider, die die E-Mail davor enthält, noch einmal genauestens erklärt, damit Anna alles versteht, um sie später angemessen informiert beraten zu können. Der Rest sind Facebook-Nachrichten.

Unzählige Male wird Anna in ihnen darüber benachrichtigt, wer sonst noch alles auf den Seiten der Geburtstagskinder gratuliert hat, tausende neuer Statusmeldungen füllen ihre Neuigkeiten-Seite. Simon hat wie so oft sein Mittagessen abfotografiert, mit der Polaroidfunktion seines Telefons hat er einen Teller Suppe auf seinem alten Küchentisch, an dem Anna so lange hatte sitzen müssen, abgelichtet, »Brandnew

Pürierstab! Kürbis & Pastinake – yummy!« hat Simon darunter geschrieben.

Anna klickt das Foto wieder weg.

»Searching for soy icecream in Düsseldorf«, hat die unbekannte Corinna, deren Freundschaft Anna vorhin angenommen hatte, gepostet, niemand hat darauf reagiert. Etwas weniger genau wischt Anna sich gen Gegenwart voran. Sie versucht, dabei nur noch auf die Namen zu schauen, die sie wirklich interessieren.

Tom hat einen Link zu einer Kampagne für Waisenkinder in Laos und Kambodscha auf seine Chronik gestellt, von der er Anna vor ein paar Wochen schon einmal erzählt hatte, vor einer Viertelstunde hat er noch ein Foto von seinem eigenen verkaterten Gesicht im Spiegel darunter veröffentlicht, das er selbst geliked und mit »Ich kenne dich nicht, aber ich wasche dich trotzdem« kommentiert hat. Vor drei Minuten hat Jörn aus dem Büro einen YouTube-Link mit einem Video, das »Chubby cuppy cake boy« heißt und in dem ein extrem dickes amerikanisches Kind mit knallroten Pausbacken zu sehen ist, das ein Lied vorsingt, gepostet.

»YEAH«, hat Annas Chefin vor zwei Minuten darunter geschrieben und ein Video eines mit den Beinen baumelnden Frosches darunter gehängt.

Der allerneueste Eintrag allerdings kommt von Caro. Kommentarlos hat sie vor 47 Sekunden ein Bild geteilt, das sie nun auch als neuen Hintergrund benutzte. »DU MUSST DEIN ÄNDERN LEBEN!« steht dort in riesigen Lettern. Das Bild ist heute schon 145mal geteilt worden.

Ebenso matt, wie sie es genommen hat, lässt Anna das Telefon wieder sinken.

★

Wenn es doch bloß nicht immer so furchtbar anstrengend wäre, unsere beiden Ichs zu koordinieren! Denn dass es am Ende dann eben doch nichts anderes als ein Doppelleben ist, das wir da führen, merken wir eigentlich nur immer dann, wenn uns die wahnsinnige Energie, die es uns kostet, ständig beide Bühnen gleichzeitig zu bespielen und all die Rollen auf ihnen simultan zu bespielen, kurz einmal verlässt. Wie sehr unsere Welt in zwei Teile geteilt ist, fällt immer nur dann auf, wenn uns das ganze Theater, das wir uns da angelacht haben, kurz einmal über den Kopf wächst. Und am besten noch irgendwelche Menschen aus der Peripherie kopfschüttelnd danebenstehen, weil sie nicht verstehen, warum wir schon wieder so gehetzt sind.

In diesen Momenten wird sie dann plötzlich auch doch wieder mehr als offensichtlich: unsere Zerrissenheit. Und die automatisch darin vor sich hin drängelnde Frage nach der Priorität, nach der Rangordnung dieser zwei Sphären, die uns so oft wie eine einzige vorkommen.

Die Sehnsucht nach Struktur, die uns in diesen Momenten überkommt, wird dann manchmal sogar so groß, dass wir am liebsten zum Bücherregal stürzen würden, um all die Selbstversuchfibeln der letzten Jahre wieder herauszukramen und ihnen in einem – zugegebenermaßen reichlich späten, verzweifelten und sehr krampfhaft gewollten – Erweckungserlebnis doch noch unseren Glauben schenken zu dürfen. Obwohl wir eigentlich natürlich schon damals wussten, dass das, was sie uns verheißen, absoluter Quatsch ist. Denn es liegt eben nicht alles, wie es uns diese begeisterten Berichte vom Leben ohne Internet vorzuleben versuchen, am On / Off-Knopf unserer Geräte. Anders, als sie es schildern, würden wir einfach nicht mehr vollständig, wenn wir einfach den Stecker zögen. Im Gegenteil.

Denn die wahre Wirklichkeit, sie ist doch schon lange nicht mehr deckungsgleich mit der Fläche dieses romantischverwunschenen Landes namens Offline. Und die wirkliche Wahrheit, sie wird doch schon lange nicht mehr verstellt durch die bösen Mächte eines herrschsüchtigen Imperiums mit dem Titel Online.

Die Realität, das ist heute nun einmal eher etwas, was sich frei schwebend, fließend, mobil und spontan immer neu ergibt. Etwas, das nie ganz schwarz oder weiß ist, sondern immer – in einem Hin und Her von Hier und Dort, einem ständigen Pendeln zwischen An und Aus, einem dauernden Umswitchen von On und Off – besteht. Ihr Inhalt ist das, was an beiden Polen zugleich geschieht. Und, genau so, wenn nicht sogar noch viel mehr, auch noch all das, was dazwischen passiert.

★

Erst nach einer Weile realisierte Markus, dass Eva gar nicht mehr telefonierte. Langsam lief er in der Dunkelheit auf sie zu. Eva stand nun nicht mehr mit dem Rücken zu ihm. Sie wippte auch nicht mehr auf den Füßen auf und ab. Wie erstarrt, völlig still, stand sie nun einfach da, nicht mehr auf dem Gehweg, sondern mitten auf der Straße.

»Was ist los?«, fragte Markus leise, als er sie erreicht hatte.

Plötzlich sah Eva ganz schmal und verloren aus, wie sie so mit hängenden Schultern alleine mitten auf dem weißen Trennstreifen der Fahrspuren stand. Wie heute Mittag blickte sie ihn ganz direkt an, nur viel starrer, ausdrucksloser. Als sie anfing zu sprechen, bewegte sich nur ihr Mund, der Rest ihres Gesichtes blieb leer.

»Mein Bruder«, sagte sie tonlos. »Er muss wieder operiert werden. Sofort. Die Behandlung schlägt nicht an.«

Schlagartig wurde Markus nüchtern. Genau wie Eva erstarrte er dort, wo er stand.

»Scheiße«, flüsterte er.

Eva nickte. Unverwandt, als würde sie in ihnen irgendetwas suchen, sah sie in Markus' Augen. Dieses Mal änderte sich ihr Gesichtsausdruck nicht von selbst. Keine Ironie, keine Relativierung durch ein »Na ja«, keine Regung, nur großes Erschrecken stand nun in ihren Blick geschrieben. Eine gefühlte Ewigkeit schaute Markus sie nur an, hilflos stand er ihr gegenüber, bis Eva ganz plötzlich ihr Gesicht in den Händen verbarg. Und sich, wie bei einem sie aus heiterem Himmel treffenden Anfall, ihr gesamter Körper zu verkrampfen begann. Während Eva lautlos anfing zu weinen, krümmte sich ihr Oberkörper, als würde ihn eine Reihe heftiger Schmerzwellen durchfahren.

Aus seiner Starre erwacht stürzte Markus die zwei Schritte, die ihn von ihr trennten, endlich zu ihr hin. So fest er konnte, umarmte er sie. »Hey«, sagte er leise in Evas Haare hinein, mit seiner Hand hielt er behutsam ihren Hinterkopf fest, so als drohte er, zusammen mit der ganzen Eva nach hinten umzukippen, wenn Markus ihn auch nur eine Sekunde losließ.

Eva reagierte nicht. Ganz leicht hing sie in seinen Armen, Markus fühlte nur, wie sein Hals allmählich nass wurde, von ihren Tränen. Ohne irgendetwas anderes wahrzunehmen als ihren bebenden Körper, hielt er Eva fest und wiegte sich dabei nur immer wieder leicht nach rechts und links, um sie irgendwie zu beruhigen, zu erreichen und zu sich zurückzuholen.

Minutenlang standen sie einfach so da.

Das ist gefährlich, flog irgendwann, nach gefühlten Stunden, zum ersten Mal wieder ein Gedanke an Markus vorbei. »Wir müssen von der Straße runter«, füllte Markus diesen unbestimmt bedrohlichen Impuls mit dem nächstbesten Inhalt.

Ohne sich einen Schritt weit vom Fahrbahnstreifen auf

der natürlich immer noch komplett ruhigen und verlassenen Straße wegzubewegen, wiegte er Eva weiter.

Bis sich ihr Zucken beruhigte.

★

Langsam nimmt Anna die hellblaue Klappkarte aus Kartonpapier vom Tisch und hält sie ins Licht. Als sie die Ohrstöpsel wieder an ihr Telefon gefriemelt hat, um den ständigen Zugansagen über die wahrscheinliche Dauer der Verspätung zu entfliehen, ist ihr Blick plötzlich auf dem Gesicht von Julia und Svens Baby hängengeblieben.

Zum ersten Mal mustert Anna das Kind genauer. Anders als das süße Baby von der gegenüberliegenden Seite des Ganges hält das Neugeborene seine Augen noch fest verschlossen.

Du bist ja erst halb da, denkt Anna fasziniert. Ganz genau betrachtet sie die minikleinen Schlitze, durch die das Baby irgendwann einmal richtig sehen würde können. Zur Hälfte, so denkt sie plötzlich, ist dieses kleine Wesen noch irgendwo ganz anders, der Rest, dieser Tiefschlaf, in dem das Kind zu Großteilen seines Bewusstseins noch schlummert, scheint noch ganz weit weg zu sein. *Auf der anderen Seite*, denkt Anna. Im großen Dunkel, im unerschlossenen Orbit, im Off, vermutlich eben dort, wo alle kleinen Menschenwesen vor sich hinschlummern, bevor sie auf solchen blauen oder rosa Pappkarten landen, zusammen mit dem Namen, den man sich irgendwann auf dem Weg einmal für sie ausgedacht hat.

»Hallo, ich bin Max«, liest Anna die Zeile, die auf der Rückseite der Karte in sauberer Schreibschrift steht. »Am 3. Januar bin ich auf die Welt gekommen! Freu mich, euch kennenzulernen :-) Max_2012@googlemail.com«

Stirnrunzelnd legt Anna das Bild weg. Schon bevor Julia und Sven Eltern geworden sind, hat sie es merkwürdig gefunden, in welchem Tonfall sie über ihr Kind gesprochen hatten. »Und wenn dann die Kinder kommen«, hat Julia sogar schon vor Jahren, noch bevor sie Sven überhaupt kannte, einfach so lapidar dahin gesagt, ganz so als spräche sie über irgendeine beliebige Bestellung, die sie, wenn es soweit wäre, kurz einmal eben bei Amazon statt beim großen dunklen Weltall aufgeben könnte.

Aber vielleicht hat sie ja recht, durchschießt es Anna, als sie ihre Kopfhörer aus dem Kabelsalat freigelegt hat und sich abstöpselt. Vielleicht ist es ja auch wirklich so simpel. Und nur sie, Anna, hat das einfach noch nicht richtig verstanden. Vielleicht hat nur sie, Anna, es bislang schlichtweg einfach verpasst, sich richtig zu registrieren und einzuloggen in diese große Selbstbedienungsplattform des Lebens, die sich automatisch vor einem eröffnet, wenn man einfach nur richtig plant. Vielleicht ist sie einfach nur eine schlechte Planerin?

Wie um einen merkwürdigen Traum zu vergessen, schüttelt Anna den Kopf. Doch so plötzlich wie die Gedanken gekommen sind, verschwinden sie nicht gleich wieder. Wie große, stille Wolken stehen sie nun einfach so, unbeweglich, in ihrem Kopf herum. Und genauso wie bei den echten Wolken da draußen vor dem Fenster, die sie nun wieder beobachtet, kann Anna kaum abschätzen, wann sie wieder vorbeiziehen würden. Geschweige denn, dass sie irgendwelche Ansatzpunkte dazu hat, woher sie kommen und wohin sie gehen.

*

Erst im Taxi hatte Eva wieder begonnen zu weinen. Nachdem sie Markus in einem starken, klaren Moment erklärt hatte, dass sie sofort zurück nach Hause und ins Krankenhaus müsste, obwohl sowohl ihr Bruder als auch ihre Eltern und ihr Freund gesagt hatten, dass sie erst das Seminar zu Ende absolvieren sollte, hatte Markus sofort umgeschaltet. Statt Eva auch noch überreden zu wollen, erst am nächsten Tag in Ruhe zu fahren, da sie es vermutlich sowieso nicht mehr rechtzeitig in die Klinik schaffen würde, hatte er begonnen, ihr Züge herauszusuchen. Er hatte das Taxi ins Nirgendwo zum *Klimbim* bestellt, Joachim angerufen und erklärt, dass Eva nur noch kurz ihr Gepäck abholen würde, statt wie geplant mit ihm ein Einzelgespräch zu führen, und er hatte das Hotel gebeten, alles zum Auschecken vorzubereiten, damit Eva nur kurz aus dem Taxi springen müsste, bevor er sie zum Bahnhof brachte.

Mit dem Ellenbogen stützte Eva sich nun ans Fenster des dahinbrausenden Taxis. Betäubt starrte sie in die Dunkelheit und sah Markus nicht an, während sie immer wieder in fahrigen Sätzen vor sich hinredete.

»Ich muss es nur schaffen, bis er sein Narkosemittel bekommt«, kamen ihre ungefiltert panischen Gedanken nun aus ihr heraus. »Die Schicht am Wochenende sag ich dann einfach ab … aber nächste Woche ist dann schon fast die Klausur … ich muss die irgendwie schaffen, die kann man nicht wiederholen … sonst muss ich alles noch einmal machen … und dann schonen mich die anderen nur noch mehr … dann schließen die mich nur *noch* mehr aus, wenn wieder was ist …« An dieser Stelle begann Eva wieder zu weinen. »Warum sagen die mir denn auch erst jetzt Bescheid, obwohl die genauso gut wie ich wissen, dass niemand eine Ahnung hat, wie lang er das noch schafft mit all den Operationen und Behandlungen?« Wütend biss sie sich auf die Lippe und sah mit offenen Augen an die Decke, als würden ihre Tränen dadurch vielleicht aufhören zu fließen. Als Eva wieder zum Fenster zurückblickte, liefen sie ihr nur noch stärker die Wangen hinunter.

Instinktiv nahm Markus Evas heimatlos auf der Rückbank herumliegende Hand und drückte sie. Die Hand fühlte sich eisig an.

»Es wird gut«, sagte Markus voller Überzeugung, ohne zu wissen, was er da sagte. Als hätte seine Berührung Eva aus einer anderen Welt zurück ins Auto geholt, drehte sie sich zu ihm um. Fragend wie vorhin blickte sie ihn an.

»Dein Bruder wird sich freuen, wenn er sieht, dass du da bist, wenn er einschläft«, redete Markus weiter auf sie ein, wieder ohne zu wissen, über wen er da sprach. Aufmerksam nickend, als würde sie trotzdem jedes Wort glauben, hörte Eva ihm zu. »Und wenn er wieder aufwacht, dann bist du auch da«, führte Markus seinen beruhigenden Erzählstrom einfach irgendwie weiter. Wie abends, wenn Timmi nicht einschlafen wollte und man ihm einfach immer weiter irgendetwas erzählen musste, bis er müde wurde, schien auch Eva sich ein wenig zu beruhigen, je länger er einfach nur redete.

»Und die Übungen hier mach ich einfach für dich mit zu Ende«, Markus lächelte. Eva nahm es nicht wahr. »Und die Klausur ist egal«, sagte Markus bestimmt und nun wieder ernster. »Die ist völlig egal – egaler geht es gar nicht, vergiss die einfach. Vergiss das alles einfach«, wiederholte er. »Das ist jetzt wirklich nicht wichtig.«

Eva schloss die Augen. Statt zum Fenster lehnte sie sich jetzt an seine Schulter. Während Markus nun mit beiden Händen versuchte, ihre Hand zu wärmen, fiel sein besorgter Blick aufs Taxameter.

Sie hatten nicht mehr viel Zeit. *Er* hatte nicht mehr viel Zeit. Denn es war nun allein seine Aufgabe, dass Eva es schaffte. Es war nun seine Verantwortung, dass sie den Zug erreichte und rechtzeitig dort war, wo sie hin musste.

Alles andere, so dachte Markus, als er seinen Kopf nach neuen Sätzen absuchte, die er Eva noch sagen konnte, war jetzt egal. Es war sogar völlig egal – egaler ging es gar nicht.

★

Es gibt sie also doch noch. Diese irgendwie mächtigeren, alle Prioritäten an sich reißenden Orte in Zeit und Raum, die frei von unserer Kommunikationswut sind. Es gibt sie also tatsächlich noch, diese Anlässe, Begegnungen, Gefühle oder Gedankenflashs, die unsere Hände mitten in der Bewegung zum Gerät, mit dem wir gerade schon wieder dabei waren, jemandem berichten zu wollen, wie krass das, was da gerade geschieht, ist, einfach wieder niedersinken lassen. Weil in diesen ganz besonderen Regionen das spontane Gefühl einfach zu groß, zu überraschend, zu schön, zu schlimm, zu traurig, zu tragisch, zu lustig, zu furchtbar, kurz: zu überwältigend ist, um es sofort übertragen zu können.

Zugegeben: Unsere Statusmeldungen reichen mittlerweile schon verdammt nah an diese heiligen Orte, an diese letzten twitterfreien Zonen unserer Zeit heran. Näher als je zuvor ragt unsere zweite Welt in unsere erste Welt hinein. Doch irgendwann verstummt sie dann doch kurz einmal. Um uns – meistens ganz unangemeldet – sofort zurück zu ziehen. Zurück, von der virtuell-kommunikativen Herumflatterei hinein ins Konkrete, in die Situation und auf den Teppich der Realität. Weil wir an genau diesem Ort zu genau dieser Zeit schließlich gebraucht werden. Weil wir das kleine oder große Unerklärliche, das dort vor unseren Augen auf einer blauen oder rosa Pappkarte, im Kreißsaal, in der Klinik, auf dem Friedhof, in unserem Bett, auf der Yoga-Matte, in der Kirche, beim Streiten, Küssen, Lachen, Weinen, Schlafen, Träumen, Nassgeregnetwerden, Rennen, Fliegen, Zug- oder Taxifahren gerade passiert, einfach nicht verpassen dürfen. Und weil wir, selbst wenn wir von diesen Erlebnissen berichten wollten, in dem Moment, in dem sie geschehen, einfach keinen Empfang haben. Nicht etwa, weil dann auf mysteriöse Weise die Klötzchen auf unseren Telefonen verschwinden würden. Sondern weil wir dann einfach beschäftigt sind.

Beschäftigt womit? Wir wissen es nicht.

Wir wissen nur, dass es diese Orte immer noch gibt. Dass sie zwar immer kleiner werden. Aber dass sie genau so sicher und direkt ihren Weg zu uns finden wie eh und je.

★

Erst ganz langsam nimmt Anna die Bewegungen um sich herum wieder wahr. Als hätte sie geschlafen, blinzelt sie mit den Augen, ihre Kontaktlinsen sind vom versunkenen Starren aus dem Fenster ganz trocken geworden. Vorsichtig reibt sie sich die Lider. Nur langsam erinnert sich Anna daran, dass sie ihr Mascara nicht verschmieren darf, weil sie später noch einen Termin hat. Falls er überhaupt stattfinden würde, wenn sie hier noch weiter so lange im Feld herumstehen. Gerade ist Anna das aber auch komplett egal.

Nur dumpf registriert sie Ullas Gekrame nach der Wasserflasche, das Getippe vom Mann gegenüber, das wieder einsetzende Gepfeife und die Herumdiskutiererei am Nebentisch. Und, als Letztes, die Musik in ihren eigenen Ohren.

»We're half awake«, singt es seit Minuten auf repeat durch ihre Ohren, ohne dass Anna es wirklich gemerkt hätte. »We're half awake in a fake empire«, singt die beruhigende Stimme von Simons Playlist durch ihre Ohren.

Anna dreht die Musik lauter. Ohne ihren Geschmack zu kennen, hatte Simon ihr dieses Stück, das seit Jahren zu Annas absoluten Lieblingsliedern gehört, als Allererstes auf seine Liste kopiert. Als hätte er nur von einem einzigen flüchtigen Besuch auf dem Flohmarkt verstanden, wie Anna tickt, hatte er ihr einfach sofort das Richtige geschickt, denkt sie mit plötzlichem Erstaunen.

Er ist es trotzdem nicht, durchfährt es Anna auf einmal in schonungsloser Klarheit. *Und all die anderen auch nicht*, folgt gleich der nächste große Satz. *Auch all die anderen sind es so was von gar nicht.*

Anna runzelt mit der Stirn. Sie hat nie wirklich darüber nachgedacht, dass wirklich niemand um sie herum für dieses »es« in Frage käme, was auch immer »es« war. Sie hat nie darüber nachgedacht, weil es schließlich einfach auf der Hand liegt, dass keiner von den Menschen, die sie in letzter Zeit getroffen hat, irgendwie auch nur annähernd in die nähere Auswahl kommt. Aber das ist doch nichts Neues, denkt sie irritiert über ihre eigenen Gedanken.

Ein letztes Mal sieht Anna hinaus auf das gefrorene Feld unter den Wolken, auf dem nun Vögel herumstaksen und vor sich hin picken. Sie schließt die Augen.

Wie, fragt sie sich plötzlich, als sie alleine mit der Musik im Dunkeln ist, soll eigentlich das unplanbare Planbare, das eigentlich Wichtige, je zu ihr finden, wenn alles in ihrem Leben mit Absurditäten wie diesen nicht halben und nicht ganzen merkwürdigen Geschichten wie mit Simon verstellt ist, die sie zwar den ganzen Tag beschäftigen, sie aber dadurch nicht näher, sondern nur immer weiter von ihrem eigenen Kern weg bringen? Wie soll sie überhaupt jemand anderen finden, wenn sie sich immer mehr in sich selbst verirrt? Was ist denn eigentlich ihr ganz persönliches Verhältnis – wenn schon nicht das von Julia und Sven – zum großen dunklen Weltall da draußen, aus dem die noch halb schlummernden kleinen Wesen herkommen und in das die schon wieder halb schlummernden alten Menschen wie ihre Großmutter zurückgehen? Was würde passieren, wenn Anna sich immer weiter von ihm entfernt oder nur noch ganz selten, in diesen komischen Braindead-Phasen wie jetzt überhaupt an sie denkt? Was, wenn nur noch Gespräche mit Ärzten, die schlechte Nachrichten überbringen wie Ulla vorhin, Anna zum Aufwachen aus dem pausenlosen Ablenkmodus, der sonst ihr Leben darstellt, bringen?

Noch einmal schüttelt Anna den Kopf. *Stopp*, denkt sie. *Stopp. Das reicht.*

»Wie viel Verspätung haben wir denn jetzt mittlerweile schon?«, fragt Anna ihre Mutter mit plötzlicher Geschäftigkeit, energisch rupft sie sich die Kopfhörer aus den Ohren und wischt, ohne eine Antwort abzuwarten, die Tastensperre des Telefons frei.

Zum ersten Mal erreicht sie das kalte Herzklopfen angesichts all der unbearbeiteten roten Bläschen wieder. Sofort flirren die verlorenen Top Drei wieder in ihrem Kopf auf. *Caro, Florian, Marie*, geht der alte neue, beruhigend beunruhigende Takt der Menschennamen wieder los, nahtlos ersetzt er die ätherische Stimme des Sängers von davor.

Hektisch beginnt Anna in ihrem nun wieder wolkenlosen Kopf Nachrichten an alle Menschen vorzuformulieren, die auf sie warten. »Sorry, dass ich mich erst jetzt melde« beginnen sie allesamt, Anna kopiert diesen Satz, so dass sie noch schneller tippen kann. Während sich die erste Nachricht versendet, greift Anna über den Tisch hinüber, um sich ihre To-Do-Liste zu angeln. Dass der Zug in der Zwischenzeit langsam wieder angefahren ist, bemerkt sie es erst nach fünf Minuten.

★

Nein. So richtig werden wir nie mehr damit aufhören. Unser Fortschrittsbalken, was Kommunikation angeht, lässt sich einfach nicht mehr zurückdrehen.

Und es wird deshalb schlichtweg auch nicht eintreten, dass wir, durch irgendein wundersames Schlüsselerlebnis oder einen allzu heftigen Kommunikationsoverkill, der uns eine Pause verordnet, unsere Telefone in einem hohen Bogen von irgendeiner Brücke schmeißen. Wir werden unsere geliebt-gehassten Geräte nicht einfach eines Tages wutentbrannt in Blumenvasen plumpsen lassen oder sie ignorant mit den Schultern zuckend in Springbrunnen versenken, nur um danach mit dem Lächeln eines gesundeten Siegers, der sich für das richtige Leben entschieden hat, wie in den Schlussszenen kitschiger Work-Life-Balance-Filme, mit heldenhafter Musik untermalt, befreit in den Sonnenuntergang des analogen Lebens zurückzureiten.

All das wird nie passieren.

Denn dafür ist das, was wir da alles bei Facebook zeigen, das, was in unseren Telefonaten und E-Mails passiert, das, was wir ständig besprechen und in SMS quetschen, einfach viel zu wichtig. Es ist eben nicht nur alles Gedaddel, was wir dort tun. Es ist, oft genug, nichts Geringeres als unser Leben. Genauso wie das, was im Flugmodus und in unseren Auszeiten passiert, unser Leben ist. Das sind alles wir, all das sind wir. Unser Leben ist jetzt überall.

★

Ganz kurz blitzten Evas verheulten Augen auf.

»Siehst du, hier leben nämlich *doch* Menschen!«, lachte sie und streckte Markus die Liste mit den WLans hin, die auf ihrem Bildschirm am Bahnhof aufpoppten.

Markus lächelte. Erst im letzten Moment, bei ihrer Verabschiedung, als der Zug schon mit offenen Türen dastand und Eva schon auf dem Treppchen wartete, dass er losfuhr, hatten Markus und sie daran gedacht, Nummern auszutauschen. Konzentriert tippte Eva nun die Ziffern die Markus ihr vom Gleis aus diktierte, in ihr Telefon ein.

»Danke«, sagte sie, als sie seinen Kontakt abgespeichert hatte, ohne dass es sich so anhörte, als würde sie über Telefonnummern sprechen. Sie blickte Markus nun wieder ganz direkt an.

»Grau-blau«, dachte Markus, »grau-blau«. Und wusste, genau in diesem Moment, als Eva sich wieder umdrehte, um zurück in den Zug zu gehen, dass all das, was in den letzten zwei Tagen passiert war, nicht mehr zurückzudrehen war. Schon jetzt spürte Markus ganz deutlich, dass das Gefühl, endlich wieder richtig an der Oberfläche zu sein, aufgetaucht, aus dem plörrigen Wasser der ihn krankmachenden, fahrigen Wochen, Monate, wenn nicht Jahre davor, zwar nicht nur durch sie kam, aber unzertrennlich mit Eva zusammenhing. Und dass, wenn er sie wieder verlieren würde, es ein direkter Schritt zurück in die Zerfledderung wäre, zurück vom Panoramablick in das hektische Flirren irgendwo dort unten, zwischen all den wirren Lichtern.

Schon jetzt, als Eva noch dort oben im Eingang stand und sich der Moment, bevor der Zug losfuhr, noch einige Sekunden hinzog, war sich Markus ganz sicher, dass es nicht mehr ohne sie ging. Er war sich schon jetzt, in der Sekunde, in der er das Telefon in seiner Hand vibrieren spürte, als sie ihn von dort oben anrief, um ihm auch ihre Nummer zu geben, sicher, dass er sie brauchen würde.

Und das, obwohl er zu diesem Zeitpunkt, verglichen mit später, noch kaum etwas von ihr wusste. Markus wusste damals noch gar nicht, wie Evas Bruder hieß oder was er genau hatte, wie er und Evas Eltern und ihr Freund auf einem Foto aussahen. Er wusste nicht, was sie zu seinen im Gegenzug gemailten Fotos von Timmi sagen würde, was sie jeden Tag von morgens bis abends tat, was sie zu dem meinte, was er machte, wie es ihr ging, wie die Menschen, die sie beide trafen, hießen, welche der Nachtschwestern im Krankenhaus, in dem Eva ihren Bruder besuchte, gerade Dienst hatten, wie sehr Eva über weitergeleitete Nachrichten von Julian und Norbi Lennermann lachen konnte, wie sehr sie sich von ihm einbeziehen ließ und seine Welt aus all den neuen Kunden, Menschen, Gesichtern und Stimmen verstand, die die nächsten Wochen mit sich bringen würden. Markus wusste nicht, wie sie beide miteinander sprechen würden, jeden Tag, um nur noch mehr zu telefonieren, als sie es je in ihrem Leben getan hatten.

All das wussten weder er noch Eva. Aber Markus spürte schon hier, in dem Moment, als Eva dort oben stand und ihn ansah, dass er ab jetzt unwiderruflich mit ihr verbunden war.

Als der Zug endlich losfuhr, begann Eva mit ihrer freien Hand hinter der Glasscheibe zu winken. Markus winkte zurück. Und hielt dabei, genau wie Eva, sein Gerät, das einzige Medium, das sie in Zukunft miteinander verbinden würde, fest in der anderen Hand.

★

»Gibt es denn noch irgendetwas, das Sie gerne mit mir besprochen hätten?«, fragte Joachim Markus freundlich, als dieser eine halbe Stunde zu spät zu seinem abschließenden Einzelgespräch in den Frühstücksraum kam. Als hätte Joachim bemerkt, dass Markus seit Eva gefahren war, nur darauf lauerte, ebenfalls schnell von hier zu verschwinden, hielt er sich für seine Verhältnisse auffällig zurück. Mit gesenktem Blick blätterte Joachim durch die Papiere, die vor ihm lagen. All seine nervigen Utensilien, bemerkte Markus plötzlich, die Rosinen, das Flipchart und die Stoppuhr, hatte er weggeräumt. Nur eine Tasse mit beruhigend vor sich hindampfendem ayurvedischem Tee und eine kleine Buddha-Staute standen nun noch neben ihm auf dem Tisch.

»Sie haben hier ja ausgefüllt«, begann Joachim vorsichtig zu sprechen, als von Markus keine Antwort kam. Er schaute dabei auf das Papier, auf dem jeder der Teilnehmer ganz am Anfang des Kurses freiwillig hatte aufschreiben dürfen, wie es ihm ging und warum er den Workshop belegte. »Sie haben hier ausgefüllt, dass Sie sich häufig ›unkonzentriert‹ fühlen und gehetzt. ›Nie wirklich da‹«, las Joachim Markus' Originalzitate vor, »›Ohne klares Zentrum‹.«

Langsam schob er Markus das Papier hinüber.

»Ja«, sagte Markus. Er sah auf seine eigene Schrift. Sie sah aus wie die eines Fremden. Es schienen Markus Wochen vergangen zu sein, seit er diese Sätze vor drei Tagen geschrieben hatte. Nickend sah er Joachim an, der ihm nun subtil auffordernde Blicke zuwarf. Wieder schaute Markus hinab zu seinen eigenen Worten. Er zuckte mit den Schultern.

Sollte er Joachim jetzt wirklich erklären, dass er schon längst wieder voll »da« war? Sollte er ihm ernsthaft bestätigen, dass er sich jetzt sehr wohl und absolut wieder konzentrieren konnte, dass das aber leider eher weniger mit den Fragebögen und den Stoppuhren zu tun hatte? Sollte Markus Joachim mitteilen, dass er zwar nicht wusste, wie genau man mit mehreren Zentren zugleich lebte und wohin das alles führen sollte, ihm genau das nun aber gerade komplett egal war, weil jetzt die einzige Hauptsache war, dass Eva ihren Bruder erreichte, noch bevor der auf den OP-Tisch kam? Mit welchen Worten sollte Markus all das für jemanden, der alles notorisch auf flipchartgerechte Sätze herunterbrach, umschreiben?

Schweigend schaute Markus auf die Tischplatte. Vielleicht musste er auch einfach nur irgendwie die Zeit herumbringen.

»Also, mir hat die Übung mit der Liste viel gebracht«, sagte er und räusperte sich.

»Ah«, Joachims Gesicht hellte sich auf. »Ja. Ja, die ist sehr wirksam. Die zieht viele Aha-Momente mit sich, nicht?«

Markus nickte.

»Also, ich hab noch oft überlegt, wer diese wichtigsten Menschen sind«, sagte er und log damit diesmal erneut nur halb, weil ihm auf dem Rückweg vom Bahnhof tatsächlich noch einmal die Liste in den Kopf gekommen war. »Aber dabei hab ich mich jedes Mal wieder selbst vergessen«, erklärte

Markus Joachim, dieses Mal absolut wahrheitsgemäß. Auf dem Rückweg vom Bahnhof hatte nämlich nur ein Name, in großen Lettern, auf Platz eins geleuchtet.

Joachim kniff die Augen zusammen. Er nickte verständnisvoll. »Das geht vielen so«, sagte er beruhigend. »Das zeigt nur, wie sehr wir immer auf andere schauen.«

Wie zur Anschauung öffnete Joachim nun eine Hand nach der anderen neben sich in der Luft und breitete sie auf der Höhe seiner Schultern aus, als wäre er eine Waage mit zwei Schalen. »Entweder«, sagte er, »schauen wir auf sie, weil sie uns so viel Energie rauben – oder, weil sie uns so viel davon geben.« Einen Moment behielt Joachim seine Arme in der Luft. Während er Markus beobachtete, nickte er wieder. »Und so ist das bei Ihnen gerade, oder?«, sagten seine Augen.

Markus schluckte. Er hatte von Anfang an gewusst, dass Joachim zwar anstrengend, aber keineswegs bescheuert war. So gut es ging, wich er seinem Blick aus.

»Wir müssen unser Zentrum für *uns* wieder finden«, hörte Markus Joachims Stimme nun zu einer seiner längeren Predigten ansetzen. »Die *anderen* können uns nur *entfernt* dabei helfen, wissen Sie? *Sie* allein ...«

Markus nickte. »Ja ja, schon klar«, unterbrach er Joachim ungeduldig. »Aber wie soll ich das schaffen? Wie soll ich das schaffen, wenn ich mich schon nach einem Tag auf meiner Liste immer wieder vergesse?«, fragte er ein bisschen verzweifelter, als er gewollt hatte. Ganz plötzlich kam das Gefühl der Ohnmacht von vor ein paar Tagen am Bahnhof wieder.

Wie soll ich das schaffen?, dachte Markus noch einmal.

Joachim sah ihn lange an.

»Manchmal hilft es den Patienten, wenn sie sich genau das, was ihr Problem ist, zunutze machen«, sagte er langsam.

Irritiert schüttelte Markus den Kopf. »Wie bitte?«

»Na ja«, sagte Joachim mit pädagogischer Nachsicht. »Nehmen Sie sich doch einfach mal eine Figur, die Sie sein könnten, eine Wunschfigur! Quasi eine andere *Version* Ihrer selbst.« Verschmitzt zwinkerte Joachim Markus zu. »Die merken Sie sich bestimmt für den ersten Platz«, sagte er und lächelte.

Markus schwieg.

»Weil mein Problem zu viele Welten sind, soll ich mir noch eine dazu denken? Inklusive Maskottchen?«, fragte er trocken. Wieder schüttelte er den Kopf. Auf die letzten Meter schien jetzt doch noch das, was Julian sich als Entertainment erhofft hatte, einzutreten.

Joachim nickte wieder. »Ja, wieso denn nicht?« Wie immer, wenn er zu einem seiner Vorträge ansetzte, begann er seinen Satzanfang zu wiederholen, bevor er weiter monologisierte. »Wieso denn nicht, wenn es Ihnen dabei hilft, sich besser an sich selbst zu erinnern? Die Frage danach, wie man im Idealfall sein möchte oder müsste, damit es einem gut geht, lässt sich für manche Menschen fabelhaft an Phantasiefiguren durchspielen.« Als würde er sich selbst beim Sprechen zustimmen, nickte Joachim nun beim Reden unablässig vor sich hin. »Kinder bedienen sich dieser Methode ja auch oft, wie Sie sicher wissen«, sagte er und untermalte seine Worte bedächtig mit seinen Händen, die er vor Markus auf dem Tisch zusammenlegte.

»Manchmal«, sagte er, »kann man seine Wünsche oder auch die Lerneffekte aus unseren Übungen hier dadurch, dass man sie so *spielerisch* externalisiert, gut, also *plastisch* vergegenwärtigt, besonders wirksam in den Alltag integrieren.« Freudig lächelnd blitzten Joachims Augen auf, als er fortfuhr. »Weil man auf diese ganz spezielle Weise *immer* daran erinnert wird, dass es in *jeder neuen Minute* Ihres Lebens wieder *neue* Handlungsräume gibt, die Sie mit einer anderen Geisteshaltung ...«

»Bernd«, unterbrach Markus ihn.

»Bernd?«, fragte Joachim irritiert.

Markus nicke.

»Mein Streber-Ich soll Bernd heißen«, verkündete er feierlich und streckte Joachim, wie um einen Deal zu besiegeln, seine Hand über den Tisch. Während er sie schüttelte, verstummte Joachim eine Sekunde lang. Erst dann setzte er zu seiner Protestrede an, in der er erklärte, dass es keineswegs um irgendein Strebertum oder einen Wettbewerb ginge – der Leistungsgedanke sei grundsätzlich all den Übungen und dem Achtsamkeitstraining als solchem völlig fremd –, sondern es sich lediglich um eine Übung zur gesünderen, bewussteren Lebenshaltung handelte, die man in *jedem neuen* Moment seines Lebens umsetzen könnte, um …

»Danke«, unterbrach Markus Joachim erneut mitten in seinem Satz und verließ, ohne sich noch einmal umzudrehen, den Raum. Erst draußen am Springbrunnen, mit einem großen Sicherheitsabstand zur Pudelfrau, die gerade auf der Terrasse eine Zigarette rauchte und winkte, zog Markus sich seine Jacke an, die Eva ihm am Gleis zurückgegeben hatte.

Als er eine halbe Stunde später selbst wieder dort am Bahnhof auf dem Gleis stand, hatte Bernd schon auf ihn gewartet.

★

Nein, wir werden keine Spielverderber sein. LG, das wird natürlich auch weiterhin unser Lieblingsspiel bleiben. Dafür bringt es uns einfach viel zu viel Spaß. Und nicht umsonst trägt LG deshalb schon so lange unser allerwertvollstes Prädikat: LG, dieses Spiel ist nämlich leider geil.

Und weil das so ist, hören wir auch nicht auf damit. Nur, weil jede weitere Partie auch immer seinen Preis hat, steigen wir doch nicht gleich aus.

Nur eines sollten wir uns hier, am Ende unserer netten kleinen Spielbeschreibung, vielleicht doch kurz einmal klarmachen: Es gibt niemanden, den wir verklagen können, wenn der Einsatz zu hoch wird.

Denn die Erfinder, die Bestimmer, die Vertreiber, das Marketing, die Verantwortlichen unserer Lieblingsbeschäftigung – sie heißen nicht MB, Ravensburger oder Matell. Und sie heißen auch nicht Facebook, Twitter oder Google+. Wenn wir uns einmal die Mühe machen, nach ganz weit unten, bis zum Kleingedruckten, ins Impressum zu scrollen, dann stehen da gar nicht die Namen irgendwelcher Konzerne, bei denen wir uns beschweren könnten. Dort ist kein Firmenlogo mit dazugehöriger Facebook-Seite verzeichnet, auf der wir zur Not einen gewaltigen Rache-Shitstorm für unseren ganzen Stress starten könnten. Und es gibt dort noch nicht einmal einen Verweis auf die Gerätenummern unserer Tamagotchis, diesen seelenlosen kleinen Attrappen. Dort steht allein unser Name.

Wir allein sind es, die die Verantwortung für dieses Spiel tragen.

Denn, ob wir nun von ihm süchtig werden, ob wir seine Runden zunehmend ADS-geplagt, aufgespalten, herzrasend oder eben tiefenentspannt und ausgeruht durchlaufen – das ist allein unsere Sache. Wie nah wir am Zentrum der Metropole leben, wie schnell wir, wenn wir einmal kurz in der Peripherie sind, nach dem Passwort der nächsten uns magnetisch anziehenden WLan-Station fragen oder voller Phantomschmerz ins nächste Starbucks flüchten, um zu spüren, dass uns die Netze der Erreichbarkeit wieder tragen, ob und wie viele Fotos wir sogar noch im Urlaub teilen, ob und wie viele Bilder wir noch von der letzten Palme im Wind, dem letzten süßen Kind am Ende der Welt, dem ersten heruntergefallenen Fischbrötchen, dem tausendsten Strandkorb, den ewigen Wellen, dem Wald, der Wüste, dem Essen und den Sonnenuntergängen machen, um sie später in unsere Ewig-Dokumentation unseres eigenen

Lebens einzufügen – all das schreibt uns niemand vor. Wie viele unserer 365 Tage im Jahr wir ohne Gerät herumlaufen und offline sind oder wie sehr wir die Welt durch die Brille der Statusfähigkeit betrachten, wie intensiv wir die wundersamen Unerklärlichkeiten in unserem Leben wahrnehmen oder ob wir die meisten von ihnen verpassen und wie wir mit den Menschen jenseits unseres Spielerkreises umgehen, was wir mit unserer Lebenszeit anfangen – all das ist nur uns überlassen.

Den anderen – den Geräten, der Natur, der Zeit – ist das jedenfalls komplett egal. Sie alle existieren einfach, willenlos und neutral, dort, irgendwo neben uns, um uns herum und vor uns ausgestreckt. Wie damals, als jeder Mensch nur eine Stimme hatte, liegt unsere Lebenslinie nach wir vor dort vor uns – wie ein einziger klarer Strich, der bis zum Horizont reicht. Wie damals schon sind wir, den Gleisen eines geradeaus fahrenden Zuges ähnlich, ununterbrochen auf ihr unterwegs.

Und obwohl es sich für uns bei all der Hektik, bei all dem Piepen, Senden und Empfangen, mittlerweile so selbstverständlich und damit auch nicht großartig beachtenswert anfühlt, dass wir einfach immer so weiterfahren – in diesem einen Zug, in dem wir sitzen, sollten wir echt voll dabei sein. Ihn sollten wir wirklich nicht verpassen.

Schließlich haben wir nur diese eine Fahrt.

Dank

... an
* "Textteile fehlen"
* Anna Strohauer, das Uschi, Linde, Evi und Julian
* m.b. und Goschi
* Dennis Williamson
* Die Selbsthilfegruppe
* Dirk-Oliver Lange von LifeB

UND

* Hannes, der als Erster wusste, dass es Kirschen ohne Kerne gar nicht gibt.

Nina Pauer
Wir haben keine Angst
Gruppentherapie einer Generation
Band 19155

Uns alle plagt diese tiefsitzende, diese von Grund auf fertigmachende Angst davor, uns falsch zu entscheiden. Was, wenn wir im Job, in der Liebe, im gesamten Lebensstil ein falsches Jetzt leben, das das richtige Später verhindert?

»Deswegen kommt mir Nina Pauer jetzt zur Hilfe, die eine Gruppentherapie in Buchform für meine Generation geschrieben hat. Danke, Nina!«
Katrin Bauerfeind

»Ein schlaues, lesenswertes Buch für alle zwischen Abitur und Familienplanung.«
Jolie

Das Erfolgsbuch von Nina Pauer: jetzt mit Selbsttest
›Welcher Angsttyp bist du?‹

Fischer Taschenbuch Verlag

Lisa Seelig
Elena Senft
»Sorry, hier sitzt schon meine Tasche«
Und was im Alltag sonst noch nervt
Band 19451

Der Mitmensch als nervliche Herausforderung – eine ironische Sammlung von Alltagssituationen und Personen, die uns mit ihren Macken und Marotten das Leben zur Hölle machen: Armlehnenschubser, Sitzplatzfreihalter beim Public Viewing, übergriffige Restaurantbegleitungen – und natürlich auch all jene, die sich über die genannten Nervtöter lauthals aufregen. So machen selbst die schlimmsten Mitmenschen wieder Spaß!

Fischer Taschenbuch Verlag

Florian Meimberg
Auf die Länge kommt es an
Tiny Tales. Sehr kurze Geschichten
Band 19237

»Ned hatte noch nie etwas Schöneres gesehen.
Das Korallenriff schimmerte wie eine außerirdische Stadt.
An seinen Füßen zerrte der Betonklotz.«

Vom Psychothriller bis zum Endzeitepos, von der Liebesgeschichte bis zum historischen Roman: Grimme-Preisträger Florian Meimberg braucht nur 140 Zeichen für die ganz großen Geschichten. Tiny Tales ist Literatur im Twitter-Format. Verdichtet auf ihre Essenz. Der Spannungsbogen ist reduziert auf maximal drei Sätze. Der Twist explodiert im allerletzten Wort. Eine neue Form der Literatur.

»Hintersinnig. Böse. Lustig.«
Frankfurter Rundschau

Fischer Taschenbuch Verlag